AF239040

Anuschka Roshani
Truboy

Anuschka Roshani

Truboy

Mein Sommer mit Truman Capote

KEIN & ABER

Ebenfalls von Anuschka Roshani:
Komplizen. Erinnerungen an meine noch lebenden Eltern
Gleißen. Wie mich LSD fürs Leben kurierte

Die Textauszüge Seite 202; 317–321 stammen aus dem
Nachlass Truman Capote papers, Manuscripts and
Archives Division, The New York Public Library.
Unveröffentlichtes Gedicht. Übersetzung von
Ulrich Blumenbach.
Erstmaliger Abdruck mit freundlicher Genehmigung,
Copyright © 2024 by The Truman Capote Literary Trust

Für die freundliche Unterstützung dankt die Autorin
der UBS Kulturstiftung und der Fachstelle Kultur Stadt Zürich.

Alle Rechte vorbehalten
Copyright © 2024 by Kein & Aber AG Zürich – Berlin
Cover: Maurice Ettlin
Satz: Dörlemann Satz, Lemförde
Druck und Bindung: GGP Media GmbH, Pößneck
ISBN 978-3-0369-5053-2
Auch als eBook erhältlich

www.keinundaber.ch

Für meine Mutter, ohne die nichts gewesen wäre,
wie es war

Bird Winging Southward

Feathers cut a graceful curve
Across the twilight sky,
While I,
A thing as distant as the night,
Mark the winging pattern
Of her pilgrim flight.

TRUMAN CAPOTE
(13 Years)

»One time I remember I said to him:
›Why can't you stop drinking? I love you!‹
And he sighed: ›No, Darling, that's not enough.
I know you don't understand now but you
will when you are older. There are those of us
for whom the glare of life is too much.‹«

»ADOPTIVTOCHTER« KATE HARRINGTON
ÜBER TRUMAN CAPOTE

WO SEINE WELT ANFÄNGT

Ein Kind brüllt sich die Seele aus dem Leib. Es ist zu klein, um die Klinke zu erreichen, doch auch wenn es ihm gelänge, die Tür ist verriegelt. Mit der Nacht dehnt sich seine Panik aus. Und wie Blitze die Schwärze in Stücke reißen, durchzuckt ein Schauer frühen Erkennens die Luft: Es ist mutterseelenallein.

Irgendwo draußen vor der Tür vergnügt sich seine Mutter, als gäbe es kein Morgen. Während der neue Tag anbricht, fällt das Kind, von seinem unerhörten Geschrei entkräftet, in einen erlösenden Schlaf. Am Ende jedoch bleibt es untröstlich.

Zum Glück. Weil die Einsamkeit das Kind bald darauf anstiftet, sich selbst Trost zuzusprechen. Und es dadurch vermag, uns alle mit zu trösten.

Zu guter Letzt nämlich wird es sich nicht damit aufhalten, seine Misslichkeit zu beweinen. Ihm dämmert allmählich, dass es – hat man erst einmal für sich ausgeklügelt, wie das Ganze einen Sinn ergibt – zur Genüge wärmen kann, daraus das Schöne zu schälen. Sein Gang der Handlung setzt bei der Unerlässlichkeit ein, sich das Dasein erträglich zu machen. Denn das Schicksal droht zuzuschlagen, noch bevor es anfängt: Seine Mutter hat es abtreiben wollen.

Auf welche Weise sie das anzustellen versuchte, lässt sich höchstens vermuten. Ob sie sich um eine Engelmacherin bemühte oder vom Schrank sprang oder sich einen Sud braute; schlimm genug die Vorstellung, wie das Kind eines Tages davon erfuhr, bereits als Leibesfrucht unerwünscht gewesen zu sein. Hat die Mutter ihm im Streit etwas Vernichtendes wie »Ich wollte dich nie!« entgegengeschmettert? Ihm in einem einzigen Satz von vornherein das Existenzrecht abgesprochen?

Ich weiß es nicht – bloß von dem Segen, dass es dem Satz nicht gelang, das Kind zu zerstören. Im Gegenteil, so allein auf weiter Flur beschließt es mit acht Jahren, sich seine Daseinsberechtigung eigenhändig zu erschaffen. Aus dem Verlassensein seinen außerordentlichen Zugang zur Welt, Wort für Wort, zu schmieden.

Das Kind wird am Dienstag, den 30. September 1924, geboren. Als es von New Orleans achtbarstem Gynäkologen Dr. King nachmittags um drei, auf einen gleißenden Planeten voll unverdorbener und verdorbener Ungeheuer verfrachtet wird, heißt es Truman Streckfus Persons. Berühmt werden aber wird es unter dem Namen, den ihm sein kubanischer Stiefvater Joseph Garcia Capote per Adoption gibt: Truman Capote.

Unterdessen hat sich seine Drangsal, für immer und ewig der Sonderling zu sein, seinem Empfinden aufgeprägt wie ein Wasserzeichen; fortan wird es unverkennbar durch jede einzelne Seite scheinen. Und Capote sich noch in dem verwaisten Kind mit der wund geschrienen Kehle wiedererkennen, lange nachdem er sich selber das Licht in der Dunkelheit angezündet hat.

»Was wir auch tun, es geschieht aus Angst.«

Das schrieb Truman Capote als 22-jähriger in seiner

Erzählung *Die Tür fällt zu*. Und da mein Geist einer Hupf-dohle gleicht, die mal hierhin, mal dorthin hüpft, sprang in meinem Hirn der Gedanke an, ja, natürlich!, das ist es, was wir gemein haben, Truman und ich und wir alle, egal, wie recht oder schlecht wir uns durchs Leben mogeln mögen: Angst.

Dann dachte ich – kurios, dass man mit jeder Faser altert, aber eins nicht reift, sondern kindlich bleibt, die Furcht, nirgends dazuzugehören. Zwar kann man lernen, ihr bei klarem Bewusstsein mit Überzeugung und Haltung entgegenzutreten, nachts aber wird man mit einem Bein in ihrem Schlick stecken bleiben.

Capote war ein hundsmiserabler Schläfer. Seine Schlaf-losigkeit versagte es ihm, sich selbst für eine Weile loszu-werden.

Nach wie vor wissen wir nicht genau, weshalb wir schlafen müssen; wir fügen uns einfach. Dafür entdröselte die Wissenschaft den »Traum«. Und die sagt, der Gemüts-zustand, in dem man einschlafe, erzeuge ein Bild. Geht man etwa beunruhigt zu Bett, weckt die Sorge ein Monster aus der Tiefe. Das heißt, nicht der Albtraum jagt uns den Schrecken ein. Es verhält sich umgekehrt: Der Albdruck entsteigt einer Beklemmung, die schon dagewesen ist, noch ehe die Helligkeit schwand.

An sich hat Capote nix anderes gemacht – er nahm seine existenzielle Angst und modellierte aus ihr einen Wachtraum. Spitzte einen seiner Blackwing-Bleistifte, griff sich einen gelben, linierten Block oder ein schwarz-weiß gesprenkeltes Notizbuch, eines von denen, wie sie bis heute in amerikanischen Schreibwarengeschäften zu krie-gen sind, und setzte sich ins weiche Bett seiner Fantasie. Begann, mit offenen Augen zu träumen.

Vorsatz und Programm: weder der äußeren noch inneren Düsternis nachgeben. Lieber zu seiner eigenen Widerstandsbewegung werden. Indem man so furchtlos und einmalig wie möglich gegen sie anschreibt. Nacht für Nacht. Seltener am Tag.

Nach Jahrzehnten, in denen ich Capotes Bücher gelesen habe – da, scheinbar plötzlich geht mir auf: Was mich in Wahrheit mit Capote verbindet, ist nicht meine Schwäche für Sprache, nicht Hingabe an die »große, großartige Erzählung«, ach was, profaner, es ist die Schönheit, die auf seinen Sätzen wie eine Schaumkrone thront. Die mich derartig unmittelbar rührt, dass sie mir als Reflex des Staunens direkt ins Rückenmark fährt.

Na und wenn schon. Dann ist meine Liebe zu Capote eben schlichter gestrickt, so was wie eine Reaktion des vegetativen Nervensystems. Die exakt in jenem Augenblick erwachte, als ich seine Kurzgeschichte *Kindergeburtstag* in die Finger bekam. Es reichte mir, deren erste Zeile zu lesen:

»Gestern Nachmittag überfuhr der Sechs-Uhr-Bus Miss Bobbit.«

Schon war es um mich geschehen.

Mir wurde federleicht zumute, zugleich angenehm schwer ums Herz. Von der Art Schwere, die man auskosten möchte; als würde man wieder und wieder mit der Zunge gegen eine sanft brennende Stelle im Mund stupsen.

In der Geschichte um Miss Bobbit, dieses wunderliche kleine Mädchen mit seiner alterslosen Seele – in dieser einen Geschichte ist alles enthalten. Alle Zerbrechlichkeit und alle Vergeblichkeit und Traurigkeit, alles, was Truman Capote damals bereits übers Leben wusste.

Sodass mir beim Lesen beinahe die Tränen kommen.

Aber nicht, weil ich von Anfang an weiß, Miss Bobbit wird am Schluss unter die Räder geraten. Sondern weil es mich eigentümlich beglückt, ungefähr wie der Moment, in dem ich vor meinem Fenster die Blutbuche im Sommerleuchten aufglühen sehe. Bloß durch das Kristallklare der Empfindung, die aus seiner haarfeinen Beobachtung spricht und die prompt auch bei mir ein Gefühl zum Fließen bringt. Allein durch seine durchscheinenden Sätze, keusch dahinrauschend wie ein Gebirgsbach.

Zu dieser Zeit ist *meine* horrende Angst schon so gut wie vergessen. Über die Jahre war sie unmerklich geworden, ein Steinchen im Schuh, das lediglich so lange drückt, bis man sich daran gewöhnt hat. Erst als meine Ängste buchstäblich über Nacht zerbröseln, ähnlich morschen Schmetterlingsflügeln in einem verstaubten Schaukasten, fällt mir auf, wie sehr sich ihre spitzen Kanten vorher in mein Fleisch gebohrt haben. Aber das ist eine andere Geschichte, aus einem anderen Buch. Wahrscheinlich, ziemlich sicher hat auch sie mit dem Universalen in Capotes Werken zu tun, und unser beider früheste Verängstigung gleicht sich womöglich. Aber das ist nicht wichtig, einschneidender empfinde ich die Bewunderung für ihn: dass er in ihren kalten Stollen kroch und er aus seinem Aufruhr, mit immenser Tapferkeit und ebensolchem Talent und vielleicht einem irgendwie grimmigen Vergnügen, seine einzigartigen Wörter herausschürfte. Und dabei zu seinem ganz eigenen Maßstab wurde.

Das gelang ihm, davon bin ich überzeugt, weil er schon sehr früh wusste, wer er war. Für sich und für andere. Ausgestattet mit einem Äußeren, das den Leuten als »weibisch« aufstieß, löste Truman regelrecht Abscheu aus. Man empfand ihn als Freak – er selbst sich daraufhin als »Kalb mit zwei Köpfen«[1]. Der Mutter war seine Mädchenhaftigkeit wahrlich zuwider: sein blondes Engelsgesichtchen mit jener »Haferflockengesundheit«, die er später Holly Golightly andichtete. Vor allem aber seine quäkend-schrille Art zu sprechen[2] empfanden die Leute als anstößig: eine stimmhafte sexuelle Nötigung. Sie schien ihnen der lauthalse Offenbarungseid seiner Homosexualität zu sein.

Anstatt beelendet zu sein und sich in Kummer zu verkriechen, entschied er sich für die Flucht nach vorn: sie auf dem Papier zu einer Stimme umzuformen, die seinem größten Wundmal – das er nie loswerden würde, weil es ein Muttermal war – eine eigenwillige Eleganz abtrotzte.

Immerhin gehörte zu seinem Erstgepäck auch eine überreiche Sensibilität – die Umgebung mit sperrangelweit geöffneten Augen und empfindlichsten Antennen wahrzunehmen. Also ließ sich wohl oder übel aus seiner naturgegebenen *Otherness* der Auftrag ableiten, dass er zum Verwandlungskünstler werden sollte. Seine fundamentale Not in eine Tugend verkehren musste.

So stelle ich es mir auf alle Fälle vor: Wer sich einmal im Kern erkannt hat, für den ist das Kennenlernen seiner selbst keine Verpflichtung mehr. Und ja, vielleicht zählt Schreiben zum rasantesten Katalysator und besten Handwerk der Selbstwerdung.

1 »Calves with two heads«, diese Formulierung, in Bleistift geschrieben, werde ich in einem von Capotes letzten Notizbüchern finden, nie in seinem Werk.
2 Einer nannte sie mal »Robbenbabystimme«. Capote sagte, er habe abgesehen, wie der Journalist ihm gesinnt war, sobald der auf »diese schrecklich markante, seltsame Stimme, die ich habe« anspielte. In den Artikeln fielen dann solche Sätze: »Er klingt wie ein lispelndes Kind, das nie die Pubertät durchgemacht hat.«

Ich glaube, mich hat Truman Capote als lebenslange Freundin gewonnen, als es ihm glückte, seiner Angst eine künstlerische Gestalt zu verleihen. Und da Lesen heißt, sich einzufühlen, so wie Schreiben das Bemühen ist, sich einzufühlen, Literatur eigentlich nichts anderes ist als praktiziertes Einfühlungsvermögen, deshalb bedeutet Truman Capote zu lesen für mich, seinen, meinen, vielleicht unser aller stärksten Ängsten auf den Grund zu gehen. (Möglichst, bevor sie uns einholen.) Seine Angst kennenzulernen. Denn was man kennt, das kann einen nicht mehr derart schrecken wie das Unbekannte mit seinem verborgenen Gesicht.

Und Capotes elementare Angst, die hatte das Gesicht einer Schlange.

Mit neun war er in den Südstaatensümpfen von einer Mokassinschlange gebissen worden. Er strich mit seinen Cousins durch den Wald, stapfte durch einen Bach nahe einer abgeschiedenen Mühle, als er eine beindicke Schlange über die Wasseroberfläche auf sich zugleiten sah. Er wollte davonlaufen, rutschte auf den glitschigen Kieseln aus, die Schlange preschte blitzschnell vor und biss ihn ins Knie. Seine Cousins trugen ihn huckepack bis zu einer Farm, und während der Farmer die Pferde anspannte, um ihn in die nächste Stadt, nach Alabama, ins Krankenhaus, zu bringen, fing die Bauersfrau mehrere Hühner, riss ihnen bei lebendigem Leib den Balg auf und drückte die verblutenden Vögel auf Trumans Knie – das noch warme, pulsierende Blut sollte das Gift herausziehen.

Zwei Monate lang musste Truman danach das Bett hüten. In diesen Wochen scheint mit ihrem Gift auch ihre Anziehungskraft in ihn eingesickert zu sein. Die Schlange packte ihn als Symbol seiner Angst am Nacken, wurde ihm

sprachlicher Fetisch – und machte aus ihm den Schriftsteller, der er längst war.[3]

Wie dieser Schlangenbiss zu seinem Erweckungser-
lebnis führte, das schildert Capote 1967 in dem Essay *Die
Stimme aus der Wolke*:

Knapp zwanzig streift er an einem frostigen Dezember-
nachmittag abermals durch das Walddickicht seiner Kindheit, als ihn, bei ebenjener Mühlenruine angelangt, der alte
Schock von Neuem erstarren lässt. Die Erinnerung daran,
wie ihn die Todesangst so lähmte, dass er vor der Schlange
erst fliehen konnte, als es zu spät war, überfällt ihn jetzt mit
gleicher Heftigkeit. In seiner zurückkehrenden Erregung –
»einer Spielart schöpferischen Komas« – verirrt er sich im
Wald. Durch seinen Kopf wirbelt schwindelerregend die
Vision des Buches, das er, kaum zu Hause, unverzüglich
zu schreiben beginnt: *Andere Stimmen, andere Räume*, den
Roman, der ihn auf einen Schlag berühmt machen wird.
Und von dem er am Ende seines Lebens sagen wird, es sei
sein höchstpersönlicher Exorzismusversuch gewesen. Das
Verlangen, seine »Dämonen auszutreiben« – seine rohe
Angst in eine Form zu sperren und dadurch zu bändigen.

Darum lässt er seinem 13-jährigen Protagonisten Joel
Knox widerfahren, was ihm widerfuhr, bis zur Schlangen-
begegnung. Bei Erscheinen seines Debüts 1948 leugnet
er es in Interviews noch, an einer Endhaltestelle seiner
Laufbahn, im Vorwort der Jubiläumsausgabe von *Andere*

---

3 Die Schlange sollte ihn in Text und Leben nie wieder loslassen. Die
Leidenschaft seiner letzten Jahre wird es werden, im Geheimen kleine
Kunstwerke aus Plexiglasboxen zu basteln, deren Innenseiten er mit dem
Papier von *Snake Emergency Kits*, Notfallsets bei Schlangenbissen, be-
klebt. In seinem Apartment verwahrt er ausgestopfte Schlangen, darunter
eine zum Sprung steil aufgerichtete Kobra. Und in *Handgeschnitzte Särge*
werden durch Amphetamine aufgeputschte Klapperschlangen zu Mördern.

Stimmen, andere Räume, wird er es zugeben: Joel Knox ist niemand anderes als Truman Capote.

Wenn Joel im Roman betet »Gott gib, dass ich geliebt werde!«, dann hallt daraus die Sehnsucht, die auch den jungen Truman beherrscht – wie dessen Verzweiflung, vielleicht niemals von diesem Sehnen erlöst zu werden.

Joel oder Truman, sie sind ein und dieselbe Person: der zartbesaitete Junge, der um seine Sexualität noch vor jeder sexuellen Erfahrung weiß; wie auch darum, dass er sein Anderssein und die Ängste, die es im Schlepptau hat, umschlingen muss, will er ihnen nicht wehrlos ausgeliefert sein. Von da an bringt Capote das Kunststück fertig, seine Angst in einen schöpferischen Zauber umzugestalten, den er wie einen Talisman in die Tasche stecken kann.

Lange habe ich mir eingebildet, Truman Capotes größter Fan zu sein, obwohl ich gar nicht besonders zum Fan tauge. Zumindest nicht zu der Sorte, deren Puls rast, sobald der Verehrte ein paar Armlängen von einem entfernt steht. Was im Fall von Truman Capote schon deswegen schwierig wäre, weil er 1984 starb, vor vierzig Jahren.

Hauptsächlich aber, weil ich aus der Generation bin, der man den Zweifel gerne als Tugend verkaufte. Und das Aufgehen in der grölenden Masse als gefährliche Untugend.

Doch Fans sind nicht unweigerlich blind für Realitäten. Auch wenn Capote seine gewaltige innere Unruhe schriftlich zu bannen vermochte, ist mir nicht verborgen geblieben, dass sie ihm das Genick brach: Zuletzt ergab er sich ihrem Gewicht. Antwortete ihrer Schwerkraft mit einem schmerzlich langen freien Fall ins Bodenlose.

Ich habe seinen Totenschein in den Händen gehalten. Auf dem steht, dass sein Tod am 25. August 1984 um

12.21 Uhr eintrat, am 11001 Sunset Boulevard, Los Angeles. Todesursache: Leberschaden mit Komplikationen durch Venenentzündung und Einnahme mehrerer Drogen.

Capote-Sympathisantin hin oder her, ich muss einsehen, dass sein Merksatz – nichts ist erfolgreicher als der Erfolg – sein kindliches Unglück nur so lange kaschieren konnte, wie er es fruchtbar machen konnte. Mitte der Siebzigerjahre, als er in seine Fünfziger startete, brach sein Kindheitselend mit fataler Wucht auf. Eine Menge in seinem Leben ging kolossal schief. Seinen Verfall dokumentieren Fotos – und von denen gibts zuhauf. (Angeblich ist er der meistfotografierte Schriftsteller des 20. Jahrhunderts; weswegen wohl noch der Abglanz seines Lebens *larger than life*[4] strahlt und Capote bis heute eine »Celebrity« ist.)

Über viele Jahrzehnte hinweg knipsten ihn die Großmeister des Fachs, darunter Henri Cartier-Bresson, Richard Avedon, Irving Penn, Slim Aarons. Ein guter Teil ihrer Aufnahmen hielt eine optische Täuschung fest: einen Mann, der außen wie innen ein Kind zu bleiben schien. Der ein scheinbares Paradox verkörperte, bei dem Alter und Talent wie Zahlendreher anmuteten – bis Mitte dreißig sieht Capote aus wie ein Vierzehnjähriger; mit vierzehn kann er schreiben wie ein Vierzigjähriger.

Alsbald entfaltete sich vor aller Augen ein vergnügtes Leporello: Für seinen Fotografenfreund Cecil Beaton etwa

4   Die Auktion »The Private World of Truman Capote« bewies 2006, dass es Leute gab, denen der Autor selbst tot, 22 Jahre nach seinem Ableben, satte 43 500 Dollar wert war: Für diese Summe wurde eine Portion seiner Asche an einen anonymen Bieter versteigert. Das machte international Schlagzeilen und zeigte, wie zwei Kinofilme und eine Serie über ihn, dass sein Leben Hollywood-Format besitzt.

springt Truman, der »Liebling der Götter«, in Marokko vor einer gekalkten Wand in die Höhe, so schwungvoll, dass man beinahe anfängt, sich über seine schwarze Silhouette auf der Mauer zu wundern – ein zu quecksilbriger Luftgeist, um einen behäbigen Schatten zu werfen. Den Mund vor Lachen weit aufgerissen, die Arme nach oben gestreckt, als warte die Welt lediglich darauf, von ihm umarmt zu werden. In seiner hübschen Lausbubenmiene die Absicht, aufs Schicksal zu pfeifen und fröhlich weiter seine eigene, mannigfaltige Melodie zu summen.

Auf dem Foto, das als Torpedo für seinen pfeilschnellen Karrierestart gilt, lümmelt er auf einer Chaiselongue und schaut wie ein unschuldiges Bübchen in die Kamera.

Von wegen unschuldig! Das genaue Gegenstück meinten die Leute zu erkennen. Das Porträt zierte den Umschlag seines Romanerstlings, und ehe der in den Buchhandlungen zu haben war, zerriss man sich schon das Maul über diesen Debütanten, der augenscheinlich mit allen Wassern gewaschen war. Der sich wie Naschwerk feilbot. Oder wie ein erregt wallender Rezensent schrieb: der sich dem Betrachter förmlich *anbot*, so, als solle man ihn kurzerhand »besteigen«.

Ein mutmaßliches Enfant terrible. Ihm gefiel das ganz und gar nicht, und er bestritt jedes Kalkül hinter dem provokanten Jünglings-Eros. Behauptete, das sei bloß ein Schnappschuss des jungen Fotografen Harold Halma gewesen. Dennoch machte er nie einen Hehl daraus, schwul zu sein, nicht mal zu einer Zeit, als männliche Homosexualität fast überall als sexuelle Perversion galt und unter Strafe stand.

Einstweilen konnte er den Skandal um sein *Toyboy*-Image verschmerzen, verhalf er ihm doch aus dem Stand zu Bekanntheit und hohen Verkaufszahlen. Seit diesem einen Foto aber vernebelt Capotes Homosexualität der Kulturkritik die Sicht: auf die Grenze zwischen Fiktion und Wirklichkeit. Als schwebe eine anhaltende Luftspiegelung über seinen Buchseiten. Damals ist das »Narrativ« vom größenwahnsinnigen, in seiner Exaltiertheit »typisch schwulen« Schriftsteller entstanden, der an seiner Übertriebenheit – an seiner Großmanns- wie anderen Sucht – zugrunde ging. Fertig die Legende vom jähen Aufstieg und Fall des Truman Capote: von dem schamlosen Parvenü, der sich bis in die Café Society hochquatschte, dort jahrzehntelang ihr »Tru Heart« oder »Tru-boy« war und sie dann nach Strich und Faden verriet, indem er das erste Kapitel seines Sittengemäldes *Erhörte Gebete* im Oktober 1975 vorab im *Esquire*-Magazin veröffentlichte, *La Côte Basque, 1965*. Das habe er von langer Hand als heimtückischen Akt ersonnen, als Abrechnung mit der sogenannten piekfeinen Gesellschaft – darauf angelegt, sie bloßzustellen: außen hui, innen pfui.

Schauplatz des Kapitels ist das gleichnamige Edelrestaurant an der East 55th Street, in dem Manhattans eleganteste Ladys Mittag für Mittag zu einem Jahrmarkt der Eitelkeiten aufmarschieren. Kaum verhüllt plaudert Capote darin die Intimstgeheimnisse seiner langjährigen Freundinnen, seiner »Schwäne«, aus. Worauf ihn die vergötterte Babe Paley, sein liebster »Schwan«, aus ihrem Freundeskreis ausmustert wie ein Paar Pumps von der vergangenen Saison.

Von da an gings bergab, besagt der Mythos. An diesem Punkt habe sich sein Leben geradezu zwangsläufig zur Tragödie gewendet. Er sei zu seiner eigenen dekadenten Parodie verkommen: Aus dem gefährlich begabten Tausendsassa wurde die »versoffene, bekokste Tunte«, die ihren Manierismen freien Lauf ließ, wo sie sich ihrer besser von Anfang an hätte schämen sollen. Die sich unrechtmäßig Einlass zur vornehmsten Gesellschaft verschafft hatte und sodann verdientermaßen an der eigenen Hinterfotzigkeit erstickte. Capote sei in seinen letzten Lebensjahren ein tragischer Fall gewesen, aber, anders als in anderen tragischen Fällen, gebühre ihm kein Mitleid; er hätte seinen Scheiterhaufen ja eigenhändig angerichtet.

Bis heute – bei aller Social-Media-Selbstbeweihräucherung – kreidet man ihm eine pompöse Egozentrik an: Wer sich so maßlos mit überkandidelten Ungezogenheiten ausstaffiere, solle büßen. (Mal ganz abgesehen davon, dass einer gar kein Genie sein *könne*, wenn er als Maulheld mit Posaune in eigener Sache unterwegs ist.) Seitdem ertönt ein sexistischer Dreiklang, schallend genug, die Größe seines Werk hinter seiner öffentlichen Persona zum Verschwinden zu bringen: Schwuchtel, Superegozentriker, Süchtiger.

Anders lässt sich mir nicht erklären, warum ihm seine Sucht oft schadenfroh wie eine Niedertracht ausgelegt wird, komplett selbst verschuldet. Als wäre ein Kranker verantwortlich für seine Krankheit. Als wäre er von vornherein niemals legitimiert gewesen, sich zum Scheinwerferlicht vorzudrängeln. Als hätte er ein Schild – »Zutritt verboten für Unberechtigte« – aus fahrlässiger Eitelkeit ignoriert.

Anstatt solch ein Getöse um sich zu entfachen, wäre er dagegen gut beraten gewesen, sich im Schatten seiner Homosexualität leise zu ducken: so armselig klein – ein Meter sechzig – und unverschämt tuckig!

Nach *La Côte Basque, 1965* setzt die Häme heftiger denn je ein, befeuert von dem Umstand, dass er den Roman nie fertigstellt. Nun wird der Luftikus endgültig aus dem fidelen Bilderreigen radiert, für jedermann unübersehbar. In Andy Warhols Aufnahme etwa hat Capotes Blick allen Schalk eingebüßt und etwas Waidwundes an sich. Seine Züge sind von einer künstlich mageren Schnittigkeit – nicht ohne Grund, denn er hatte sich kurz zuvor liften lassen. Gegen Schluss weidet sich die große Masse zur besten Sendezeit an Capotes erbärmlichen Vorstellungen in den TV-Talkshows: Erscheint er der Nation auf dem Bildschirm fett, fast kahl, verlottert, eine höchstens bedauernswerte »Drama Queen«. Seine früher eindringlich dreinschauenden, wissenden Augen blinzeln schmal unter teigig versunkenen Lidern. Und erschreckend vulgär schlängelt sich seine Zunge wie ein unkontrollierbar gewordenes Biest bis zum Rand seiner straff gespannten Lippen vor.

Das allerletzte Foto zeigt ihn tadellos gekleidet, proper mit Jackett und Schlips, doch sichtbar ermattet in einem Rattansessel: Er liegt mehr, als dass er sitzt, und seine linke Hand ruht schlaff auf dem Rücken eines Dobermanns, dem Hund seiner guten Freundin Joanne Carson, in deren Haus er einen Tag später sterben wird. Cinnamon, der Dobermann, starrt in die andere Richtung, aus dem Bild heraus – als würde er die lautlose Katastrophe nahen sehen.

Natürlich, man sieht nur, was man weiß. Und ich weiß nun mal, dass Capote einen Monat vor seinem sechzigsten Geburtstag kapitulieren musste. Trotzdem oder gerade deshalb möchte ich New Yorks Bürgermeister zurufen, Capote jetzt zu seinem hundertsten Geburtstag ein Denkmal zu setzen. Es am besten in Bryant Park zu platzieren, direkt vor der New York Public Library, wo sich sein gesamter

Nachlass in 39 Pappkartons befindet. Als Vorbild in Sachen Widerstandskraft für uns alle. (Wie als Mahnmal für die Wirbellosen innerhalb der Gattung Mensch.)

Aus der Glaubensgemeinschaft der Capote-Gläubigen möchte ich stellvertretend aufmucken: Denn mögen auch tonnenweise Mut letztlich nicht ausreichen – der hartnäckige Kampf, sich nicht unterkriegen zu lassen, ist die Plackerei allemal wert.

Stopp, auf Pause gedrückt und noch mal zurück: In mir rumort der Gedanke, dass jedes Leben multiple Lesarten hat und Symmetrie eine Illusion ist. Könnte schließlich sein wie beim separaten Spiegeln der Hälften eines Gesichts, wo der Spiegel jeweils grundverschiedene Ansichten reflektiert – die, erneut zusammengefügt, eine verblüffend ambivalente Gesamtheit ergeben. Ein bisschen ist es vielleicht wie in Rumis altpersischem Gleichnis, in dem die Wahrheit ein großer Spiegel in der Hand Gottes war. Doch als Gott ihn fallen ließ, zerbarst er in Abertausende kleinste Splitter. Denen jagt seitdem jeder Mensch auf Erden nach. Und erwischt er ein Bruchstück, meint er beim Hineinblicken in der Scherbe die volle Wahrheit zu sehen.

Lassen sich möglicherweise all die Anekdoten über Capotes Kapriolen – wie er sie irgendwann einmal erzählte oder andere über ihn – im Zeitraffer auf zwei ganz und gar unterschiedliche Lebensläufe eindampfen? Auf eine Chronologie des Gelingens und auf eine Chronologie des Scheiterns? Je nachdem, welche Episoden man ins Licht rückt, ergibt sich im Idealfall aus der scheinbaren Absolutheit zweier Splitterwahrheiten ein und derselben Existenz wiederum so etwas wie: ein ganzes wahres Leben.

Er kommt als altes Kind auf die Welt: ein Frühreifer mit zwei Gewissheiten – schwul zu sein *und* ein Schriftsteller.

Die 17-jährige Lillie Mae Faulk, das hübscheste Mädchen Alabamas, und der neun Jahre ältere Arch Persons, ein charmanter Hallodri, sind bei ihrer Hochzeit, die von der Nachbarin Mrs. Lee am Klavier festlich begleitet wird, im siebten Himmel.

Bald darauf wird Lillie Mae schwanger; sie will zu einer Engelmacherin – das ist 1924 die einzig halbwegs garantieversprechende Methode –, doch Jennie Faulk, Lillie Maes rechtlicher Vormund, kann sie von dem Schwangerschaftsabbruch abhalten. Diese unglückselige Tatsache wird die Prämisse für Capotes Existenz setzen. Doch zum Guten gewendet: Das Leben wird für ihn nie Selbstverständlichkeit bedeuten, ein unübliches Talent für das Augenblicksglück entwickeln.

Bei seiner Geburt ist Lillie Mae knapp achtzehn: zu jung, um sich der Verantwortung für ein Kind aussetzen zu wollen. Dafür alt genug, um zu begreifen, dass ihr Sohn sie für immer an ihren Gatten binden würde. Sie entflieht der Enge der Ehe und nimmt die Beine in die Hand. Sie hat

Großes mit sich vor: will ihre Ambitionen mehr als tausend Kilometer entfernt von allem Südstaatenmief, in New York City, verwirklichen.

Der dreijährige Truman kommt zu ihrer Familie väterlicherseits, die in der South Alabama Road Nr. 199 in dem Südstaatenstädtchen Monroeville lebt. Das hat in den Dreißigerjahren rund 7500 Einwohner. Für Kleinstadtverhältnisse sind die Faulks wohlhabend. Sie betreiben ein gut gehendes Hut- und Kleidergeschäft am Hauptplatz.

Trumans erste tiefe Freundschaft zu einer Frau entsteht: Sook, die älteste Schwester im Haus, ist mehr als ein halbes Jahrhundert älter; eine entfernte Blutsverwandte, dafür seine früheste Seelenverwandte. Sie überschüttet Truman mit Liebe, in ihr findet das elternlose Kind die beste Ersatzmutter. Sie wird helfen, seinen außergewöhnlichen Charakter zu formen. Kein Wunder daher, dass sich unter Capotes Hinterlassenschaft, unter seinen über viele Umzüge hinweg gehorteten Schätzen, auch ein von Sook handgenähtes Lebkuchenmännchen aus Filz befindet und eine gehäkelte Patchwork-Babydecke. Beides fertigt sie für ihren kleinen Freund; er wird es sein Leben lang aufbewahren und keine Reise ohne seine Decke unternehmen.

Sook setzt alles daran, ihren »Buddy«, wie sie ihn nennt, glücklich zu machen. Zeigt ihm, wie man einen Drachen steigen läßt. Wie man einen Früchtekuchen backt, Kräutertränke gegen Wehwehchen aller Art herstellt, etwa gegen Wassersucht. Im Wesentlichen aber macht sie ihm vor, wie man liebt und geliebt wird. Wie es sein kann, wenn man als der akzeptiert wird, der man ist.

»Sie war all die kuriosen Dinge in ihm, wie der Pekannussbaum und dass er gerne liest und für andere genug empfindet, um von ihnen verletzt zu werden. Sie war all das, was er sich scheute, irgendjemanden sehen zu lassen.«

Dieser Absatz aus *Kindergeburtstag* erzählt von den Gefühlen, die im 13-jährigen Billy Bob anklingen, nachdem Miss Bobbit in die Stadt gekommen ist. Es wäre ebenso zutreffend gewesen für das Band zwischen Truman & Sook.

Mit vier Jahren bringt er sich selbst das Lesen bei. An Abenden auf der Veranda, wo munter erzählt wird, entsteht sein Faible fürs Fabulieren.

Sook läßt sich von Truman vorlesen oder die Abenteuer, die er am Wochenende im Kino sehen darf, Szene für Szene nacherzählen. Sook und er leben innigst verbunden in ihren eigenen wunderbaren Welten. Die Gestalten aus Hollywood, aus all den Bücher- und Radio-Geschichten kommen Truman viel realer vor als die Menschen aus Fleisch und Blut um ihn herum. Er beneidet Kinderstars wie Shirley Temple und träumt davon, ein berühmter Stepptänzer zu werden. Mit seinem unermüdlichen Geklackere treibt er den Haushalt halb in den Wahnsinn.

Sook steckt ihn in Sonntagskleider, auch an stinknormalen Werktagen – in Mädchenkleider, sogar in adrette Reifröcke, wie sie Miss Bobbit trägt. Und flicht ihm Schleifchen ins Flachshaar. Sein Aufzug trägt ihm gleichermaßen Frotzeleien wie die Achtung der anderen Kinder ein. Uneingeschränkt beliebt dagegen macht er sich bei ihnen, weil er sich stets neue Flausen ausdenkt.

Seine Kindheitsverbündete wird die jungshafte Nachbars-
tochter Nelle. Auch sie wird später Schriftstellerin: Nelle
erlangt unter dem Namen Harper Lee mit einem einzigen autobiografischen Roman weltweite Berühmtheit (im
Buch heißt sie Scout, ihr Bruder Jem).

In *Wer die Nachtigall stört* verewigt sie Truman in der
Figur des Dill (der Spitzname für Charles Baker Harris).
Eine Art Merlin in Taschenformat, dessen Fantasie ständig
lustige Volten schlägt:

»Im Sitzen war er kaum größer als die Grünkohlstau-
den. Wir starrten ihn an, bis er zu sprechen anfing.

›Hallo!‹

›Selber hallo‹, antwortete Jem freundlich.

›Ich bin Charles Baker Harris‹, sagte er, ›ich kann lesen.‹

›Na, und?‹, sagte ich.

›Ich dachte nur, ihr würdet vielleicht gern wissen, dass
ich lesen kann. Wenn ihr was habt, was gelesen werden
muß, kann ich's machen.‹

›Wie alt bist du denn?‹, fragte Jem. ›Viereinhalb?‹

›Bald sieben!‹

›Dann brauchst du dir nichts drauf einzubilden‹, meinte
Jem und zeigte mit dem Daumen auf mich. ›Scout hier
liest schon, seit sie geboren ist, und dabei geht sie noch
nicht mal zur Schule. Dafür, dass du bald sieben wirst,
siehst du aber ziemlich knirpsig aus.‹

›Ich bin klein, aber alt‹, sagte er.«

Ab seinem fünften Lebensjahr hat Truman immer ein win-
ziges Wörterbuch, einen Bleistift und Zettel für Notizen
in der Hosentasche. Ans Schreiben gerät er durchs Lesen, was er am liebsten mit Nelle in ihrem Baumhaus tut.

Ihre Bücherliebe und ihr wachsender sprachlicher Stolz schweißt sie zusammen. Mit acht überredet er Nelle, sich eine gemeinsame Nachmittagsroutine zuzulegen: nach der Schule jeweils zwei bis drei Stunden an der Schreibmaschine zu sitzen und Geschichten zu verfassen. In ihm reift der Entschluss, Schriftsteller zu werden. Und eines Tages schlendert er die Straße entlang, einen Kiesel vor sich herkickend, als ihn das Gefühl überfällt, ein Dämon ergreife von ihm Besitz: ein Schreibteufel – und der wird ihm von da an für immer über die Schulter linsen.

In den ersten Grundschuljahren glänzt Truman durch gute Noten. Ein Wissenschaftlerteam, das durch die Lande fährt, unterzieht Trumans Klasse einem Intelligenztest. Als Trumans IQ weit überdurchschnittlich ausfällt, misst man ein zweites Mal: und wieder phänomenal hoch. Daraufhin lädt man ihn nach New York ein, an die Columbia University, wo man eine Woche lang weitere Untersuchungen durchführt. Am Schluss ergibt sich ein IQ von 215: »Ich kam als Genie nach Hause – wissenschaftlich belegt, besaß ich die höchste je gemessene Intelligenz eines Kindes in den USA.« Das gibt ihm Selbstvertrauen: »Ich glaube, das war das erste Mal in meinem Leben, dass ich eitel war. Es war, als würde ich ihnen allen eine lange Nase zeigen und sagen: ›Ha, ha, siehst du!‹« Fortan begleitet ihn das Gefühl, dass seine Einmaligkeit seinem Genius geschuldet ist.

Frühreif in jeder Hinsicht, auch in Sachen Sex, fängt der achtjährige Truman an, mit älteren Jungen seiner Schule »ins Bett zu gehen«. Er habe »nie ein Problem« damit gehabt, homosexuell zu sein. In einem späten Interview blickt er zurück auf diese Zeit: »Ich war immer ganz vorne mit dabei. Die anderen Kinder mochten mich dafür. Ich war wirklich ziemlich beliebt. Ich war lustig, und ich war hübsch. Ich sah nicht aus wie alle anderen, und ich war nicht wie alle anderen. Am Anfang schrecken die Leute vor etwas zurück, das ihnen anders vorkommt, aber das entwaffnet sie sehr leicht. Verführung – das ist es, was ich beherrsche! So wars: Du denkst, ich bin anders, nun, dann werde ich dir zeigen, wie anders ich tatsächlich bin. Es waren also mehrere Schichten, die ich aufgebaut habe, bei dieser Persona, aber ich habe nicht einmal gemerkt, was ich da tat. Ich habe mich komplett selbst erschaffen.«

Es wird kein Zufall sein, dass sein sexuelles Erwachen zeitlich mit seiner Entscheidung für eine Schriftstellerexistenz zusammenfällt.

Seine Kurzgeschichte *Mrs Busybody*, die er bei einem Wettbewerb der Lokalzeitung einreicht, wird mit dem ersten Preis prämiert.

Nach ihrer zweiten (Liebes-)Heirat 1932 mit Joseph Garcia Capote, einem erfolgreichen kubanischen Geschäftsmann, verwandelt sich seine Mutter von der Landschönheit Lillie Mae Faulk in die Salonlöwin Nina Capote. Kurz nach seinem neunten Geburtstag holt sie Truman zu sich nach New York.

Vor seinem Umzug in den Norden schmeißt er an einem Freitagabend ein sensationelles Abschiedsfest für seine Freunde in Monroeville: eine Halloween-Kostümparty. Die Uhrzeit bleibt nicht der einzige Verstoß gegen die guten Sitten. Einen schwarzen Plantagenarbeiter seines Großvaters bittet er, die von ihm und Nelle wochenlang geplanten Spiele zu beaufsichtigen und für diese Aufgabe ein weißes Hemd, einen weißen Anzug und weiße Schuhe zu tragen. Der Mann ist so stolz auf Trumans Auftrag, dass er es in den Wochen vorm Fest in der Stadt rumerzählt: was erst die bewaffnete Polizei alarmiert – man habe gehört, dass er Farbige eingeladen habe, um den rassistischen Süden damit zu provozieren – und schließlich den Ku-Klux-Klan auf den Plan ruft. Der rückt nach Sonnenuntergang als Fackelzug an, doch kann er von Nelles Vater Richter Lee, der Autorität im Ort, in die Schranken gewiesen werden. Nachdem sich die Kapuzenmänner kleinlaut trollen mussten, juchzt Truman, für seine Party als Fu Manchu verkleidet: »Vor unseren Augen hat sich etwas Historisches ereignet. Wir waren dabei, als der Ku-Klux-Klan Selbstmord begangen hat. Der wird in diesem Land keinen Rückhalt mehr bekommen. Er ist letzte Nacht gestorben.«

Noch während seiner Sommerferien in Alabama beziehen seine Mutter und sein Stiefvater eine Wohnung am Riverside Drive. Lucy Brown, eine schwarze Angestellte der Faulks in Monroeville, begleitet Truman 1932 nach New York, um bei der Familie Capote als Köchin anzufangen. Dort beginnt er die vierte Klasse an der Trinity School in Manhattan. In den Schulaufführungen brilliert er in Mädchenrollen, etwa als Little Eva in *Onkel Toms Hütte* oder als Prinzessin.

Am 14. Februar 1935 adoptiert ihn sein Stiefvater – aus dem Nachnamen Persons wird Garcia Capote.

Am Trinity entzückt er Schüler wie Lehrer mit seinem bei-
ßenden Witz. Wegen seines enormen Unterhaltungstalents
schätzen ihn seine Kameraden als niedliches Klassenmas-
kottchen. Alle hängen an seinen Lippen, Lehrer inklusive.

Ab dreizehn, vierzehn wird er sich seiner immer gewisser.
Er erkennt, dass er ausschließlich sich selbst verpflichtet
ist: dass er *er* sein muss. Und diese Treue zu sich umfasst
seinen eigentlichen Hauptschwur: Er muss Schriftsteller
werden.

In einem fast physikalisch klingenden Gesetz bündelt
er, was das für ihn bedeutet:

»Künstler zu sein, trennt einen von den üblichen Dingen. Die Sinne arbeiten mit einem rascheren, lichtemp-
findlicheren Wimpernschlag als bei den meisten Menschen. Die meisten Menschen haben, sagen wir, zehn
Wahrnehmungen pro Minute, während ein Künstler vielleicht sechzig oder siebzig Wahrnehmungen pro Minute
hat.«

Die kleine Familie zieht 1939 in eine schöne Villa im Tu-
dor-Stil, nach Greenwich, einem vermögenden Vorort New
Yorks, und der Vierzehnjährige beginnt an der Greenwich
High School die achte Klasse. Seine Englischlehrerin Catherine Wood erkennt seine große Sprachbegabung und
fördert ihn, wo sie kann. Sie prophezeit seiner Mutter,
er würde ein berühmter Schriftsteller werden. Mit Wood
bleibt er bis zu ihrem Tod in enger Verbindung.

In der Schülerzeitung *The Green Witch* veröffentlicht
er Kurzgeschichten, die kraft der Sonne seines Talents bereits hell leuchten. Vielleicht bewahrheitet sich schon an
dieser Stelle der Satz des Philosophen Hans Blumenberg:

»Wozu erzählt man Geschichten? Im besten Fall, um sich die Zeit zu vertreiben; im weniger guten, die Angst.«

Mit fünfzehn verliebt er sich und übt sich von ersten Liebeslorbeeren gekrönt in der Verführungskunst: Der attraktivste Junge der Schule erhört ihn.

Mit seinen neuen Freundinnen, alle höhere Töchter aus bestem Hause – Oona O' Neill (die einzige Tochter des bekannten Dramatikers, die mit Anfang zwanzig die vierte und letzte Frau von Charlie Chaplin werden wird), Carol Marcus (der späteren Frau von Walter Matthau) und Millionenerbin Gloria Vanderbilt – stiehlt er sich als Teenager an den Wochenenden in die angesagtesten Bars von Manhattan, zum Beispiel in den Stork Club und das El Morocco. Es werden unzählige gemeinsame glamouröse Cocktails folgen, über viele Jahrzehnte hinweg.

Ab 1942 übersiedeln die Capotes von Connecticut wieder zurück nach New York City, an eine schicke Adresse in der Park Avenue 1060. Truman wechselt von der Greenwich High School auf die elitäre private Franklin School an der Westside, wo er ein Jahr später seinen Abschluss macht. Daneben arbeitet der Achtzehnjährige eine Weile als Copyboy beim *New Yorker*, über dessen Flure er mit theatralischem Cape und königlicher Selbstsicherheit schreitet.

Mitte der Vierzigerjahre verschickt er seine Erzählungen an diverse Redaktionen. *Die Wände sind kalt*, seine erste Kurzgeschichte, wird 1943 in der populären Anthologie *Decade of Short Stories* abgedruckt. Ein Jahr darauf schafft er es mit zwei weiteren Erzählungen in diesen Band.

Darüber hinaus erscheinen seine Short Storys nun in Magazinen wie *Mademoiselle* oder *Harper's Bazaar*. Obwohl er die literarische Bühne erst betreten hat, wird er schon als Wunderkind gehandelt.

Für seine Kurzgeschichte *Miriam*, die in der Juni-Ausgabe von *Mademoiselle* 1945 erscheint, wird er mit dem O. Henry Award ausgezeichnet: Preisgeld 300 Dollar – die er umgehend in einen maßgeschneiderten Anzug investiert.

Mit *Miriam* erregt er die Aufmerksamkeit von Random House. Der Verlag gibt ihm daraufhin seinen ersten Buchvertrag – für *Andere Stimmen, andere Räume*.

1946 tritt er ein elfwöchiges Stipendium in der angesehenen Künstlerkolonie Yaddo in Upstate New York an, wo er sich mit Carson McCullers anfreundet. Die sieben Jahre ältere Carson unterstützt Trumans schriftstellerische Ambitionen großzügig und vermittelt ihm wertvolle Branchenkontakte. Seit ihrem Debüt *Das Herz ist ein einsamer Jäger* gilt sie als (weibliches) Wunderkind aus den Südstaaten.

In Yaddo verknallt sich der 21-jährige Hals über Kopf in den mehr als doppelt so alten Newton Arvin, einen Literaturkritiker und Anglistik-Professor vom Smith College in Massachussets. (Arvin, der mit einer ehemaligen Studentin verheiratet ist, entscheidet sich bei Trumans Auftauchen dafür, die Hexenjagd in Kauf zu nehmen, die die Liebe unter Männern damals mit sich bringt. Und tatsächlich kommt es zu seiner akademischen Vernichtung.)

Arvin nennt Truman zärtlich »dearest child« oder »dearest little boy« oder »Spooky«. Der schenkt 1946 seiner ersten großen Liebe (die zwei Jahre dauern wird) ein Geschenk von Sook weiter: Manschettenknöpfe, versehen mit den Initialen TC. Dazu schreibt er: »Liebster, die Manschettenknöpfe hat mir jemand geschenkt, der mich auch liebte, die liebe, gute Sooky, an meinem zwölften Geburtstag – trage sie, Liebling, wenn du kannst. Ich liebe dich. T.«

Für Truman wird Arvin sein »Harvard«, seine persönliche Bildungsinstanz. Sein Geliebter führt ihn an die Klassiker der Literatur heran, obwohl Truman seine Säulenheiligen selbst in jugendlichen Lesestunden entdeckt hat. Proust lernt er sogar schon als Kind schätzen; seine kindlich-emotionale Nähe zu ihm als Mensch beschreibt er: »Ich hatte das Gefühl, er sei eine Art geheimer Freund.« Flaubert wiederum ist sein Vorbild in handwerklichem Perfektionismus, während Proust ihm durch seine feine Beobachtung der französischen Aristokratie zum mentalen Mentor wird. Weiter in der Theorie zur Praxis schult er sich, indem er Arvins Vorlesungen besucht.

Für seine Erzählung *Die Tür fällt zu* erhält er 1947 zum zweiten Mal den O. Henry Award (und ein drittes Mal 1951 für *Ein Haus aus Blumen*).

Im Sommer 1947 mieten sich die beiden für zwei Monate ein Haus auf Nantucket, um wie in der Anfangsphase als Frischverliebte in Yaddo über längere Zeit zusammen zu sein. Truman möchte dort *Andere Stimmen, andere Räume* abschließen, was ihm am 11. August 1947 auch gelingt.

Sein Wunderkind-Ruf ist ihm vorausgeeilt, vor allem durch das laszive Kleine-Jungen-Umschlagfoto des Buchs, dem er einen frivolen Klappentext hinzugefügt hat: Bis dahin habe er Reden für einen drittklassigen Politiker geschrieben, als Tänzer auf einem Vergnügungsdampfer gearbeitet, die Wahrsagerei erlernt und sei mit Blumen-Glasmalerei reich geworden – das sind nur einige Schnörkel in seiner aus Witz erstunkenen und erlogenen Vita.

Schon vier Monate vor Erscheinen, im Oktober, wird sein Roman von den Buchhändlern in ungewöhnlichen Zahlen vorbestellt; Random House lässt zehntausend als Erstauflage drucken und verkauft vorab etliche Auslandslizenzen von *Andere Stimmen, andere Räume*.

Am 19. Januar 1948 erscheint der Roman, den er Newton Arvin widmet.

Viele Rezensionen füllen kurz danach die Zeitungen. Man vergleicht ihn mit Faulkner, und in der *Chicago Times* steht: »Dieser kurze Roman ist das atemberaubendste Phänomen, das die literarische Szene in den vergangenen zehn Jahren erlebt hat.«

Das Buch klettert augenblicklich auf die *New York Times*-Bestsellerliste, auf der es sich neun Wochen hält. Mehr als 26 000 Exemplare gehen über den Ladentisch, ein veritabler Verkaufsschlager, besonders für ein Debüt. Auf alle Fälle ist es das meistdiskutierte Werk der Saison. Selbst der Durchschnittsbürger weiß nach all der Presse jetzt etwas mit Capotes Namen – vor allem mit seinem blonden Bürschchengesicht – anzufangen.

Im Oktober desselben Jahres lernt er seinen Lebensgefährten Jack Dunphy kennen.

Zusammen mit Jack, meistens aber ohne ihn – der meidet jeden gesellschaftlichen Rummel – frönt Truman genüsslich seinem Reisefieber. In den Jahren nach dem Zweiten Weltkrieg, bevor der Massentourismus einsetzt, ist er häufig mehrere Monate am Stück in Europa: in Italien oder Griechenland, am liebsten auf Inseln, wo er sich eine günstige Unterkunft am Meer mietet. Abwechselnd dem süßen Leben huldigt und schreibt.

Auch die Pariser sind nach all den Magazinartikeln und dem Gerede über ihn und sein berückendes Bübchen-Foto auf diesen Ausnahmedebütanten mit dem Ausnahmecharme neugierig; selbst Jean Coctau will Truman unbedingt kennenlernen. Der wird ihm bald Colette vorstellen, aber in Bars und Cafés wie dem Flore stößt Truman auch von allein auf weitere wichtige Künstlerinnen und Künstler der Zeit. Die amerikanische Expat-Künstlerelite mischt sich mit den französischen Intellektuellen – tout New York trifft auf tout Paris. Simone de Beauvoir, Jean-Paul Sartre, Gertrude Stein und ihre Partnerin Alice B. Toklas sind nur einige, die ihn zu ihren feuchtfröhlichen Stelldicheins dazuladen, aber auch alte Bekannte wie Janet Flanner, die Korrespondentin des *New Yorker*, oder James Baldwin sind Teil dieser Gemeinde. Ebenso Richard Wright, der erste afroamerikanische Bestsellerautor, der in seinem Roman *Sohn seines Landes* 1940 den Rassismus in den USA angeprangert hat.

Albert Camus, der spätere Literatur-Nobelpreisträger, wird Trumans Lektor bei Gallimard, dem Pariser Verlag, der *Andere Stimmen, andere Räume* auf Französisch herausgegeben hat. (Mit ihm hat er nach eigenem Bekunden einen One-Night-Stand.)

Auf Taormina, Sizilien, mieten sich Truman und Jack ein kleines Häuschen; er arbeitet an seinem zweiten Roman *Die Grasharfe*.

Der erscheint im Oktober 1951. Vorbild für die Heldin Dolly Talbo ist Sook. An einer Stelle des Romans gesteht Richter Charlie Cool seinen neuen Freunden – drei *Misfits*, genauer gesagt ein Waisenknabe und zwei schrullige alte Frauen, die sich in sanfter Revolte in ein Baumhaus verzogen haben, dass er den *einen* Menschen, vor dem man nichts zu verbergen habe, selbst nie gefunden hätte:

»›Ich meine‹, erklärte der Richter, ›einen Menschen, dem man alles sagen kann. Ob ich wohl ein Narr bin, dass ich mir so etwas wünsche? Aber, ach, die Mühe, die wir darauf verwenden, uns voreinander zu verbergen, die Angst, dass wir erkannt werden könnten! Aber hier sind wir erkannt als das, was wir sind: fünf Narren in einem Baum. Das ist ein großes Glück, vorausgesetzt, dass wir den richtigen Gebrauch davon machen, wenn wir unbesorgt darum sind, wie wir den anderen erscheinen, und frei herausfinden dürfen, wer wir in Wahrheit sind …‹«

William S. Paley, Chef des TV-Senders CBS, und seine feengleiche Gattin Babe vergucken sich in den Golden Boy; erstmals begegnen sie sich im Januar 1955 im Feriendomizil der Paleys auf Jamaika, wohin ihn ein gemeinsamer Freund mitgenommen hat. Von da an ist er regelmäßig und über Jahrzehnte bei den Paleys zu Gast. Truman steigt zum Liebling der High Society auf. Die oberen Zehntausend der Ostküste reißen sich ebenso wie der internationale Jetset um Truman als glänzenden Unterhalter: keine Party mehr ohne ihn und seine hochvergnüglichen Geschichten!

1953 adaptiert er seine Kurzgeschichte *Ein Haus aus Blumen* fürs Theater; 165 Mal wird es bis Mai 1955 unter tosendem Applaus am Broadway aufgeführt.

Über viele Wochen ist er als Pionierreporter mit der afroamerikanischen Theatertruppe von *Porgy and Bess* unterwegs durch die Sowjetunion. Sein anschließender Bericht wird im *New Yorker* publiziert und im Dezember 1956 in Buchform.

Er bezieht mit Jack Dunphy ein Apartment in Brooklyn Heights, in dem sie für fast eine Dekade wohnen bleiben.

Sook setzt er 1956 in seinen *Weihnachtserinnerungen* ein liebevolles Denkmal. Als äußerst kluge Menschenkennerin und beachtliche Erzählerin lehrt Sook ihn demnach durch all ihre großen kleinen Geschichten auf poetische Weise Hochachtung vor der Kreatur.

1957 veröffentlicht er, erneut im *New Yorker*, ein Porträt von Marlon Brando, das für Aufsehen sorgt, weil es den berühmten Schauspieler von einer gänzlich unbekannten, intimen Seite präsentiert. Bis heute hat *Der Fürst in seinem Reich* die journalistische Latte für echte Nahaufnahmen von Prominenten gesetzt: Damit wurde es ein früher Vorläufer, ein Brandbeschleuniger für den *New Journalism*.

1958 bringt der *Esquire* seinen Kurzroman *Frühstück bei Tiffany* vorab heraus; im selben Jahr erscheint es als Buch, zusammen mit weiteren Erzählungen. 1961 kommt die Verfilmung unter der Regie von Blake Edwards ins Kino: Und die grazile Audrey Hepburn macht im Nu Millionen Zuschauerinnen und Zuschauer in Trumans Holly Golightly verliebt. Wie nebenbei entwirft sie ein neues Schönheits-ideal; mittlerweile sind in den Köpfen Audrey und Holly längst zu einer anmutigen Silhouette verschmolzen.

In der *New York Times* stößt er am 16. November 1959 auf die Meldung, in Kansas sei eine vierköpfige Farmersfamilie brutal ermordet worden. Er reist umgehend an den Tatort, nach Holcomb, im Auftrag des *New Yorker*. Dort ist er sich schnell sicher, dass das Verbrechen an der Familie Clutter den geeigneten Stoff abgibt für sein länger bestehendes Vorhaben, ein tatsächliches Ereignis mit literarischen Mitteln nachzuerzählen.

Am 30. Dezember werden die mutmaßlichen Mörder Perry Smith und Richard Hickock von der Polizei geschnappt. Er beginnt intensive Gespräche mit ihnen im Knast – wie unzählige mit Ermittlern und Betroffenen des Mordes.

Der Roman seiner frühen Kameradin an der Schreibma-schine Harper Lee, *To kill a Mockingbird*, erscheint in den USA, nachdem Truman seine zwei Jahre jüngere Freun-din einem Literaturagenten empfohlen hat. Sie revanchiert sich, indem sie ihm maßgeblich bei der Recherche für *Kaltblütig* hilft.

Zusammen mit Jack kauft er sich 1960 als enthusiastischer Skiläufer ein kleines Chalet nahe Verbier in der Schweiz. Ohne Jack erwirbt er 1965 ein Apartment im United-Nations-Plaza-Gebäude in Manhattan, dem damals ange-sagtesten Skyscraper der Metropole. Sein Landhäuschen in Sagaponack auf Long Island behält er ebenfalls, dort wohnt Jack in Rufweite in einem beinahe baugleichen Beach House. Zudem gehört ihm ab 1970 ein komfortabler Bungalow in Palm Springs.

Kaltblütig, sein schriftstellerischer Triumph, entsteht in weiten Teilen während seiner Winter in den Schweizer Alpen. Fünf Jahre Recherche bilden dessen Resonanzboden; fünf lange Jahre recherchiert Capote die Hintergründe des Verbrechens. Als er seine Ergebnisse zu einer Erzählung verdichtet hat, verschlägt es allen den Atem.

Zunächst erscheint sie in vier Folgen im *New Yorker*: erzählt als reales Geschehen, verkauft als »Tatsachenroman«, bis ins letzte grausame Detail wahrhaftig. Die zwei Mörder verstören die Leserschaft mit Innenansichten, welche der sonst so behaglichen Aufteilung in Täter und Opfer, in Gut und Böse, in die Parade fahren.

Mit Pauken und Trompeten empfängt man im Januar 1966 *Kaltblütig*; gewidmet ist das Buch Jack Dunphy und Harper Lee, »in Liebe und Dankbarkeit«. In der Erscheinungswoche ist es auf diversen Titelblättern zu sehen, und in ausnahmslos jedem Kulturaufmacher des Landes wird es besprochen.

Mit *Kaltblütig* verdient er Millionen: Es steht 37 Wochen durchgehend auf der *New York Times*-Bestsellerliste – allein im ersten Jahr wird es in den USA 300 000 Mal verkauft. (Bis 1987 wächst die Zahl auf fünf Millionen Bücher, und es ist in 37 Sprachen übersetzt. In seinem Interview mit Lawrence Grobel wird Capote Mitte der Achtziger sagen, es seien in den USA an die 15 Millionen Exemplare verkauft worden.)

Das große Los geht zusätzlich mit etlichen nichtmonetären Anerkennungen einher: Die Literaturkritiker wie seine Kollegen – ältere Hasen im Geschäft, wie Gore Vidal oder Norman Mailer – zollen ihm Tribut. Rühmen ihn den »vollkommensten Stilisten ihrer Generation«, mit einem »absoluten Gehör« für die Dialoge der Wirklichkeit. Man preist ihn als Erfinder eines neuen Literaturgenres, der *Non Fiction Novel*, mit dem er Journalismus in Literatur verwandelt habe.

Marella Agnelli, die Frau des Fiat-Chefs, wird in den Sechzigerjahren sein europäischer »Schwan Numero Uno«. Oft schippern sie gemeinsam auf der Jacht der Agnellis über die Weltmeere, zum Beispiel durch die Ägais oder die Türkei. Sie betrachtet ihn als einen ihrer engsten Freunde und vertraut ihm ihr Innerstes an.

Sein Jubelzug gipfelt im November 1966 in seinem Black and White Ball im New Yorker Hotel Plaza, den er offiziell zu Ehren der *Washington Post*-Verlegerin Katharine Graham gibt. Alle tanzen nach seiner Pfeife – selbst jene, die sich sonst qua ihrer Macht nichts und von niemandem etwas sagen lassen, maskieren sich hierfür artig. So, wie er es ihnen in der Einladung geheißen hat: die Damen in Weiß, die Herren in Schwarz.

Auf der Stelle *Party of the Century* etikettiert, widmen die Gazetten dem gesellschaftlichen Großereignis mehr Zeilen als einem Ost-West-Gipfeltreffen. Die Gästeliste – sämtliche 540 Namen – wird in der *New York Times* publiziert und danach in zig Magazinen ausführlich kommentiert. Weil Capote die Spreu vom Weizen nach seinem eigenen Gutdünken getrennt hat, teilt sich die Nation in

Freund und Feind, abhängig davon, wer zu den Eingeladenen zählt bzw. zu den Übergangenen.

Die Gästemischung ist so illuster wie vielfältig. Sie versammelt Weltberühmte, Hochwohlgeborene, bekannte wie gänzlich unbekannte Freundinnen und Freunde von ihm: darunter der Maharadscha von Jaipur, der Duke und die Duchess of Windsor, Baron und Baroness de Rothschild oder Politikadel wie die Kennedys oder McNamaras. Showstars wie Marlene Dietrich, Greta Garbo, Harry Belafonte sind mit von der Partie. Außerdem Kulturgrößen: Leonard Bernstein, Philip Roth, Billy Wilder, Thornton Wilder, John Steinbeck, Irving Berlin, James Baldwin, Samuel Goldwyn und Marianne Moore. Aber auch das Ehepaar Dewey darf bei seinem *Who is Who* nicht fehlen; mit Alvin Dewey, Hauptermittler im Mordfall Clutter, hat er sich angefreundet. Selbstredend nimmt auch seine gesamte Schwanengarde ein Bad in der Menge. (Randbemerkung: Die weiblichen Gäste sind ungeachtet ihrer Prominenz unter den Namen ihrer Gatten aufgelistet, zum Beispiel Audrey Hepburn als »Mr. And Mrs. Mel Ferrer«, Marilyn Monroe als »Mr. And Mrs. Arthur Miller« oder Liz Taylor als »Mr. And Mrs. Richard Burton«. Diana Vreeland oder Shirley MacLaine dagegen sind anscheinend schon Frau genug gewesen; notabene im Singular notiert.)

Nach dem landesweiten Ballzirkus rufen die Kapitäne auf den Sightseeing-Booten den Touristen zu, da drüben im UN Plaza wohnt Truman Capote! Und halten es nicht für erwähnenswert, dass Bobby Kennedy im selben Hochhaus wohnt.

Im November 1967 erscheint als erste Geschichte nach *Kaltblütig* im *McCall's*-Magazin *Der Thanksgiving-Gast*, begleitet von einem langen Interview, das die bekannte Feministin und Mitgründerin des *Ms. Magazine* – der ersten US-amerikanischen Zeitschrift in geistigem wie finanziellem Vollbesitz von Frauen – Gloria Steinem mit Capote führt. Nach seiner Short Story *Weihnachtserinnerungen* spielt erneut Sook die Hauptrolle: Darin erfährt man abermals eindrücklich, wie sie ihn lebenstauglich machte.

Im Dezember startet die Verfilmung von *Kaltblütig* mit sehr guten Publikumszahlen in den amerikanischen Kinos.

Als Special Guest sitzt er über Jahre in jeder Talkshow der USA im neumodischen Massenmedium Fernsehen – wo er wieder und wieder sein nächstes Epos ankündigt, *Erhörte Gebete*, sein unerbittlich scharf gestochenes Kabinett der *Rich & Famous People*.

Nach seinen vielen TV-Auftritten kann er nicht mehr durch New York, nicht mal mehr durchs kleinste Kaff im Mittleren Westen spazieren, ohne von Wildfremden wie ein guter alter Kumpel gegrüßt zu werden.

In der Juni-Ausgabe des *Esquire* erscheint, sehnsüchtig erwartet, die nächste Geschichte von ihm: *Wüste*. Endlich, im Oktober 1975, wird das erste Kapitel aus dem entstehenden Werk *Erhörte Gebete,* wieder im *Esquire*, vorabveröffentlicht: *La Côte Basque, 1965*.

Zwei weitere Kapitel – *Unverdorbene Ungeheuer* und *Kate McCloud* – folgen einige Monate danach als Vorabdruck im Mai und Dezember 1976. Vorangestellt ist *Erhörte Gebete* ein Ausspruch der spanischen Heiligen Teresa von

Ávila: »Es werden mehr Tränen über erhörte Gebete vergossen als über nicht erhörte.«

In Woody Allens Film *Der Stadtneurotiker* 1977 erscheint Capote aufgrund seiner medialen Omnipräsenz als durch und durch New Yorker, obwohl er aus den Südstaaten stammt. Als zähle er zum »menschlichen Inventar« der Glitzermetropole, sieht man seinen Doppelgänger in einer Szene im Bronx Zoo durchs Bild spazieren, vorbei am frischgebackenen Paar Diane Keaton und Woody Allen. Im Kurzauftritt vermischt sich sein Image als popkulturelle New-York-Ikone mit dem »echten« Capote aus Fleisch und Blut.

Andy Warhol, sein ältester Fan seit Jugendtagen, bietet ihm in seinem *Interview*-Magazin eine populäre Spielfläche: Ab 1979 schreibt er darin seine Kolumne *Conversations with Capote*. Ein hochproduktives Jahr bricht an, in welchem er zusätzlich eine außerordentliche Sammlung literarischer Porträts und Reportagen im Blatt veröffentlicht. Darunter befindet sich der schlagende Beweis dafür, dass seine ungeteilte Aufmerksamkeit stets seinem Gegenüber gilt, auch wenn dies in die Kategorie *Ordinary People* fällt – das Porträt seiner kiffenden Putzfrau Mary, die er bei ihren Schichten durch fremde Haushalte begleitet: *Ein Tagewerk* ist zugleich Ausbund seines besten Reportertums.

Musik für Chamäleons, eine durchkomponierte Mischung aus Fiktion und Nichtfiktion (»für Tennessee Williams«), erscheint 1980. Im Vorwort resümiert er sein schriftstellerisches Handwerk über fast ein halbes Jahrhundert Schaffen. Das Buch gliedert sich in drei Abschnitte: Ein Teil versammelt autobiografisch grundierte Erzählungen und klassische Short Storys, einschließlich *Wüste*. Der zweite besteht aus *Handgeschnitzte Särge. Tatsachenbericht über ein amerikanisches Verbrechen* – »Ich hatte einen Rahmen gefunden, in den ich alles einfügen konnte, was ich vom Schreiben verstand«. Und ein dritter umfasst seine Begegnungen mit Menschen, die er *Konversationsporträts* nennt, weil sie vorwiegend in langen Dialogen erzählt sind.

Heraus ragt die Geschichte *Geblendet* – das von ihm frank und frei autobiografisch deklarierte Stück über seine übergroße Sehnsucht als Neunjähriger, ein Mädchen zu sein. Der will oder kann er erst auf der Zielgeraden seiner Karriere eine schriftliche Kontur geben. Damit wartet er bis 1979, als er Mitte fünfzig ist. Erst mit genügend zeitlichem wie innerem Abstand und der Selbstgewissheit des reifen Schriftstellers kann er seinen tiefsten seelischen Knacks schreibend in den Blick nehmen – davon erzählen, welche Tortur es für ihn gewesen ist, den damaligen Ansprüchen an einen sogenannten anständigen Jungen nie gerecht werden zu können.

Zwei Jahre danach wagt er sich nochmals ungewöhnlich persönlich aus der Deckung: *Weihnachten mit Vater* schildert ein Weihnachtsfest mit seinem Vater, Anfang der Dreißigerjahre. Als Knirps besteigt er allein den Bus nach New Orleans, zu seinem Vater – von Sook, seiner Schwester im Geiste, dazu ermutigt. Zugleich in einer seiner Lieblingsfantasien bestärkt, dort mit Glück zum allerersten Mal magischen Schnee zu sehen.

In diesem Spätwerk, zwei Jahre vor seinem Ableben, findet sich auch die einzige Prosa-Erwähnung seiner Mutter: Er beschreibt sie als »außergewöhnlich intelligent«

und als »das schönste Mädchen in Alabama«. Gewidmet aber ist seine Geschichte einer anderen Frau – Gloria Dunphy, der Exgattin seines Lebensgefährten Jack.

Noch bevor sein Leben beginnt, ist er schon das unge-
wollte Kind.

Lillie Mae ist dreizehn, als sie Vollwaise wird; Truman
ist kein Jahr alt – ein nacktes Baby, das in Tat und Wahrheit lediglich auf dem Papier des Geburtsscheins Eltern
besitzt.

Seine Mutter reicht ihn noch als Steppke unter den Verwandten in den Südstaaten herum: Zunächst kommt er zu
seiner Tante, dann zur Großmutter väterlicherseits. Nach
viel verwirrender Unstetigkeit gibt sie ihn schlussendlich
in die Obhut ihrer drei altjüngferlichen Großcousinen in
Monroeville, alle ledig und um die sechzig, die mit ihrem
ebenfalls unverheirateten Bruder unter einem Dach wohnen. Jennie Faulk, eine der drei Schwestern, hat die Hosen
im Haus an: Sie ist jähzornig und geht nicht eben zimperlich mit Leuten um. Zwar sorgt man gleichzeitig mit liebe-
voller Strenge für Trumans Wohl, aber er bleibt für sie ein
überspanntes Kerlchen, irgendwie aus der Art geschlagen.

Vielleicht würde Sigmund Freud hier von »Wieder-
holungszwang« reden, denn es sind jene Verwandten, die
schon Lillie Mae und ihre vier jüngeren Geschwister nach
dem Tod ihrer verwitweten Mutter aufnahmen.

Sook – »in ihrer geistigen Entwicklung nicht älter als zwölf, was ihre Reinheit, Ängstlichkeit und ihre zuweilen eigenartige, völlig unerwartete Weisheit erklärt« (so Capote im Rückblick) – ist die Einzige in der Familie, die ihm wirklich nah ist. Von ihren Schwestern und manchem in der Kleinstadt wird Miss Sook als zurückgeblieben betrachtet. Ein wenig tüdelig wirkt sie eventuell durch ihre Morphiumsucht, die sie durch die Schmerzen nach einer Brustamputation entwickelt hat.

Truman und Sook, besonders in ihrer Eintracht, werden in dem Provinznest zur Zeit der Großen Depression als Außenseiter beäugt.

Nelle und er sind beide von ihren Müttern unerwünschte Kinder: Seine Mutter hat sich aus dem Staub gemacht, Richtung New York, und Nelles Mutter leidet unter einer psychischen Störung. Einmal versucht sie gar, ihre Tochter in der Badewanne zu ertränken.

Sein Vater ist als solcher ein Totalausfall, für den er sich früh schämt. In *Wer die Nachtigall stört* erhält man eine Ahnung, wie Truman, aus Nelles Perspektive, mit dessen Dauerabwesenheit ringt:

»… Ein merkwürdiger Bursche, dieser Dill. Er trug blaue Leinenshorts, die ans Hemd geknöpft waren, und er hatte schneeweißes Haar, das wie Entenflaum an seinem Kopf klebte. Er war ein Jahr älter, aber sehr viel kleiner als ich. Während er uns die alte Geschichte erzählte, erhellten und verdunkelten sich seine Augen, er lachte laut und fröhlich und zupfte unentwegt an einem Haarbüschel, das ihm in die Stirn hing.

Nachdem Dill Dracula in Staub verwandelt und mein

Bruder erklärt hatte, der Film scheine besser zu sein als das Buch, fragte ich Dill nach seinem Vater. ›Von dem hast du noch gar nicht gesprochen.‹

›Weil ich keinen habe.‹

›Ist er tot?‹

›Nein …‹

›Wenn er nicht tot ist, dann hast du doch einen, nicht wahr?‹

Dill wurde rot, und Jem befahl mir, den Mund zu halten – ein Zeichen, dass er Dill geprüft und für würdig befunden hatte …«

Bereits mit sieben oder acht Jahren schreibt er seinen Vater endgültig ab; rasch hat er kapiert, dass der ein Aufschneider und Hochstapler ist. (Selbstverständlich ohne wissen zu können, dass der später in der Tat wegen Scheckbetrug verknackt werden wird.) Arch Persons verspricht seinem Sohn seine damals größten Wünsche, einen Hund und Bücher, zu erfüllen, und eine Reise zu einem Strand am Golf mit ihm zu machen – nichts davon wird je in Erfüllung gehen. Dabei kauft Truman sich in seiner Vorfreude schon eine Badehose.

Eine Enttäuschung raubt ihm das letzte Quäntchen Kinderunschuld: Sein Vater kreuzt eines Tages in einem schnittigen Cabriolet in Monroeville auf und lädt Truman und seine Freunde nach Mobile, gut anderthalb Stunden Fahrt entfernt, zum Mittagessen ein. Kaum im Restaurant angekommen, raunt ihm sein Vater zu, er solle ihm unterm Tisch sein Taschengeld aushändigen, ansonsten könnte er die Zeche nicht zahlen. (»Danach habe ich ihm nie wieder vertraut«, wird er später seinem Biografen sagen.)

Ab der dritten Klasse fällt er durch schlechte Noten und unmögliches Betragen auf, sodass seine Familie den Verdacht hegt, er sei retardiert. (Dabei ist er nur vom Unterricht tödlich gelangweilt.)

Seine Grundschullehrer machen sich über die Yankee-Forscher aus NYC lustig, weil die seine Intelligenz vollkommen falsch berechnet hätten. Nach deren Intelligenztests sind Trumans alte Verwandte insofern beschwichtigt, als sich wenigstens ihr Eindruck von seiner geistigen Beschränktheit nicht erhärtet hat. Andererseits wollen sie kein Genie in der Familie – bloß dass Truman genau so ist wie die anderen Buben in der Stadt, und seien es Rabauken: Hauptsache normal. Und hoffentlich später einmal: auftrumpfend und forsch und prahlerisch wie ein ausgewachsener Kerl.

In seiner allerersten abgedruckten Kurzgeschichte *Mrs Busybody* verbrät er den Kleinstadtklatsch, den er belauscht hat – Mrs Busybody ist Nelles »verrückter« Mutter nachempfunden und wird von Monroevilles Bürgern sogleich enttarnt. Das erzeugt einen irren Wirbel im Ort. Die Fortsetzung wird nicht mehr von der Zeitung abgedruckt; auch kriegt er nie das Pony, das als Prämie winkte.

Er ist ein kränkliches Kind, liegt oft über Wochen im Bett – nicht nur nach seinem Schlangenbiss – und muss häufiger operiert werden. Sein Blinddarm wird ihm von einem Tierarzt entfernt, wovon eine schwulstige Narbe zurückbleibt.

Während seiner Kindheit in Monroeville rauscht seine Mutter gelegentlich in feinem Großstadtputz an, aber wann und wie viele Tage sie bei ihm bleibt, lässt sich für ihn nie einschätzen. Ihr Versprechen, ihn mit sich nach New York zu nehmen, ist keinen Pfifferling wert: Jedes Mal bricht sie ihr Wort aufs Neue und der Verlust jedes Mal wieder sein Herz.

Einmal braust sie in ihrem Wagen davon und hat ihr Parfum Evening in Paris vergessen: In seinem Unglück trinkt Truman die Flasche bis zum letzten Tropfen aus. Als könne er sich seine Mutter auf diese Weise einverleiben.

Seine kindliche Misere kondensiert er als erwachsener Dichter in folgender Szene:

»Nach drei oder vier Tagen brach sie auf, und ich stand auf der Straße und sah sie in einem schwarzen Buick wegfahren, der immer kleiner und kleiner wurde. Stell dir einen Hund vor, der zusieht und wartet und hofft, mitgenommen zu werden. Das ist das Bild von mir damals.«

Das Mädchengesicht und den weiblichen Habitus, samt seines kindlich kleinen Wuchses – seine gesamte physische Grundausstattung wertet man als abscheuliche Laune der Natur. Und bis ans Ende seiner Tage wird er für die Leute stets der laufende Meter mit der Kleinmädchenstimme bleiben, auf den man mit Spott und immer wieder auch Ekel reagiert.

Der quälende Wunsch, ein Mädchen zu sein, keimt auf: Alles wäre, wie von Zauberhand, leichter, sobald er seiner Umgebung statt als unechter Junge als echtes Mädchen erscheinen würde. Gleichzeitig fühlt er sich in seinem männlichen Körper durchaus zu Hause – aber er wünscht sich, von den Bewohnern Monroevilles eindeutig *männlich gelesen* zu werden (auch wenn sich diese Formulierung noch nicht in die Köpfe gebahnt hatte). Oder als Mädchen wiedergeboren zu werden, damit er vielleicht endlich passend gemacht wäre für das Raster der Gesellschaft. Vor allem für seine Mutter, für die er dadurch womöglich eine Art »Söhnlein Brillant« würde.

Während seiner Nachmittage an der Schreibmaschine und in den Nächten, in denen er seine ersten Kurzgeschichten schreibt, ergreift ihn eine nervöse Erregung, die er zehnjährig bereits mit Whisky niederkämpft. Anders als durch Trinken meint er seine vibrierenden Nerven nicht auf einen entspannten Level herunterdimmen zu können. Seine Verwandten wundern sich über sein komisches Benehmen bei Tisch. Als sie irgendwann seine Flaschenbatterie entdecken, kapieren sie, er ist blitzblau.

Schon im Frühstadium des Schreibens macht er die zwiespältige Erfahrung, dass er für seine große Begabung einen hohen Preis zu zahlen hat. Er empfindet sie als Fluch wie Segen.

Das Vorwort zu *Musik für Chamäleons*, sein letztes Buch zu Lebzeiten, enthält diese Erkenntnis als Karrierefazit: »One day, I started writing, not knowing that I had chained myself for life to a noble but merciless master. When God hands you a gift, he also hands you a whip; and the whip is intended solely for self-flagellation … I'm here alone in my dark madness, all by myself with my deck of cards – and, of course, the whip God gave me.«

Oder auf gut Deutsch gesagt: Er bekommt den Aberwitz des Geniestreichs zu spüren – sein Talent wird immer wieder zur durch die Luft schnellenden Peitsche, eine durchs Wasser peitschende Schlange, an der eigenen Brust genährt.

Seine Eltern – die ihn bis dahin zwischen sich hin- und her-geschubst haben – tragen einen gnadenlosen Sorgerechts-streit aus, damit der andere Elternteil ja nicht obsiegt. Das Gericht spricht seiner Mutter im August 1933 das alleinige Sorgerecht zu.

Mit neun wird er von seiner Mutter für drei lange Jahre an die Trinity School gezwungen, eine sehr strenge Bischofs-schule an Manhattans Westside mit täglichen Gebeten – denn Nina Capote, wie sie sich inzwischen nennt, glaubt zu wissen, welcher Makel sich in seiner kleinen Gestalt mehr schlecht als recht versteckt: eine entsetzliche »Ano-malie«, die aus der DIN-Normalität wie ein grässliches Stigma aufragt. Er erscheint ihr furchtbar effiminiert, ein affektiertes Jüngelchen, grundverschieden von den Rüpeln seines Alters. Damit kann und will sie sich nicht arrangie-ren. Sie schimpft ihn »a fairy, a pansy and a monster«, sogar im Beisein anderer: »eine Tunte, ein Bubi und Monster«. Schleppt ihn zu Psychiatern, in der Absicht, ihn *umpolen* zu lassen – die sollen ihn von seiner Homosexualität »ku-rieren«. Endlich einen richtigen Jungen aus ihm machen, *a true boy*.

Er selbst hadert mit seiner Sexualität nicht, dafür umso stärker mit dem Umstand, dass sie für andere sein eigent-liches Wesen auszumachen scheint. Seine erste sexuelle Erfahrung zu dieser Zeit jedoch ist schauerlich: Ein Lehrer begleitet ihn auf dem Heimweg nach Hause und biegt un-terwegs mit ihm ins Kino ab, wo Truman ihm mit der Hand einen runterholen muss.

Mit zehn hat er arge Wutanfälle, bei denen er sich wie ein Zweijähriger zu Boden wirft und in Rage tobt. Er ist ein zutiefst verstörtes Kind. Obendrein schlafwandelt er. Mitunter wacht er im Pyjama in der Eingangshalle der Trinity School auf.

Als seine Mutter frustriert von den Psychiaterbesuchen mit ihm heimkehrt, schickt sie Truman kurz vor seinem zwölften Geburtstag, im Herbst 1936, auf eine Militärakademie, die St. John's Military Academy in Ossining. Fünfzig Kilometer von zu Hause entfernt soll man ihm dort mit militärischem Drill das Memmenhafte austreiben. Nirgends ist er, das Sensibelchen, deplatzierter als in einer Kadettenschule und in Uniform. Im Internatsalltag bereitet man ihm die Hölle: Seine Mitschüler hänseln ihn wegen seines Südstaatenakzents und seiner anderen Eigenwilligkeiten. Zu allem Übel kommt, dass sie ihn als ihren persönlichen Lustknaben ausbeuten; nachts im Schlafsaal lassen sie sich von ihm befriedigen.

Seine Mutter besucht ihn in diesem qualvollen Schuljahr zweimal, gleichwohl es für sie nur eine Stunde Fahrt bedeutet hätte. Er weint viel und träumt sich zurück zu seiner emotionalen Heimat Sook in Alabama. Im Herbst 1937 hat seine Mutter ein gewisses Einsehen: Sie schickt ihn wieder auf die Trinity School.

Obschon vierzehn Jahre alt und in der achten Klasse bockt Truman nach wie vor wie ein Kleinkind. Seine Mutter wendet sich Rat suchend ans Lehrpersonal, aber das weiß auch nicht, wie es auf sein altersunübliches Trotzverhalten antworten soll. Im Unterricht bürstet er sich ungeniert die

Haare, egal, wie sehr der Lehrer schimpft. Auch verweigert er sich dem Sport. Seine Noten sind dementsprechend ungenügend.

Auf der Greenwich High School werden sie nicht besser; er fällt in einer ganzen Reihe von Fächern durch. In letzter Minute kann seine Englischlehrerin Catherine Wood verhindern, dass man ihn wegen seiner schlechter Leistungen wie seiner Verhaltensauffälligkeiten der Schule verweist.

Nach Trumans Geburt wird Lillie Mae noch zweimal schwanger, von Joe Capote. Diesmal treibt sie mit Erfolg ab. »Ich möchte nicht noch ein Kind wie Truman bekommen«, begründet sie die Entscheidung gegenüber ihrem zweiten Ehemann, »und wenn ich noch ein Kind kriege, wird es wie Truman sein.«

Auf einmal wünscht sie sich nichts mehr als ein weiteres Kind – eines von dem Mann, den sie liebt. Doch nach ihren früheren Abtreibungen erleidet sie Fehlgeburten. Sie trägt einen psychischen Schaden davon. Capote erzählt später: »Sie war nachher nie mehr dieselbe. Sie wollte unbedingt ein Kind von ihm haben.«

1946 stirbt Sook, für ihn als Kind die wichtigste Bezugsperson, im Alter von fünfundsiebzig Jahren.

Truman nimmt die Alkohol- und Tablettenabhängigkeit seiner Mutter, die sie launisch und gereizt stimmt, ungeheuer mit. Immer wieder rastet sie aus, oft wird er zu ihrer Zielscheibe. Zwischendurch versucht Nina Capote Herrin über ihre Suchterkrankungen zu werden, indem sie zu Treffen der Anonymen Alkoholiker geht, aber auf Dauer bleibt das ohne Wirkung. Dennoch hört er nicht auf, sich wie ein liebender Sohn um sie zu kümmern. Seine hochambivalente Beziehung zu ihr – vielleicht Hassliebe, vielleicht auf beiden Seiten – mündet in seinen Satz: »My mother was the single worst person in my life.«

1948 wagt er es mit schriftstellerischer Intuition, seine sexuelle Orientierung in *Andere Stimmen, andere Räume* darzustellen. Sein Erstling kommt ausgerechnet im selben Jahr wie Alfred Kinseys Report *Das sexuelle Verhalten des Mannes* heraus. Kinseys Studie bestimmt die Lesart der Kulturkritiker mit: Die interpretieren Capotes Roman als Coming-out, was ihn auf die Palme treibt. In den zahlreichen Verrissen, etwa im *Library Journal*, ist die Rede von einer »üppig wuchernden Prosa, die häufig vom Weg abkommt und sich in realitätsferne Fantasien kranker Gehirne verirrt«. Und die *Time* weckt Assoziationen mit einem Sodom und Gomorrha, dem der dekadente Jungautor entstiegen sei: »Widerwärtige Begleiterscheinungen drapieren sein homosexuelles Thema wie Bartflechten.«

In Paris trifft er hin und wieder Carson McCullers' Mann Reeves, den er seit vielen Jahren aus New York kennt. Mit Carson dagegen liegt er über Kreuz.

In der Novembernacht 1953, in der Truman und Reeves zum Abendessen im Hotel verabredet sind, nimmt sich Reeves McCullers das Leben. Truman und Janet Flanner nehmen fast als einzige Trauergäste an dessen Beerdigung in Neuilly teil.

Unmittelbar darauf, ums Neujahr 1954 – Truman ist zu diesem Zeitpunkt noch in Paris – begeht auch Nina Capote, wenige Tage, bevor sie 49 wird, mit dem Barbiturat Seconal Suizid. Gleich nach dem Anruf seines Stiefvaters fliegt er nach New York.

Marlon Brando beschuldigt ihn nach Erscheinen von *Der Fürst in seinem Reich*, er habe sich seine Seelenentblößung mit böswilliger List erschlichen. Ihn hinterrücks ausgetrickst, indem er sich die Vertraulichkeit über ihre Gemeinsamkeiten – sie beide sind Söhne von abwesenden Vätern und von Alkoholikerinnen, die nicht lange vor dem Artikel im Abstand von Monaten starben – schmarotzt hätte. »Ich bringe ihn um!«, schreit Brando bei der Publikation 1957. Capote legitimiert sein Tun mit seiner natürlichen Gabe, sich über mehrere Stunden Gesprochenes wörtlich merken zu können – daher brauche er sich weder Notizen zu machen noch ein Tonbandgerät anzustellen (diese Fähigkeit habe er weiter trainiert). Er entgegnet, für ein erhellendes Interview sei es außerdem unverzichtbar, zwischendrin die Rollen zu tauschen: dem Befragten auch etwas von sich preiszugeben.

So sehr Audrey Hepburn das breite Publikum seit 1961 mit Charme und Anmut bezaubert – einer ist mit der Verfilmung von *Frühstück bei Tiffany* zutiefst unglücklich: der Schöpfer der Holly Golightly. Sein Missfallen über die Fehlbesetzung tut er im Vorwege, 1956, in einem Brief an seinen Freund, den Fotografen Cecil Beaton, kund: »Audrey is an old friend and one of my favorite people« – und trotzdem: Marilyn Monroe, die von sich aus bereits Szenen des Romans einstudiert habe, glänze wie keine andere in der

Rolle. Sie sei »terrifically good« und »absolutely marvelous«, schreibt er Beaton, für ihn sei sie die einzig denkbare Holly.

Kaum ein Kinozuschauer vergleicht Hepburns Holly mit der in der Buchvorlage – wo er keinen Zweifel daran gelassen hat, dass die eine Prostituierte ist. (In der Hinsicht leuchtet MMs Sexappeal ein.) Im Roman ist Holly ein *Tomboy*, ein ungezügeltes Mädchen von achtzehn Jahren, mit kurz geschnittenen, blond gesträhnten »Jungshaaren«, die »bei all ihrer schicken Magerkeit« eine »Seifen- und Zitronen-Reinlichkeit« ausstrahlt. Ihr erotisches Interesse verteilt sich auf Frauen *und* Männer – schließt allerdings den Erzähler, einen erfolglosen Schriftsteller, definitiv aus. (Nix da mit Romantik und Filmkuss im strömenden Regen.)

1963 stirbt seine erste große Liebe Newton Arvin an Krebs.

1964 ist er fertig mit *Kaltblütig*, abgesehen vom letzten Kapitel – er muss mit Perry und Dick im Todestrakt warten, damit er es abschließen kann. Er hält durch, bis zum bitteren Schluss: Am 14. April 1965 sieht er die beiden Mörder hängen. Perry Smith, zu dem sich eine tiefere Beziehung aufgebaut hat – einige behaupten später fälschlich, eine sexuelle –, baumelt vor Trumans und des Henkers Augen geschlagene zwanzig Minuten vom Galgen herunter, bevor seine Muskelreflexe die letzten Zuckungen aufgeben und ihn der Gefängnisarzt für tot erklärt.

Capote peinigt ihre Hinrichtung; direkt danach kotzt er. Seine Qual kaufen ihm seine Kritiker nicht ab; sie unterstellen ihm, dass diese für ihn als Romancier ein Happy End bedeutet hätte. Man sagt ihm nach, die Exekution trotz rechtlicher Einspruchsmöglichkeiten bewusst nicht abgewendet zu haben. Er hingegen geht »aus der traumatischen Erfahrung *Kaltblütig*« mit dem Gefühl, dringend eine »Atempause« nötig zu haben.

Noch ein Jahr nach seinem Maskenball, mit dem er seinen Bestseller feierte, liefert der erneut viel Publicity – die Dezember-Ausgabe des *Esquire* titelt: »We wouldn't have come even if you had invited us, Truman Capote!« Vom Cover schauen acht beleidigte Celebritys, etwa Kim Novak und Ed Sullivan.

Im Herbst 1973 erscheinen seine *Observations* (die schon vorher separat mit den Fotos von Richard Avedon 1959 als Bildband publiziert wurden) – dazu seine Begegnungen mit Menschen und Orten der letzten Jahrzehnte, gesammelt in dem Buch *The Dogs bark. Public People and Private Places*. Das Motto ist ein arabisches Sprichwort, das er künftig zu beherzigen sucht: Die Hunde bellen, die Karawane zieht weiter. Nach den Böswilligkeiten, die er sich, vor allem bedingt durch die Vorurteile gegen seine Homosexualität, hat anhören müssen, übt er sich nunmehr in der Anstrengung, sich ein dickes Fell zuzulegen.

Die Masken, die er seinen Ballgästen 1966 aufgesetzt hat, wird er ihnen bald schon vom Gesicht reißen: Mit *Erhörte Gebete* will er das Panorama zur Oberschicht seiner Zeit malen, so wie es Proust in seiner Epoche getan hat.

Der Vergleich mit dem Meister der Belle Epoque wird ihm von der Presse als grobe Anmaßung ausgelegt. Sich mit Proust ebenbürtig zu wähnen sei vermessen. Nachträglich wird seine Ursprungsaussage – sich bei dessen Konzeption an der Struktur von Prousts Epos zu orientieren – verfälscht, und der Fehler pflanzt sich medial bis heute fort.

Zur gesellschaftlichen Implosion kommt es, als *La Côte Basque, 1965* im *Esquire* publiziert wird, weil er sich nicht die mindeste Mühe gemacht hat, die ehrenwerten Herrschaften fiktional zu verschleiern. Gloria Vanderbilt etwa ist unter Eingeweihten auf Anhieb erkennbar; im Kapitel heißt sie Gloria Cooper (das ist ihr angeheirateter Nachname). Er verhöhnt sie darin als schrecklich stulle: An ihren Tisch im La Côte Basque, an dem sie mit Carole Matthau zu Mittag speist, tritt ein »aus dem Leim gegangener, dunkelhäutiger, glatzköpfiger Durchschnittstyp«, und nach seiner Begrüßung grüßt sie zurück, aber »ihre Augenlider zuckten, denn sie versuchte, sich darauf zu besinnen, wer er war«. Carole Matthau muss ihr auf die Sprünge helfen: ihr sagen, dass sie diesem Mann früher die Socken gewaschen und Essen gekocht hat. Sprich, ihr erster Ehemann war. »Ach, meine Liebe. Lass uns nicht ins Grübeln kommen. Schließlich hast du ihn fast zwanzig Jahre lang nicht mehr gesehen. Du warst noch ein Kind. Ist das nicht …«, versucht die Freundin von Glorias Einfältigkeit abzulenken, »Jackie Kennedy?«

Fortan kolportiert die Presse, mit der Vorabveröffentlichung habe sich Capote sein eigenes Grab geschaufelt, »sozialen Suizid« begangen. Eine der Protagonistinnen, Ann Hopkins – bei der es sich für die High Society um keine andere als Ann Woodward handeln kann –, bringe sich tatsächlich um. Angeblich hätte sie bereits zwei Tage vor der *Esquire*-Veröffentlichung von ihrer Darstellung als Mörderin Wind gekriegt. Ihren Gattenmord – in ihren Kreisen ein offenes

Geheimnis – hat sie als Notwehrakt getarnt: Sie habe gedacht, auf einen Einbrecher zu zielen, gibt sie bei der Polizei zu Protokoll.

Wegen des Skandal-Kapitels wird Capote des gemeinen Verrats an seinen Freundinnen und Freunden bezichtigt: Man sagt ihm nach, er sei bis dahin nur das Schoßhündchen der feinen Leute gewesen – und er hätte die Hand gebissen, die ihn fütterte. Dieser Vorwurf schlägt sich sogar im Februar 1976 als Titelbild des *New York*-Magazins nieder, auf dem ein Mops mit Capotes Gesicht eine juwelenbekränzte Hand beißt. Die Schlagzeile: »Capote Bites the Hand That Fed Him. Why the Jet Set Is Outraged by Their Favorite Author.«

Capote beharrt in der Öffentlichkeit darauf, dass nach *Mrs Busybody*, seinem ersten Werk mit neun Jahren, *Erhörte Gebete* sein zweiter roman à clef, ein Schlüsselroman, würde – in dem nichts erfunden sei. Für den Stoff will er auf seine prallen Notizbücher zurückgreifen, die er über zwei Jahrzehnte mit Beobachtungen gefüllt habe: Denn nichts als die Wahrheit soll in seinem Opus magnum Platz finden.

Nicht müde werdend, über *Erhörte Gebete* wieder und wieder zu sprechen, aber zu erledigt, um daran diszipliniert weiterzuschreiben, wird es bei den ersten drei vorab publizierten Kapiteln bleiben. Die vier restlichen Kapitel-Titel rappelt er zwar gelegentlich vor Publikum wie eine Art Abzählreim herunter, doch werden sie nie zu lesen sein: *Father Flanagan's All-Night N*****-Queen Kosher Café – A Severe Insult to the Brain – Yachts and Things – And Audrey Wilder sang.*

Mehr und mehr wird er als ruchloser Bombenleger, als dreister Schwindler behandelt, der haarsträubende Geschichten zusammenlügt, auf dem Bildschirm wie auf dem Papier.

Für die Presse ist er jetzt der gefallene Engel, der sich mit seinen neuen Freunden – Andy Warhol & seiner Pop-Eskorte – im Studio 54 die Nächte um die Ohren schlägt, die Nase voller Schnee. Scheinbar in Nullkommanix ist er zum armen Schwein geworden – weil er es sich wegen seines brandgefährlichen Talents mit den Einflussreichsten New Yorks im großen Stil verscherzt hat.

Nach außen mag er zuweilen noch eine hedonistisch-quietschvergnügte Figur abgeben; jenseits seiner emotionalen Imprägnierungsabsichten jedoch gärt die Zerrüttung des abermals verstoßenen Kindes in seinem Innenleben.

Verheerende Krater in die Topografie seiner Seelenlandschaft reißt seine Affäre mit John O'Shea, den er 1972 in einer Schwulensauna auf der Upper East Side kennenlernt: Sie küssen und sie schlagen sich.

Einmal flüchtet er nach einem heftigen Streit mit John O'Shea in die Nacht und steht plötzlich im Nirgendwo vor einem hell erleuchteten Haus. Der Hausherr bittet den nächtlichen Besucher nicht herein, sondern schreit an der Tür nur empört »Sie sind Capote!«, bevor er sie ihm vor der Nase zuschlägt.

Es fällt ihm verdammt schwer, sich von seinem Liebhaber loszusagen. Den Abschied von den Drogen schafft er genauso wenig; nach jedem weiteren Aufenthalt in einer Entzugsklinik folgt der Rückfall auf dem Fuße.

1977 soll er vor Studenten in der Towson State University bei Baltimore reden, aber nach ein paar unzusammenhängenden Sätzen wankt er sturzbesoffen vom Podium. Chris und Peg O'Shea, Sohn und Ehefrau seines Liebhabers, müssen ihn ins Hotel bringen. Einem Lokalreporter stammelt er nach seinem Auftritt ins Mikrofon: »Ich bin ein Alkoholiker, nicht bloß ein Pseudo- und Scheinalkoholiker, sondern ein echter Alkoholiker.«

In der Stanley-Siegel-Vormittagsshow antwortet er zugedröhnt 1978 auf die Frage des Moderators, was mit ihm weiter geschehen werde, wenn er nicht bald zur Besinnung käme: »Die naheliegende Antwort ist, dass ich mich früher oder später umbringen werde.«

Jedes Mal wieder guten Glaubens einigt sich Random House mit ihm auf immer neue Termine der Manuskriptabgabe von *Erhörte Gebete* und auf höhere Vorschüsse: zuletzt auf den 1. März 1981. Vorschuss jetzt: eine Million, fällig bei Lieferung des Romans.

Dazu kommt es nicht; er wird den Roman niemals abgeben.

Stattdessen verfranzt er sich nach mehr als vier Dekaden Schriftstellerei in Projekten, zum Beispiel in der Arbeit an Fernsehdokus, die nie gesendet werden.

Sein Drehbuch zum *Großen Gatsby* wird von der Paramount als »inakzeptabel« abgelehnt. Die Entschädigung allerdings ist anständig; er erhält ein Honorar über

135 000 Dollar – Anfang der Siebziger eine noch ordent-
lichere Summe als heute.

Am 25. August 1984 gegen High Noon kommt sein Suizid
in Raten zum Ende. Sein von Süchten zerschlissener Körper gibt auf, nachdem seine Misere die Hoheit über seine
ungereifte Seele wiedererlangt hat. Die alte Schlange aus
seiner Kindheit zischt zum letzten Mal auf; dann hat sie
ihr Werk vollbracht: ihm die Kehle für immer zugeschnürt.

Bevor sein angeschlagenes Herz aufhört zu schlagen,
haucht er seinen drei Müttern entgegen: »Schöne Babe« –
»Ich bins, Buddy« – und »Mama, Mama«. Seine allerletzten Worte sind: »Mir ist kalt.«
    Dann geht er als altes Kind von der Welt.

Er beginnt als altes Kind. Er stirbt als altes Kind.
    Bis hierhin: scheinbar nichts als Trübsal. *Erhörte Ge-
bete* wird erst 1987 publiziert, posthum und als Fragment.
    Na und. Selbst wenn es darauf hinausläuft, versuche
ich eben von dort aus das Ganze zu erzählen, rückwärts.
Als säße ich im Zug gegen die Fahrtrichtung. Sein Leben
vom Ende her zu denken, weil es sich zwischen zwei äu-
ßersten Polen aufspannt: ungeborgen geboren zu sein und
sich von Geburt an die Geborgenheit mittels Sprache allein schaffen zu müssen.
    Sein Werk hat seinen Tod überlebt, aber darüber hinaus
nötigt mir sein unbedingter, beinahe trotziger Amüsierwille

Respekt ab, der sogar noch aufflammte, als er in seiner privaten Tiefebene angelangt war. Wir Normalmenschen dagegen sind häufig so schaurige Lebensprokrastinierer, schieben das Leben immer wieder auf, was wir vor uns zu verbergen suchen, indem wir zickezacke den nächsten Auftrag abarbeiten. Unser Leistungsbewusstsein hat unser Jetztbewusstsein längst in Geiselhaft genommen; zu jeder Destination reisen wir halb blind. Aber Leben muss doch Selbstzweck sein, oder nicht?

Ich will Capotes schweren Krisen keinen falschen Lack aufpinseln, und trotzdem möchte ich glauben, dass er danach strebte, sich in jedem einzelnen Moment so lebendig zu fühlen, wie er konnte. Auch wenn es schmerzte.

Selber schlug er den großen erzählerischen Bogen zwischen Geburt und Tod, zwischen erster Angst und letzter Angst, in einem späten Text von 1972, in dem er als Interviewer und Interviewter in Personalunion auftritt. Sein *Selbstporträt* strömt in der Frage zusammen:

»Angenommen, du ertrinkst. Welche Bilder ziehen dann – nach der klassischen Vorstellung – in deinem Kopf vorbei?«

Seine Antwort setzt an einem heißen Tag in Alabama ein, im Jahr 1932:

»Dann laufe ich durch einen Kiefernwald voller Geißblatt zu einem tiefen, kühlen Bach, wo ich bade (…) Nicht weit davon kräuselt sich eine Schlange über den Wasserspiegel, eine Mokassinschlange. Ich habe aber keine Angst vor ihr.«

Und weiter in einem Gewitter von Kindheitsmomenten:

»Plötzlich läuft alles rückwärts. Meine Freundin Miss Faulk näht an einer Patchworkdecke mit Rosen- und Rankenmuster, jetzt zieht sie die Decke bis an mein Kinn hoch. Neben dem Bett eine Petroleumlampe. Sie gratuliert mir zu meinem Geburtstag und bläst die Lampe aus.

Ab Mitternacht, zum Glockenschlag des Kirchturms, bin ich acht Jahre alt. – Einmal mehr der Bach. Der Geschmack von rohem Kohlrabi auf meiner Zunge, das rauschende Wasser, das meinen nackten Körper umarmt. Und da, genau da, tangoschlängelnd auf der sonnenbetupften Wasseroberfläche diese höchst geschmeidige, tödliche Mokassinschlange. Aber davor habe ich keine Angst, oder doch?«

Ich schätze leider: doch.

Aber sogar aus der Tristesse lächelt noch der kindliche Schelm, der für die Nachwelt einen allerletzten Streich ausgeheckt hat. Bevor Capote in den Armen seiner Freundin Joanne Carson für immer verstummt, soll er ihr einen Schlüssel in die Hand gedrückt und zugeflüstert haben, dass der zu einem Bankschließfach gehöre, in dem sich das vollständige Manuskript von *Erhörte Gebete* befände. Aber wo dieser Safe sei, das hätte er nicht verraten.

Joanne habe ihn auf seinem Sterbebett angefleht, ihr die Bankfiliale zu nennen – an welchem seiner vielen Wohnorte das Schließfach sei, ob in New York City, Los Angeles, Palm Springs oder auf Long Island. Beschwor ihn: Truman, bring diejenigen zum Schweigen, die mangels Gegenbeweis sonst frech weiterbehaupten werden, du habest den Roman nie abgeschlossen.

Nein, er wollte nicht, sagte sie. Bloß dieser eine Satz sei ihm noch über die Lippen gekommen: *They will be found when they want to be found.*

Was für ein anmutiges Rätsel.

Ein Satz: zu schön, um wahr zu sein.

Aber was, wenn der Satz wahr ist?

Ich wollte, ich musste es herausfinden.

SOMMERDIEBE

Die Kapitel werden gefunden, wenn sie gefunden werden wollen.

Und wenn jetzt die Zeit reif dafür ist, das Mysterium zu knacken? Wo ist der Schlüssel? Wo sind die verschollenen vier Kapitel?

Dieser irgendwo irgendwann von mir aufgeschnappte Spruch spukt mir durch den Schädel: Man findet, was man sucht. Hat schließlich schon mal geklappt, als ich – sozusagen im Zuge einer ersten Beweissicherung, dass Capote *Erhörte Gebete* doch vollendete – seine Juvenilia entdeckte: zwanzig umwerfende Erzählungen, dazu ein halbes Dutzend Gedichte. Diese frühreifen Leistungen lieferte er als Jugendlicher ab; wenige waren je publiziert worden, und wenn, nur in der Schülerzeitung seiner High School *The Green Witch*.

Offenbar hatte sich der schutzlose kleine Junge rasch darauf besonnen, sich sein eigenes Haus zu zimmern, indem er Silbe um Silbe wie sorgfältig gebrannte Ziegelsteine aufeinanderstapelte. Und mit jeder Kurzgeschichte, jedem Roman möblierte er für sich einen neuen Raum, der ausschließlich nach seinem Geschmackskatalog eingerichtet war.

Vielleicht war er durch die Autonomie, die er sich so allmählich erschrieb, hin und wieder bester Dinge. Mein

Freund Roger Willemsen beschrieb mir mal die Essenz, die das Schreiben für ihn berge, mit der poetischen Formel »Glück der Hervorbringung«. In dieser Hinsicht stelle ich mir Truman Capote als glücklichen Menschen vor. Weil er die eigentliche Substanz in sich dank seiner Gabe identifizieren konnte: die Bewegungen seines persönlichen Wachstums über die Bewegung seiner Schreibhand in Gang zu setzen. Vielleicht macht *das* den geborenen Künstler aus – und es bereits als Grundschüler zu erkennen: das Glück im Unglück.

Mich jedenfalls versetzt es in Hochstimmung. Noch immer finde ich es schier unglaublich, anhand seines Frühwerks nachzuvollziehen, wie präzise er die Welt einzufangen verstand, obwohl er von der damals noch kaum etwas gesehen hatte. Gleichermaßen baff bin ich zu sehen, mit welch breiter Leserschaft ich mein Finderglück teilen kann.[5]

Sein Nachlassverwalter Alan U. Schwartz hatte 2014 zugestimmt, vier von Capotes Jugenderzählungen im *Zeit Magazin* als Weltpremiere zu veröffentlichen. Die Nachricht vom »Sensationsfund« wanderte um den Globus; die Beachtung war auch außerhalb des literarischen Zirkels groß. Ein Jahr darauf brachte Capotes US-Stammverlag Random House, gleichzeitig mit dem Kein & Aber Verlag, sein Frühwerk heraus: auf Englisch unter dem Titel *The Early Stories*, auf Deutsch *Wo die Welt anfängt*.

Verflucht, warum sollte mir das Glück nicht abermals hold sein? Oder verfing ich mich bloß in den Wolkenschiebereien eines Fans?

---

5 Maxim Biller etwa beschrieb im *Literarischen Quartett* das Besondere daran, »dass hier ein 15-jähriger bereits gewusst hat, dass das Leben zu Ende gehen wird«. Und *Die Welt*: »Jede Metapher sitzt. So erwachsen kann man eigentlich gar nicht werden.«

Nun mal halblang, es gibt ein paar gute Gründe anzunehmen, dass die Kapitel endlich gefunden werden *wollen*.

Jahrzehnte nach Capotes Ableben ist außer seinen High-School-Geschichten schließlich noch anderes an Texten zum Vorschein gekommen, etwa *Das Schnäppchen, Ein eigener Nerz* oder *Yachten und dergleichen*. Sogar das Porträt, das er am Vortag seines Todes zu schreiben anfing, über seine zufällige Begegnung mit Willa Cather vor der New York Society Library an der 79th Street, kam an die Oberfläche. Im Wintersturm trifft der 18-jährige Schriftstelleraspirant da auf die hochverehrte Autorin, der er seine literarischen Vorbilder anvertraut – »Willa Cather liebe ich regelrecht« –, worauf sie ihm enthüllt, dass sie selbst jene Urheberin der von ihm in den Himmel gelobten Novellen sei. Und während dichter Schnee auf die Stadt fällt, überlegen sie sich, miteinander im Warmen eine heiße Schokolade zu trinken (er wird dann aber einen doppelten Martini trinken, damals schon). Danach lädt sie ihn zum Abendessen zu sich nach Hause ein. Überwältigt von ihrer Begegnung läuft er nach der Verabschiedung gegen einen Laternenpfahl.

Erinnerung an Willa Cather[6] umfasst nur fünf Seiten und liest sich dennoch wie das Destillat seiner schriftstellerischen Existenz.

6 Erstabdruck am 16.11.2006 in *Vanity Fair*. Die 14 handschriftlichen Seiten habe Capote für Joanne Carson auf ihre Bitte am 24.8.1984 als vorgezogenes Geburtstaggeschenk geschrieben. (Das Originalmanuskript wurde versteigert.) Carson äußerte sich dazu in der *Los Angeles Times* am 31. Oktober 2006: »›All the critics said that he couldn't write and that it was all over and that he had destroyed his talent‹ said Carson, alluding both to Capote's well-known substance abuse and to *Answered Prayers*, the much-hyped-but-never-finished novel that was excerpted in *Esquire* and proved his social undoing. And that's why this last manuscript of his is so important.«

Die eigentliche Überraschung aber war *Sommerdiebe*. Sechzig Jahre nach seiner Entstehung tauchte das Manuskript bei der Wohnungsauflösung eines Hauswarts auf – den soll Capote 1950 während seines Urlaubs beauftragt haben, sein Apartment in Brooklyn zu räumen. Zwar hatte er früher mal erwähnt, mit neunzehn, vor *Andere Stimmen, andere Räume,* einen Roman geschrieben zu haben, aber behauptet, er hätte ihn 1953 zerrissen, weil der nichts getaugt habe. *Summer Crossing* hieß er im Original, und so nennen Amerikaner die persönliche Passage durch einen Tunnel, den man nach seiner Durchquerung während eines ausgedehnten Sommers als ein anderer verlässt.

Mir fällt der handgeschriebene Brief ein, den ich vor Jahren bei einem amerikanischen Auktionshaus ersteigert habe und der seitdem wie der Fingerzeig eines wohlmeinenden Onkels neben meinem Schreibtisch hängt. Tatsächlich enthält er den lieben Rat eines lieben Verwandten – Capote hatte den Brief seinem um einiges jüngeren Cousin John Faulk geschrieben, den er während dessen Jurastudium Anfang der Sechzigerjahre finanziell unterstützte. Er beginnt:

»Dear Johnny –

I do hope you will make good use of this summer – I know you have all the potentials to make anything of your life you want it: ambition, a good mind. But I do <u>sense</u> a certain lack of discipline – and truly that makes all the difference! If I had had simply talent, even genius – that would not have been enough. One must have a talent for <u>having</u> talent. And that's where discipline enters. Work. Read. Stay in a schedule. I have faith in you: don't disappoint me. Much love, T.«

Wie sonst in seinen handschriftlichen Manuskripten sind diejenigen Wörter unterstrichen, die er kursiv gesetzt haben wollte.

Und plötzlich weiß ich, was zu tun ist. So sehr ich probiere, der Versuchung zu widerstehen – ich fühle mich mitgemeint. Als hätte er seinen Brief auch an mich adressiert: und das nie mehr als jetzt, heute, hier. Wobei eins gewiss ist, ich muss mich ernsthaft ranhalten, darf nicht rumtrödeln. Vor mir liegt ein ganzer Sommer, der gut genutzt werden will.

LOKALKOLORIT
SOUVENIRS VON ORTEN
UND MENSCHEN

Hier muss es sein. Mit einem großen Koffer stehe ich vor einem Brownstone in jener Gegend Brooklyns, die bei meinem letzten Besuch – zugegeben, vor dreißig Jahren – ein ziemliches Rattenloch war. Damals musste man in diesen Straßenzügen fürchten, nach Einbruch der Dunkelheit eins auf die Nase zu kriegen; und damit das nicht geschah, hatte man stets zwanzig Dollar in der Hosentasche, die ein Bagalut ohne Gewaltanwendung ergaunern durfte. Fast jeden Vormittag beobachtete ich, wie die schwarzen Jugendlichen in der Unterführung der Subway-Station Avenue A von Bullen auf Drogen oder Diebesgut gefilzt wurden.

Inzwischen gilt der Großteil von Brooklyn als *hip and safe*, die Weißen haben die Schwarzen verdrängt. Wenigstens ist es nicht wie Manhattan zu einer Luxuseinkaufspassage voller Flagship Stores verkommen.

An diesem Tag der ersten Juniwoche 2017, rund ein halbes Jahr nach Trumps Inauguration zum Präsidenten, flattern an vielen Fassaden Wimpel mit Parolen wie »Bernie Sanders: A Future to Believe In« oder »Hillary for America«. Die neue Wirklichkeit scheint im Viertel noch nicht Einzug gehalten zu haben.

Auch meine Gastgeber für die kommenden Monate, die ich bisher nur von ihrer Airbnb-Seite kenne, haben Trump nicht gewählt. Charlotte und Jarek sind die sympathischen Prototypen junger Brooklyner, natürlich *hip and white*. Charlotte: eine Kreativ-Hummel in Boho-Klamotten, scheinbar einem Instagram-Bilderbuch entfleucht. Ihr Mann Jarek: gebürtiger Pole, ein gleichermaßen freundlicher wie ruhiger Bursche. Er hat Industriedesign am Pratt Institute studiert – was ich in ihrem stuckverzierten Apartment daran sehen werde, dass mich selbst im Bad allerlei von ihm entworfene Einrichtungsgimmicks anlachen.

Die beiden haben mir das Zimmer neben dem ihrer zwei kleinen Kinder versprochen. Wozu ich nicht Nein sagen konnte, nachdem ich wochenlang die Hotels, Pensionen, Absteigen New Yorks durchgescrollt hatte und mich schon in Massenlagern mit Gemeinschaftsdusche pennen sah (nicht mal das für einen Spottpreis).

Noch im Stadium Zürcher Wunschdenkens hatte ich nicht davor zurückgescheut, diverse Makler anzuschreiben, sogar bei denen an der Tür gekratzt, die in der Willow Street Wohnungen zu Wuchertarifen inseriert hatten, in jener Straße, wo Capote in der Hausnummer 70 *Frühstück bei Tiffany* geschrieben haben soll.

Denen pries ich mich selbstverständlich nicht als ordinäre Untermieterin auf Zeit an. Sondern als mittellose Literaturdetektivin beziehungsweise Jägerin des verlorenen Schatzes, für die es die halbe Miete bedeute, am Tatort *seines* Musenkusses zu sein. Würden sie mir zu einer akzeptablen Miete eine hübsche Unterkunft spendieren, könnte ich ihnen im Gegenzug einen Platz in den Annalen der Kunst zusichern.

So verbummelte ich einen Haufen Zeit im Internet, bis

ich einsah, dass ich damit nur mal wieder meinem stupiden Aberglauben auf den Leim ging. Der war von einem wissenschaftlichen Bericht in der *Financial Times* unterfüttert worden, in dem es hieß, dass in Cäsars letztem Atemzug rund 25 Trilliarden Sauerstoffmoleküle enthalten gewesen seien. Aller Wahrscheinlichkeit nach genug, damit jeder Einzelne auf dem Globus noch zweitausend Jahre später täglich Tausende von ihnen einatmen würde. Weswegen ich meine Lungen in der Willow Street verorten und gierig die Moleküle inhalieren wollte, die dort ein halbes Jahrhundert vorher den Nasenflügeln meines Lieblingsschriftstellers entströmt waren.

Die meisten Makler antworteten mir nicht; einer, mit einem persischen Nachnamen, wünschte mir allerdings viel Erfolg bei meinen Nachforschungen und versprach, mein Anliegen an eine seiner Kolleginnen weiterzureichen. Er wolle mir aber nicht zu große Hoffnungen machen.

Unfug, schalt ich mich, ich werde diesen Sommer auch jenseits der Willow Street bis zur Neige ausschöpfen können. Lässt sich hier zwischen Park Slope und Prospect Heights doch auch prima an: Unmittelbar nach meiner Ankunft sitze ich mit Charlotte in ihrem Garten – Kugelgrill auf dem Rasen, Glühwürmchen in der Luft – und skizziere ihr mein Unterfangen. Wen ich wann und wo und warum vorhabe zu treffen.

Sieben Verabredungen habe ich im Sack, brüste ich mich, sieben Treffen mit Capotes alten Freunden und Freundinnen zu Hause am Schreibtisch eingetütet. Ich erkläre meiner jungen Herbergsmutter, weswegen ich mich dabei oft innerlich gehetzt fühle: aus Angst, mir würden die Letzten, die ihn lebend sahen, wegsterben. Bei Joanne Carson etwa, die den finalen Schlüsselsatz angeblich mit eigenen Ohren vernahm, ist mir die Zeit schon davongelaufen. Sie ist tot.

Immerhin hatte ich Carson einen Brief geschickt, an eine Adresse in Kalifornien, wo sie eine Praxis für geschundene Haustiere betrieb. Ihrer Website entnahm ich, dass sie eine recht versponnene Sicht auf Lebewesen mit mehr als zwei Beinen hatte. Das hätte mich aber nicht ausgebremst – selbst wenn sie an die Existenz von Engeln glaubte, nähme mich für sie ein, dass sie ihrem Freund Truman, ihrem allergrößten Engel, die Treue hielt.

Die Sympathie zwischen uns blieb einseitig. Ich hörte nie von Joanne Carson, nur noch mal übers Netz, als sie Capote-Devotionalien versteigern ließ – und außer mit Stapeln von ihm getragener Polohemden, etlichen Sonnenbrillen und silbernen Kinkerlitzchen sowie einer Batterie halb aufgebrauchter Pillenröhrchen, sogar mit seiner Asche Asche machte. Gerechtfertigt hatte sie sich für den Ausverkauf seiner privatesten Besitztümer mit ihrer intimen Freundinnenkenntnis: Diese Versteigerung für Schaulustige in aller Welt hätte Capote hundertprozentig amüsiert, sagte sie. Was man leicht behaupten kann, wenn der andere nicht mehr zur Gegenbehauptung in der Lage ist.

Konkret bedeutete das: Joanne, meine Hauptzeugin, war nicht mehr verhörfähig. Aber sie war nicht die Einzige, die ich trotz aller Anstrengung nicht mehr zu fassen bekommen hatte, weil mir der Tod zuvorkam: Brigid Berlin, Lee Radziwill, André Leon Talley, Gloria Vanderbilt, Peter Beard, Marella Agnelli – ihnen allen hatte ich regelrecht nachgestellt. Alles für die Katz.

Zumindest hatte ich nichts unversucht gelassen. Einen Nachmittag lang stand ich wie eine depperte Stalkerin vor

Radziwills Apartmenthaus an der Upper East Side und ließ mich nicht mal von dem misstrauisch äugenden Doorman aushebeln. Davor hatte ich ihr über ihren besten Freund Hamilton einen Brief überbracht, samt Foto von Capotes handschriftlichem Porträt *Lee* aus seinem Nachlass.

Mann, was hatte ich mich um einen direkten Draht zu Brigid Berlin bemüht; obwohl ich las, dass sie das Haus seit Ewigkeiten nicht mehr verließ – selbst einem BBC-Reporter gab sie für seine TV-Dokumentation nur ein telefonisches Interview aus dem Bett.

Berlin zählte zu Warhols Entourage und hatte für sich genommen das Zeug zur literarischen Figur. Als Erbin des Hearst-Zeitungsimperiums brach sie aus ihrem schnieken Kreis aus und vagabundierte lieber nackt und fröhlich durch Warhols Kunstfilme. Ein paar Mal schleppte sie ihren Freund Truman zu Treffen der Anonymen Alkoholiker, bis der ihr glaubhaft versicherte, er sei zwar Alkoholiker, jedoch alles andere als ein »anonymer«.

Mich interessierte vor allem, ob Brigid Berlin der exklusive Leckerbissen vergönnt gewesen war, sich Anfang der Achtzigerjahre frisch von ihm zu Papier gebrachte Texte anzuhören. Capote soll ihr an seinem Esstisch sogar die verlustig gegangenen Kapitel vorgelesen haben – weshalb ihr Chef Andy Warhol Brigid auftrug, heimlich ein Tonband mitlaufen zu lassen. Was wäre das für ein Scoop gewesen, hätte Capote wodkatrunken von *Erhörte Gebete* gefaselt, damals, als sich halb Amerika seit geraumer Zeit fragte, wann sein vollmundig angekündigter Kracher endlich herauskäme.

Auch Gloria Vanderbilt hatte ich bekniet. Schon über neunzig kursierten von ihr Fotos im Netz, für die sie sich mit diversen Liftings die Maske einer weitaus jüngeren Varietékünstlerin aufgesetzt hatte. Überaus komisch fand ich in diesem Zusammenhang, dass sie ihr literarisches Debüt mit 86 (!) veröffentlicht hatte: einen Sadomaso-Roman. Im Umlauf waren ihre natternhaften Zitate über ihren ehemals guten Freund Capote. Nach *La Côte Basque, 1965* hatte sie gedroht, ihm bei nächster Gelegenheit ins dreckige Gesicht zu spucken.

Von alter europäischer Adelsklasse war Marella Agnelli, die Witwe des Fiat-Chefs, gewesen. Mein Schreiben an ihren Verlag, nachdem sie ein Coffeetable-Book über ihren Garten herausgebracht hatte, verhallte ebenso im Nichts.

Charlotte hört mir geduldig zu, obwohl ihre Tochter quengelt. Ich sei kein Rechengenie, sage ich, aber das brauche man auch nicht zu sein, um die paar übrigen Weggefährtinnen und Kronzeugen Capotes an einer Hand abzuzählen. Der Großteil sei mittlerweile über achtzig, aber die gute Nachricht sei, dass sie alle auch dann unvergleichliche Zeitgenossen wären, hätten sie Capote nie getroffen.

Und das ist das Personal, das ich bisher zusammenhabe, meine Sieben auf einen Streich:

Don Bachardy, Maler und Schwulenidol und Lebensgefährte des Schriftstellers Christopher Isherwood, der über Jahrzehnte hinweg Capotes Freund war. Sogar schon zu Gast bei seinem Black and White Ball.

Gordon Lish, berühmt-berüchtigter Lektor mit dem Beinamen »Captain Fiction«, der Capote 1975 zum ersten *Esquire*-Vorabdruck von *Erhörte Gebete* überreden konnte.

Bob Colacello, Chef von Warhols *Interview*-Magazin, der mit Capote in den späten Siebzigerjahren im Studio 54, dem Epizentrum von Lust und Laster, tanzte. Gewissermaßen einer der letzten Mohikaner aus dem Hedonismus-Pop-Jahrzehnt.

Alan U. Schwartz, sein Anwalt, Freund und Trustee, der mir über die Verlagskorrespondenz ein Begriff ist, weil er Capotes Werkrechte weltweit verkauft.

Lawrence Grobel, sein letzter Interviewer, der seine langen Gespräche mit ihm als Buch herausbrachte und in dessen Titel eine Aussage von Capote zitiert, die der anscheinend ungerührt traf: »Ich bin schwul. Ich bin süchtig. Ich bin ein Genie.«

Gerald Clarke, der allerbeste Kenner Capotes, der ihm in den letzten zehn Jahren vor seinem Tod nicht von der Seite wich: sein ultimativer Biograf.

Zu ihm nach Bridgehampton, an die östliche Spitze Long Islands, will ich mich demnächst aufmachen. Kurz begegnete ich ihm in Zürich, als er 2007 seine wiederaufgelegte Biografie präsentierte. Mir ist ein ausgesprochen kultivierter Herr im Gedächtnis geblieben, überdies der Umstand, dass ich ihm im achten Monat schwanger gegenüberstand. In mein Exemplar seines Buches schrieb er damals eine komplizenhafte Widmung: *To Anuschka, who loves the work of Truman Capote.*

Mal sehen, ob Liebe in der Tat alles ist, was man braucht.

Ein Zürcher Freund, von Beruf Rechtsanwalt, riet mir vor meiner Abreise mit spitzbübischem Grinsen, statt einer aufwendigen Suche einfach das Manuskript in Capotes Duktus zu vollenden und die Literaturwelt in Ghostwriter-Manier zu narren. Aber selbst wenn mein Eifer in kriminelle Energie umschlüge – ich könnte es ja gar nicht. So vermochte nur einer zu schreiben.

Ein anderer Freund, der meine Capote-Romantik teilt und dem ich von meinem Vorhaben erzählte, mich als Spürhund zu betätigen, mailte mir ermunternd, er habe –

»kein Scherz!« – in der vergangenen Nacht geträumt, ich hätte das komplette Manuskript gefunden.

Charlotte hat die Kraft zu schweigen. In die nächtliche Stille ploppt mein alter Zweifel: ob ich wirklich und wahrhaftig und noch zur richtigen Zeit am richtigen Ort bin.

Nach meiner ersten Nacht bei ihnen weiß ich, dass ich auf sie zählen kann. Nachmittags schickt mir Charlotte aus der Subway eine SMS, ein Foto, auf dem eine junge Frau in Capotes Geschichtenband *Tree of Night* versunken ist. Daneben hat Charlotte – einer gewissen Esoterik nicht abgeneigt und aktuell ohnehin durch andere Sphären schwirrend, da in Vorbereitung ihres Burning-Man-Festivalbesuchs in der Wüste Nevadas – geschrieben: »Kann kein Zufall sein! Nur ein gutes Omen für deine Suche.«

Ihr Wort in Gottes Ohr! Anscheinend teilt sie nicht nur großzügig ihre schöne Wohnung mit mir, auch meine Neigung, an Zeichen und Wunder zu glauben.

Unterwegs zur U-Bahn traue ich meinen Augen kaum: In der Mitte des Bahnsteigs liegt ein herrenloser Panamahut mit blau-weiß gestreiftem Band. So einer, wie ihn Capote trug. Oh nein, das kann kein Zufall sein!

Von da an weht mich der Gedanke wie ein Lüftchen stets aufs Neue an: dass alles miteinander zusammenhängt, ich nur leider keinen Dunst habe, wie. Dass es bei Capote lauter Querverbindungen gibt, ich sie bloß noch nicht wahrnehme.

Jetzt laufe ich durchs Quartier, belebt von der träumerischen Fantasie, hinter die Dinge sehen zu können. Wittere allerorten versteckte Hinweise – etwa nichts als Zufälligkeit, dass ich gleich am Morgen im Antiquariat um die Ecke von Charlotte und Jarek für läppische acht Dollar das einzige Buch von Capote erstehe, das sie dahaben: eine Erstausgabe von *Answered Prayers*?

Bevor ich mich für Wochen im Vakuum der New York Public Library sommerluftdicht verpacken werde, möchte ich noch zu zwei Hauptstationen seines Schreibens, zur Willow Street und zum UN Plaza. Mein erster New-York-Tag scheint mir gerade recht für Halts auf freier Strecke. Abstecher 1 führt mich zum einstigen Nobelbau mit seinen 39 Stockwerke aufragenden Türmen. Das erweist sich als vergeudete Zeit: Die Empfangsdame mit dem eindrucksvoll unanimierten Mondkalb-Ausdruck sträubt sich energisch, mich mit dem Lift ins Allerheiligste hochfahren zu lassen, trotz meines Angebots, ihr so lange meinen Pass zu überlassen.

Nach ihr treffe ich Gott sei Dank aufgeschlossenere Menschen, zwei Männer, einer jung, einer alt. Der Alte grüßt mich auf Französisch, als er mir seinen Rollator auf dem Pflaster entgegenschiebt – und ich nutze die Chance, dem Zufall Beine zu machen, und frage ihn, ob er vielleicht aus seiner früheren Nachbarschaft Truman Capote kenne.

Nicht persönlich, antwortet er mit galant geneigtem Kopf, dafür Capotes Holly Golightly. Er habe die UN-Presseabteilung geleitet und in diesem Rahmen Audrey Hepburn als Unicef-Botschafterin getroffen. »Ich liebte sie, und ich liebte nicht viele Frauen neben meiner Frau«, fügt er augenzwinkernd hinzu. Audrey Hepburn[7] hätte mit

7 Ich hätte viel dafür gegeben, Audrey Hepburn kennenzulernen. Aber sie starb in meiner ersten Woche auf der Journalistenschule, noch bevor ich mich an sie mit scheinjournalistischem Interesse hätte ranmachen können. Dafür verdanke ich Capote, bei ihrem Haus-und-Hof-Couturier Hubert de Givenchy in seinem Pariser Stadtpalais frisch gepressten Orangensaft aus sehr großen, sehr dünnwandigen Gläsern genippt zu haben.

seiner Gemahlin den graziös-aufrechten Gang geteilt, sie seien beide Balletttänzerinnen gewesen. Dann haucht er mir einen Kuss auf die Hand und rollt weiter.

Der Junge dagegen ist weniger Gentleman als *new kid on the block*: In diesem vornehmen Stadtteil hält er sich nur dienstlich auf. Er steht, ein paar Straßenzüge weiter, im Haus einer anderen Hollywood-Diva auf dem Posten – wo Greta Garbo wohnte.

Über die Garbo hat Capote mehrmals geschrieben, als Verehrer wie Schandmaul. Mit Anfang zwanzig sah er sie zufällig in derselben Woche zweimal nacheinander: Einmal saß sie im Kino neben ihm; kurz darauf stöberte sie im selben Antiquitätenladen wie er. Bei ihrem Anblick erinnerte er sich plötzlich daran, wie er mit zwölf Jahren, krank im Bett darniederliegend, sein erstes Theaterstück der Garbo – »der schönsten Frau der Welt« auf den Leib – schrieb und ihr sein frisch verfasstes Drama mit Fanbrief in die Post steckte.

Ein Echo blieb aus, was er ihr lange verübelte – bis sein Groll beim Erhaschen ihrer Persönlichkeit im Kinodunkel verflog (»wie klein sie in Wirklichkeit war und wie farbenfroh gekleidet«, hielt er die Überraschung über sie und vielleicht auch über seine Reaktion auf sie fest).

Und als er später mal gefragt wurde, wer ihn in einem Film über sein ausschweifendes Leben spielen solle, antwortete er: »Greta Garbo. It'll be her great comeback part.« Haha, das wäre eine komische Nummer geworden.

Aber ich bin ja beim Türsteher stehen geblieben. Der 21-jährige Puerto Ricaner nickt; ein Kollege habe ihm erzählt, dass die Garbo hier mal wohnte. Ausführlicher schwärmt er von seinem Job: Der lasse ihm schön viel Zeit zum Lesen. Umso mehr geniert er sich als eifriger

Leser dafür, von Truman Capote nie gehört zu haben. Er möchte mir Kafka ans Herz legen: Nach dessen großartigem *Prozess*, auf den ihn seine Lehrerin in der Schulzeit aufmerksam machte, habe er neulich seine Kurzgeschichte *The Great Wall Of China* gelesen. Unbedingt, bläut er mir ein, müsse ich mir die besorgen; und klar, er mache sich schleunigst an *Kaltblütig*.

Kafkas *Beim Bau der Chinesischen Mauer* erschien ebenfalls posthum wie *Erhörte Gebete*, sieben Jahre nach seinem Tod (Kafka starb wenige Monate bevor Capote auf die Welt kam), und die Erzählung war aus seinen handschriftlichen Notizen, einem Konvolut loser Zettel und Schreibhefte, zu einem Ganzen zusammengesetzt worden. Ein Verfahren, das sich, wie ich hoffe, auch bei Capotes Hinterlassenschaft anwenden ließe.

Dann kocht mein alberner Aberglaube erneut hoch, obwohl ich weiß, dass der jedermanns Intelligenz beleidigt, meine eingeschlossen. Es zieht mich, ich kanns nicht lassen, zu der Straße in Brooklyn Heights, wo man mich als Mieterin verschmähte.

Auch Capote trieb ein Wahn hierher. In Wahrheit floh er nicht vor Manhattan, sondern vor seiner ihn in den Irrsinn treibenden Mutter – und darauf konnte er Gift nehmen, die würde niemals einen Fuß ans andere Ufer setzen: nichts als ein Haufen Spelunken und schäbige Unterkünfte. »Ich wollte weg von den hektischen, nervenzerrüttenden Einflüssen von Manhattan, um wieder arbeiten zu können. Ich war an einem Punkt angekommen, wo ich so nervös war, dass ich kaum eine Zigarette halten konnte.«

Capote hielt 1946 in einem Porträt über Brooklyn fest, wo er sich durchaus freiwillig eingemeindete: »Aus soziologischer Sicht bilden die Einwohner von Brooklyn eine verfolgte Minderheit. Unter einfallslosen New Yorkern gilt als ausgemacht, dass dieser Stadtteil nichts weiter ist als ein Witz. Dialekt, Aussehen, Sitten und Gebräuche der Brooklyner sind gleichbedeutend mit unterste Schublade.«

Oberste Kunstschublade dagegen war die queere WG, die sich 1940 in einem sehr besonderen Haus auf den Höhen zusammenschloss; die Middagh Street Nr. 7 war bewohnt von flirrenden Gestalten, die vor fantasievollem Eigensinn barsten: Carson McCullers, Paul und Jane Bowles, Benjamin Britten, W. H. Auden, die literarisch ambitionierte Stripteasetänzerin Miss Gypsy Rose Lee – und ein ausgewachsener Schimpanse. (Vorübergehend bezog auch die halbe Familie Mann – Erika, Klaus und Golo – Anaïs Nin, Henry Miller und Richard Wright in der ehemaligen Arme-Leute-Pension Quartier; auch Kurt Weill und Lotte Lenya stießen für einige Zeit dazu.)

Bei Capote hinterließ der bunte Trupp – »a hell of a household« – tiefen Eindruck (wie sich später noch zeigen wird). Als er sich Mitte der Fünfzigerjahre um die Ecke von der Middagh Street Nr. 7 in der feudalen Gründerzeit-villa des Kostüm- und Bühnenbildners Oliver Smith in der Willow Street niederlässt, ist das sogenannte Februar-Haus der höllischen Gemeinschaft bereits der Abrissbirne zum Opfer gefallen. Dafür hatte sich zu diesem Zeitpunkt schräg gegenüber von ihm *das* Künstlerpaar seiner Ära ein eheliches Heim eingerichtet: sein Schriftstellerkollege Arthur Miller und seine alte Busenfreundin Marilyn Monroe.

Capote ließ damals vor Besuchern gern ungesagt, dass er dort nur Untermieter im Souterrain war. Lieber gab er den Schlossherrn. In Wahrheit sind seit jeher die Zeugen Jehovas die eigentlichen Herren über Brooklyn Heights, bis heute im Nachbarhaus ansässig.

Nachdem ich ein paar Gedenkminuten lang auf die Leerstelle der Middagh Street Nr. 7 gestarrt habe, in die sich der mythische Februarclan höchstens hineinfantasieren ließe, dürstet es mich nach einem handfesten Realitätscheck meiner Immobilienträumereien: Und in diesem Moment sammelt vor meinem Wunschobjekt eine philippinische Nanny, an der Hand eine Zweijährige, drei riesige UPS-Pakete vor der Tür ein und verschwindet im Untergeschoss. Mehr Abgleich scheint mir nicht möglich, doch vis-à-vis wohnt ein älteres, gut informiertes Ehepaar, das mir bereitwillig Auskunft gibt. Das Haus sei *huge*, zwölf Schlafzimmer!, und vor einigen Jahren vom neuen Besitzer, einem Silicon-Valley-Millionär, vollständig restauriert worden. Ehe die vierköpfige Familie einzog, sei es ewig vor sich hin gerottet.

»Es hat keine Plakette an der Fassade«, bemerke ich, und ob man in New York noch wüsste, welche Berühmtheit hier früher lebte? Und ob, wenden sie ein, manchmal würden ganze Studentengruppen herpilgern, die meisten aus Europa; seltener trabten Capote-Jünger aus Amerika oder Asien an.

Genug der Stippvisiten, keine Zeit verplempern. Am nächsten Morgen nämlich werde ich in aller Herrgottsfrühe in ein Taxi steigen. Um meine Gewährsfrau in Sheridan zu besuchen, Capotes »Adoptivtochter«, die als Teenager eine längere Weile bei ihm aufwuchs. Über Umwege habe ich sie, die mein erstes Mosaiksteinchen im Capote-Puzzle werden soll, endlich gefunden. Es lohnt sich deshalb nicht, meine Reisetasche auszupacken: schnell weiter, ab nach Wyoming.

Auf Kate Harrington bin ich mit Abstand am gespanntesten, denn sie ist die leibliche Tochter seines späten

Lovers John O'Shea. Wohlgemerkt, der brannte scheinbar mir nichts, dir nichts mit einem so verrückten (und berühmten) Huhn wie Truman Capote zu einer Zeit durch, als das Coming-out eines Vaters von vier Kindern nicht an der Tagesordnung war – geschweige denn das eines erzkatholischen Bankangestellten.

Capote hat immer wieder aufgetrumpft, er könne jeden in sich verliebt machen, falls er das Verliebtmachen unter Einsatz all seiner Kräfte betriebe. Frohlockt, wenn er vermeintlich heterosexuelle Männer »bekehrt« hat und zu einer langjährigen Beziehung mit ihm verführen konnte. Seine wichtigen Männer – Newton Arvin, Jack Dunphy, John O'Shea – lebten bis zu ihrer Liebschaft mit ihm nach außen als brave Gatten oder Familienväter, scheinbar durch und durch heterosexuell.

Das ist eine Perspektive darauf, die andere ist diejenige derer, die dafür blechen. Und als Scheidungswaisin will mir partout nicht in den Kopf, dass Capote die Ehe von Kates Eltern zerstörte, die ganze Familie Harrington, und sie ihm nicht nur nicht grollte, im Gegenteil, sich mit ihm anfreundete. Was für eine bizarre Ausgangskonstellation für eine Freundschaft.

Deswegen sitze ich jetzt hier, in der Abflughalle des La-Guardia Airport, viel zu früh, weil mein Reisefieber noch angeheizt worden ist von dem Warnbalken, der über meiner kostspieligen Buchung hängt: *Non refundable*, keine Rückerstattung. Und versuche geduldig der Dinge zu harren, die da kommen würden.

Tut man nichts, wartet schlicht, sucht sich das Gehirn etwas zu tun. Es unterliegt – das hat mir eine Neuropsychologin erklärt – einem Deutungszwang: Das Hirn muss Sinn stiften, noch im gröbsten Unsinn. Aus dem Muster eines Rorschachtests etwa muss es eine Libellengestalt oder sonst was herauslesen, Hauptsache, es interpretiert. Vielleicht ist es daher so popelig zu deuten, dass ich während des Wartens Vorfälle registriere, die mir einen tieferen Sinn zu offenbaren scheinen: wie der amselbraune Vogel, der panisch durch die Halle flattert.

Ich befürchte, dass er jede Sekunde gegen eine der großflächigen Verglasungen klatschen und tot herabstürzen könnte. Mein schläfriges Bewusstsein wird in diesem Augenblick von einer Stelle aus *Andere Stimmen, andere Räume* angesprungen: Joel Knox erwacht zum ersten Mal im Haus seines ihm unbekannten Vaters, und im Dämmer zwischen Traum und Wachen bemerkt er Flügelschlagen. Durch sein Zimmer fliegt ein Blauhäher, und eine fremde Frau mit einem grauen Seidenhandschuh an der Linken haut mit einem Schürhaken auf den armen Vogel ein – der aber entfleucht ihrem Hieb, wenn auch nur kurz, dann schlägt er krächzend gegen das Fenster, durch das er hereingeflogen ist, und taumelt zu Boden.

Kann das vogelfrei meinen?

1979, in *Nächtliche Unruhe oder Wie siamesische Zwillinge Sex haben*, bringt Capote Freiheit und Vogel zusammen – aber weder Amsel noch Blauhäher, dafür den Bussard. Darin schreibt er, er glaube an ein Leben nach dem Tod; ihm gefalle die Vorstellung der Reinkarnation. Auf die Frage, als was er reinkarniert werden wolle, erwidert er: »Als Vogel, am liebsten als Bussard. Ein Bussard braucht sich keine Gedanken um sein Aussehen oder um seine Wirkung auf andere Menschen zu machen, er muss keine Show abziehen, ihn mag ohnehin niemand. Er ist hässlich und nirgendwo willkommen. Man kann die Freiheit, die einem eine solche Existenz gewährt, gar nicht überschätzen ...«

Eine Freiheit, die nur in der Kontrastverschärfung ersichtlich wird? Mir jedenfalls tut dieses komische Vögelchen leid, das bei seinem Kreisen durch den Terminal unausweichlich abstürzen wird. Dennoch sehe ich ihm träge nach. Nimmt außer mir niemand Notiz von ihm? Müsste ich es zu retten versuchen: jemanden vom Bodenpersonal ansprechen? Wie ist es überhaupt hier reingekommen? Die Fenster sind geschlossen.

Möglicherweise sollte das eine der Gelegenheiten sein, mir zu sagen, weder muss man sich für alles zuständig wähnen noch alles ausformulieren. Es gibt Dinge zwischen Himmel und Erde, die uns unerklärlich bleiben – wer weiß, vielleicht lädt die vermeintliche Sinnlosigkeit die Dinge sogar mit Schönheit auf. Gäbe es sonst das Wort *wunder*schön?

Bei den Vögeln verweilend: Auf Dauer macht der Spatz in der Hand wahrscheinlich wirklich zufriedener als die Taube auf dem Dach.

Nichtsdestotrotz bin ich erleichtert, als mein Flug aufgerufen wird. Und in der Maschine, neben einer übellaunig verkniffenen Mittfünfzigerin, die sich ihre Ellbogen und Unterarme während des Starts großzügig mit superteurer La-Mer-Crème einschmiert, hat sich der Anblick verflüchtigt.

Vier Stunden später, nachdem auch ich die Erde vorübergehend aus der Vogelperspektive gesehen habe, lande ich auf dem Flughafen Denver, dem drittbetriebsamsten in den USA. In den Auslagen der Shops massenhaft Cowboyhüte und Winnetou-Kleider, wie aus Fensterledern zusammengenäht. Vor mir geht ein kleiner Junge, auf dessen T-Shirt-Rücken »Catch me if you can« steht. Ja, lache ich mir ins Fäustchen, ich werde einiges dafür tun, dich, TC, zu erhaschen. Den Appetit dafür bringe ich mit. Irdischer Hunger lenkt mich zu einem Take-away mit dem immer gleichen dürftigen Fließbandangebot Burger/Sandwich/Tacos. Noch fünf Stunden werde ich totschlagen müssen, bis eine Propellermaschine Richtung Sheridan abheben soll: Der Brokkoli ist steinhart, sodass mir beim Aufpieksen zweimal nacheinander eine Forke von der Plastikgabel spickt. Umgehend mit dem Fraß versöhnt bin ich, als mir der Mann am Nachbartisch – dessen drei Nuancen zu schwarz gefärbtes Haar wie die Kappe eines Playmobil-Männchens auf dem Scheitel sitzt – statt der sonst dahingeschnurrten Grußformel *Have a great day!* beim Aufstehen wünscht: *Have a nice life!*

Capote verstand es bestens, dem Leben seine Tollheiten abzuluchsen. Färbte diese Fähigkeit auf die um ihn herum ab, etwa auf John O'Shea? Vielleicht glaubte der sich vom Schicksal geküsst, als ihn der Zufall (oder das sich meistens versagte Begehren) mit Capote, der schriftstellerischen Ikone, zusammenführte.

O'Shea war zutiefst frustriert von seinen Tagen als stellvertretender Leiter einer kleinen Filiale der Marine Midland Bank auf Long Island. Von der Eintönigkeit seiner Biedermannexistenz in Watanagh, einer nicht weiter erwähnenswerten Kleinstadt auf Long Island. Seit Langem erträumte er sich eine Karriere als Schriftsteller; wenn er konnte, zog er sich zum Schreiben in seine Kemenate zurück. Sein Ausflug zu einer Schwulensauna in Manhattan war sein geheimer Fluchtversuch aus der Monotonie – und hielt ihm zu seinem Verblüffen den Steigbügel hin für den Totalausstieg aus dem Ödland.

Dass Capote das Leben von O'Shea auf den Kopf stellte, liegt nahe, warum aber konnte ein verbitterter Spießer mit irischen Wurzeln Capotes Leben ebenso sehr um-krempeln?

In der New York Public Library befindet sich in einer Kiste der Anstellungsvertrag zwischen Capotes (Schein)-Firma Bayouboys Ltd. und O'Shea; für ein Jahresgehalt von 14400 Dollar sollte er den Vizepräsidenten von Capotes Firma, seinen Manager und Finanzberater spielen. In einem anderen Karton dann ein späteres Schreiben, in dem es heißt, er, Capote, habe John O'Shea niemals Geld gezahlt. Erst konnte ich mir keinen Reim darauf machen, bis ich in Gerald Clarkes Biografie einen Abschnitt dazu fand. Demnach behauptete Capote 1979, O'Shea habe sich nach einem gemeinsamen Aufenthalt in Palm Springs mit seinem einzigen Exemplar von *A Severe Insult to the Brain* plus 20000 Dollar verdünnisiert.

Von ihrer Liebesbeziehung war zu dem Zeitpunkt nur ein Gerippe übrig, und weil er sich von O'Shea gedemütigt fühlte, hetzte er ihm einen Privatdetektiv auf den Hals – seine Version der Ereignisse lautete, dieser solle ihm lediglich sein wertvolles Manuskript zurückholen. Rachsüchtig verfolgte er den Plan, dem geliebten, verhassten John obendrein einen schweren Jungen ins Haus zu schicken, damit der ihm die Beine bräche, ihn ordentlich vermöbeln würde.

Weiß seine Tochter von den Verwüstungen, die ihr Vater und Capote einander anzutun bereit waren? Und wenn, wie sehr saß sie zwischen den Stühlen? War sie zerrissen zwischen Vater und Freund? Und würde sie mit mir ihre Erinnerungen, auch an Schmerzliches, teilen? Wie es sich in Wahrheit zutrug, das wird mir morgen – hoffentlich – Kerry O'Shea (beziehungsweise Kate Harrington, wie sie heute heißt) selbst erzählen.

Von oben aus der Luft, von der kleinen Propellermaschine mit dreißig Sitzen, von denen nur ein knappes Dutzend besetzt ist, sieht die Landschaft aus, als sei sie von
allen guten Geistern verlassen. Anfangs noch kreisrunde
Felder, danach nichts als braungrau gesprenkelte Weite.
Kein Haus, keine Straße, kein künstliches Licht. *Kein Ort
nirgends.* Niemals zuvor hatte ich das Gefühl, so hoch hinaus zu fliegen, so weit weg von der Erde zu sein.

Der Pilot mit dem auffälligen Delfinschädel kündigt
über Lautsprecher »garstige Winde« an, und obschon die
den Flieger gehörig zum Wackeln bringen werden und ich
mich angstvoll damit zu beruhigen versuche, dass ein Flug-
zeugabsturz statistisch noch unwahrscheinlicher ist, als
am selben Tag vom Blitz erschlagen zu werden *und* einen
Sechser im Lotto zu landen (*oder* verschollene Romankapi-
tel aufzuspüren?), scheint mir zu der Mondlandschaft unter uns nichts passender als die wüsten Abstoßungskräfte
unterschiedlicher Atmosphäreschichten.

Ja, so könnte der Mittelpunkt des Planeten aussehen,
denke ich, von den Winden in ein Untergangspathos ge-
schaukelt. Der Mittelpunkt des Planeten, an den Florie
Rotondo, Capotes achtjährige Philosophin, die seine *Erhörten Gebete* eröffnet, gelangen will.

»Wenn ich was machen dürfte, würde ich in die Mitte un-
seres Planeten Erde reisen und nach Uran, Rubinen und
Gold suchen. Auch nach Unverdorbenen Ungeheuern.
Dann würde ich aufs Land ziehen.
    Florie Rotondo, acht.«

Und P. B. Jones, Capotes Berichterstatter in *Erhörte Gebete*, fährt fort:

»Florie, Schatz, ich weiß genau, was du meinst – auch wenn du es nicht so genau weißt: Wie solltest du auch, mit acht?

Denn ich bin in der Mitte unseres Planeten gewesen; habe jedenfalls die Strapazen durchgemacht, die solch eine Reise mit sich bringt. Ich habe nach Uran, Rubinen und Gold geschürft und unterwegs andere beobachtet, die sich derselben Jagd verschrieben hatten. Und weißt du, Florie, ich bin ihnen begegnet, den Unverdorbenen Ungeheuern! Verdorbenen auch. Doch die unverdorbene Unterart ist die große Ausnahme: weiße Trüffel im Vergleich zu den schwarzen; bitterer Wildspargel im Gegensatz zu dem in Beeten angepflanzten. Das Einzige, was ich nicht getan habe: Ich bin nicht aufs Land gezogen.«

Wir machen für einen einzigen Passagier Zwischenhalt in Rivington, auch das ein Nichtort, eine einsame Landebahn, die wie ein vom Himmel gefallenes Lineal im Schotter daliegt. Als wir weitere zwei Stunden danach in Sheridan aufsetzen – die Leuchtschrift Sheridan County Airport erstreckt sich fast über die gesamte Fassade des Flughafengebäudes –, senkt sich die Nacht herab.

Der Flughafen besteht aus einem Raum mit einem Schalter, dahinter ein Junge, der in den Mienen der Ankommenden forscht. An der Wand hängt die Queen in verschossenen Farben. Ihr Besuch ist zwar eine Weile her, war schon 1984 – dennoch wähne ich mich hier in guter Gesellschaft. Ich frage den jungen Schaltermann nach einem Taxi; oh nein, so was gebe es hier nicht, antwortet er. Er könne mich aber nach seiner Schicht mitnehmen; er müsse nur noch diesen letzten Flug des Tages abfertigen.

Als ich sein Angebot freudig annehme, im Wissen, dass

man in den USA zu Fuß aufgeschmissen ist, entpuppt er sich als Zweimeter-Schlaks, der einen Riesen-SUV fährt. Im Auto erzählt er mir, wie aufgeregt er sei, weil er in zwei Monaten Sheridan zum ersten Mal verlassen werde. Um in einer anderen Kleinstadt Wyomings aufs College zu gehen. Beim Gedanken an seine Zukunft habe er jetzt schon ziemlich Herzklopfen. (Prompt ertappe ich mich, ein klitzekleines bisschen neidisch auf solcherlei taufrische Nervenvibrationen zu sein.)

Was ich aus dem Wagenfenster sehe, ist die typisch amerikanische Kleinstadt-Einöde ohne wirkliche Stadt: ein schräges Szenario wie aus einem Film der Coen-Brothers, nur in echt. Jemand hat mutwillig die üblichen Kettenrestaurants und eine Handvoll Tankstellen *in the Middle of nowhere* regnen lassen.

Von Truman Capote hat mein neuer Bekannter nie gehört, aber viel Spaß in unserer Stadt wünscht er mir, als er mich vor dem Mill Inn absetzt. Dort händigt mir eine bärbeißige Matrone die Schlüsselkarte für mein Zimmer aus und fügt hinzu, es sei »special pet-friendly«. Vor allem ist es trist: am Fuß eines Waschtisches zwei Futternäpfe, offensichtlich für Doggen gemacht, ein schmales Doppelbett mit Wildwestornamenten auf der Überdecke; ein Rodeo-Gemälde an der Wand. Wüsste ich mich nicht auf einer Expedition, zielgerade hinein ins einstige Setting der *Truman Show*, wäre mir in diesem Hundezwinger für Menschen beklommen zumute. Bald aber entwendet mir Müdigkeit die aufziehende Verzagtheit, sie lässt mich in einen traumlosen Schlaf sinken.

VERLORENE KINDERSEELEN
UNTER SICH
KATE HARRINGTON

Sheridan, Wyoming, eine Kleinstadt, über die das Internet nicht viel hergibt: keine 20000 Einwohner, am Fuße der Bighorn Mountains gelegen und daher beliebt bei Trekkern.

Ich warte vorm Mill Inn auf Kate Harrington. Hoffe, dass unser Treffen unter einem guten Stern steht. Die in mir morgens hochkriechende Bange mag der Trostlosigkeit des Motelzimmers geschuldet sein, oder es ist noch meine Enttäuschung nach ihrer schmallippigen Antwort auf meine Mail. Sie gehe davon aus, schrieb sie, dass ich ihr ein paar schriftliche Fragen zu Truman Capote stelle, und würde diese zügig beantworten. Erst als ich ihr zurückmailte, ich nähme liebend gern mehr als sechs Flugstunden von NYC für ein persönliches Gespräch auf mich, schmolz das Eis. In wesentlich wärmerem Ton ließ sie mich wissen, dass sie alleinerziehende Mutter zweier Teenager sei, und gestand mir ausreichend Zeit an diesem ersten Juniwochenende zu. Seitdem beschäftigt mich ihre beiläufige Vorabinformation, sie habe ihre sechzehnjährige Tochter auf den Jungennamen »Truman« getauft – in dankbarer Erinnerung –, denn Truman habe sie, als sie selbst im Alter ihrer Tochter war, »gerettet«.

Der doppelte Truman, wie das doppelte Lottchen. Wer sich hier für wen ausgibt? Oder wird das Original so oder so unverwechselbar durchgucken?

Erst einmal muss sie auf der Bildfläche erscheinen. Es gab kein Foto von Kate Harrigton, das es mir erlaubt hätte, sie heute mit 56 auf Anhieb zu erkennen. Nur eine Aufnahme aus ihrer Jugend, auf der ein Mädchen mit Puppengesicht im Blumenkleid zu sehen ist, das sich neben Capote auf einem metallisch schimmerndem Sofa im Studio 54 flegelt. Sie unterhält sich über Capote hinweg mit Gloria Swanson. Der fläzt derweil in entspannter Nachlässigkeit auf den Polstern, ein Drink in der Linken, einen hellen Damenstrohhut mit pompöser Schleife – so einen, wie ihn die Zeichentrickpferde in Walt-Disney-Filmen mitunter tragen – übers Gesicht gestülpt. Selbstverständlichkeit spricht aus beider (Nicht)-Haltung, und inmitten des wild wuchernden Clubtreibens mutet Kate wie ein liebliches Gänseblümchen an, just von einer Wiese gepflückt.

Ein SUV fährt vor, die Scheibe wird runtergelassen. Mich begrüßt ein warmes Lächeln, das an eine Lieblingstante erinnert. Das Weiche, Runde an Kate Harrington – ihr kuschliger Körper, das gemütliche Doppelkinn, ihr molliges Gesicht, aus dem wasserblaue Kulleraugen dreinstaunen –, ihre gesamte Erscheinung wirkt auf der Stelle vertraut. Und schon in diesen ersten Minuten dämmert mir, was der fast vier Jahrzehnte ältere Truman an ihr als Halbwüchsiger hatte. So eine wohltuend arglose Menschenfreundlichkeit sieht man selten, denke ich, bestimmt war sie für ihn ein Mensch gewordener Seelenbalsam. Und noch ehe sie mir von sich berichtet – dass sie durch ihre Kindheit mit einem jähzornigen Alkoholikervater zur *Caretakerin* erzogen wurde – enthüllt sich mir ihr fürsorgliches Wesen. Kaum habe ich mich auf dem Beifahrersitz angeschnallt, drückt sie mir bereits einen Pappbecher in die Hand.

»Willkommen in Sheridan! Hier, ich dachte, Sie hatten heute vielleicht noch keinen Kaffee.«

»Oh, vielen Dank. Ich bin froh, hier zu sein.«

»Ja, toll, dass Sie da sind.«

»War ganz schön tricky, Sie zu finden. Sie gehören anscheinend zur schrumpfenden Gruppe derjenigen, die im toten Winkel des Internets hausen. Alle Angaben zu Ihnen, die ich im Netz auftrieb, beschränkten sich darauf, dass Sie das Kostümbild für einen Kinofilm gemacht haben und mit dem Hollywood-Regisseur John McTiernan verheiratet waren. Ich geb zu, von Ihrem Exmann hatte ich vorher nie gehört, was an mir liegen muss oder an meinem Filmgeschmack, ich habe nicht einen seiner Arnold-Schwarzenegger-Blockbuster gesehen. Sie tauchten nur vereinzelt am Rande alter Berichte über Capote auf. Aber vermutlich habe ich mich blöd angestellt.«

»Nein, das wundert mich gar nicht«, entgegnet sie mir, »ich bin damals vor New York geflüchtet und in die Anonymität geflohen: Ich hielt es dort nach Trumans Tod nicht mehr aus, meine Trauer begrub mich fast. Die Leute in Sheridan wissen nichts von mir früher, ich will das so, nur meine beste Freundin, mit der ich eine kleine Galerie bei der Main Street führe, weiß Bescheid. Ich hoffe, es stört Sie nicht, dass sie gleich auch zu mir kommen wird. Sie wollte bei unserem Gespräch unbedingt dabei sein – sie findet es so spannend, Besuch von einer Reporterin aus dem Ausland, und das alles wegen meiner Freundschaft mit Truman.«

Als wir in die Einfahrt zu ihrem Haus biegen, ist die beste Freundin schon da. Eine drahtige Frau in den Fünfzigern, die gar nicht erst verhehlt, dass sie Kate für ihre glamouröse Vergangenheit anhimmelt. Und sich ohne Gewese in die Nebenrolle schickt. Außerhalb der Schusslinie hockt Jack, Kates vierzehnjähriger Sohn, auf dem Sofa; vor Schüchternheit wird er in der nächsten Stunde kaum den Mund auftun. Zu viert machen wir es uns auf den ausufernden crèmeweißen Couchen im Wohnzimmer bequem.

Jack, du musst nicht aus Höflichkeit dabei sein, betont Kate; anscheinend liegt es ihr im Blut, kein Bohei um sich zu machen. Er könne ja mit den drei Hunden rausgehen, schlägt sie ihm vor und stellt mir ihren Neuzugang vor, eine Schäferhundmischung, die sie vor ein paar Tagen aus dem Tierheim geholt haben.

»Mum, ich will zuhören, ich weiß doch, welche Bedeutung er für dich hatte, schon durch die vielen Bilder von ihm bei uns.«

Tatsächlich, überall im Haus Beweismaterial: Truman mit Hut als knalliger Warhol-Siebdruck. Truman mit Hut im Silberrahmen auf dem Beistelltischchen, ein Schnappschuss, auf dem er im Arm seines Kumpels Norman Mailer mit ihm um die Wette lacht (»genau so fröhlich gackernd habe ich Truman in Erinnerung!«, sagt Kate). Truman mit Hut, diesmal mit Andy Warhol höchstselbst. Und an der Wohnzimmerwand ein großes Schwarz-Weiß-Foto von Kerry & Truman (ohne Hut). Sie sieht darauf aus wie die junge Judy Garland, er fixiert einen unverfroren und auf eine gesunde Weise abgeklärt. Da war sie vierzehn, er fast viermal so alt wie sie.

»Die Sache mit dem Hut müssen Sie mir bitte nachher erklären, zunächst würde ich gern wissen: Wie war Ihre allererste Begegnung mit Capote?«

»Ich war zwölf, als mein Vater mit Truman an einem Sonntag zu uns zum Mittagessen kam. Vorher hatte er uns gesagt, Truman sei berühmt und er sein neuer Manager, und wurde sauer, weil wir mit Trumans Namen nichts anfangen konnten. Meine Mutter hatte tagelang für den hohen Besuch Rezepte gewälzt. Wir waren eine irisch-katholische Mittelklassefamilie in einem adretten Städtchen auf Long Island, jenseits vom Großstadttrubel Manhattans. New York City, das war *high life*, die totale Gegenwelt zu unserer. Wir hatten keine Vorstellung von einem wie Truman. Er war eine Kuriosität – seine extravagante winzige Person sagte uns nichts. Bis dahin kannte ich niemanden, der *gay* war. Wusste gar nicht, was das sein sollte. Allein seine hohe, sehr schwul klingende Stimme mit der Südstaatenfärbung brachte mich zum Lachen. Er stand noch in der Tür, da raste ich wie eine Verrückte in die Küche, schnappte mir ein Geschirrtuch und presste es mir auf den Mund, weil ich so laut losprusten musste. Meine Mutter kam herein und zischte mich an: ›Stop it!‹ Am Ende dieses Tages aber hatte uns Truman alle bezirzt, und besonders wir beide verspürten eine außergewöhnliche Bindung zueinander.«

»Womit wickelte er Sie alle derartig um den Finger?«

»Er war der reizendste, lustigste Mann, den ich jemals getroffen habe! Wenn er seinen Charme anknipste, lagen ihm alle zwischen acht und achtzig Jahren zu Füßen. Er

schenkte jedem von uns etwas: meiner Mutter den Bildband *Observations*, mir einen Klotz von Amethyst, den
kann ich Ihnen später zeigen. An diesem Nachmittag sah
ich meinen Vater zum ersten Mal glücklich, und in einem Winkel meines Bewusstseins ahnte ich bereits, dass
er nicht in unser *ordinary life* zurückkehren würde. Ich
kannte meinen Vater nur mieser Laune, betrunken, unbe-
rechenbar, oft gewalttätig. Mich als Nesthäkchen schlug
er nicht – bei mir beließ er es bei fiesen Bemerkungen,
von denen ich aber auch diverse Narben behalten habe –
meine drei Geschwister schon. So wie er selbst als Kind
von seinem Vater verprügelt worden war. Mit Truman ver-
änderte sich die Atmosphäre zu Hause von einem Moment
zum anderen, plötzlich wurde unser Familienalltag heiter.
Für uns begannen in diesem Jahr 1973 *Happy Times*. Und
der Satz, den mir Truman abends zum Abschied sagte,
der hat mich für immer verändert: ›*Good-bye, my beauty!*‹,
sagte er. Dass ich schön sei, das hatte mir vorher noch niemand gesagt.«

»Und dann?«

»Danach telefonierte er häufig mit meiner Mutter, er
mochte sie ehrlich, weil sie ein großes Herz hatte. Und
egal, wie katholisch ihre Gefühlswelt war, sie blieb bei Tru-
man cool. Tadelte uns sogar: Urteilt nicht über Truman!
Außerdem war sie heilfroh, dass sie ihren Mann los war.
Truman und sie wurden gute Freunde, sie lachten viel mit-
einander. Anfang der Siebzigerjahre wäre man in unserem
Provinznest nicht im Traum drauf gekommen, dass mein
Vater Trumans Liebhaber war. So wie ich auch erst mit
Verzögerung mitkriegte, welch *big personality* Truman für

das Mainstream-Amerika darstellte, so absonderlich er den Leuten gleichzeitig erschien. Jeder kannte ihn damals, dabei hatten die wenigsten wohl seine Bücher gelesen. Erst nachdem mir meine Mutter erlaubt hatte, mir Truman in der *Johnny Carson Show* anzugucken, verstand ich, wie berühmt er war.«

»Später zogen Sie bei ihm ein. Wie kams dazu?«

»Mein Vater schickte uns Postkarten von den exotischsten Orten, er verdiente viel, und wir freuten uns für ihn – auch für uns, weil mit ihm diese ständige Anspannung daheim verschwunden war. Ich war glücklich, ihm dank Trumans Auftritt in unserer Familie entkommen zu sein. Irgendwann muss Truman meiner Mutter gesteckt haben, dass mein Vater ihn in Key West im Kokainrausch krankenhausreif geschlagen hatte – das war ein ungeheurer Schock für sie. Sie malte sich wohl aus, was eine solche Droge für einen Charakter wie ihren Ehemann bedeutete. Sie kannte den Einfluss von Alkohol auf ihn ja zur Genüge – unmittelbar danach reichte sie die Scheidung ein. Ich weiß nicht, was Truman im Schilde führte, als er sie über ihr sexuelles Verhältnis aufklärte. Und sicherlich war sie deswegen fassungslos – mein Vater war der erste und einzige Mann im Leben meiner Mutter, und sie vertraute es entgeistert ihrer besten Freundin an, sonst niemandem. Ich glaube aber, weil Drogen für sie so sehr des Teufels waren, machte ihr sein Kokainschnupfen am meisten Angst. Das entsetzte sie noch mehr als die Homosexualität meines Vaters.«

»Dauerte die Freundschaft zwischen Truman und Ihrer Mutter trotzdem an?«

»Ja, sie waren weiterhin eng. Übrigens sah ich meinen Vater von da an für eine Ewigkeit nicht mehr. Wieder sah ich ihn erst nach Trumans Tod, bei seiner Gedenkveranstaltung, und auch da redete ich nicht mit meinem Vater, schon aus Loyalität zu meiner Mutter nicht. Das tat ich erst bei meiner Hochzeit zwei Jahrzehnte später. Ohne Zweifel bin ich im Laufe der Zeit mehr Trumans Tochter geworden als die meines Vaters. Anfangs, ich kann mich täuschen, wollte er meinen Vater vielleicht eifersüchtig machen, indem er gerade mich, Daddy's Darling, aussuchte. Sie hatten über Jahre eine üble On-off-Beziehung, und als sie mal wieder getrennt waren, schickte Truman meinem Vater ein Foto von sich und mir. Vielleicht mochte mich Truman zu Beginn auch einfach, weil ich meinem Vater sehr ähnle. Truman kam auf alle Fälle schwer von ihm los, so schlecht es ihm mit meinem Vater auch erging. Mir gegenüber erwähnte Truman meinen Vater während unseres Zusammenlebens nie, aber ich hatte dessen Brutalität und verbale Bösartigkeiten lange genug am eigenen Leib erfahren. Wenn ich daran denke, schäme ich mich regelrecht für das niederträchtige Verhalten meines Vaters. Was nicht heißt, dass ich meinen Vater nicht geliebt habe.«

»Und wie sah der Anfang Ihrer beider Beziehung aus?«

»Truman und ich waren aus demselben Holz geschnitzt, beide Kinder, die sich mehr oder weniger selbst hatten erziehen müssen. Sich ein Beschützerverhalten anerzogen. Ich hatte wenigstens eine sehr liebevolle Mutter, für Truman war es härter, aber wir hatten beide mit einem schwachen, labilen Elternteil zu kämpfen. Trumans Telefonnummer stand auf einem Block neben unserem Telefon. Und so rief ich Truman etwa ein Jahr nach seinem Besuch bei uns heimlich an. Ich wollte meiner Mutter irgendwie helfen, die ohne jegliche Unterstützung von meinem Vater zusehen musste, wie wir finanziell einigermaßen über die Runden kamen. Sie war ja Hausfrau gewesen. Ich hatte schnell begriffen, dass Truman Kontakte zu allen möglichen wichtigen Leuten hatte. Daher dachte ich, er wird mir vielleicht einen Job in den Sommerferien verschaffen können, und wählte seine Nummer.«

»Half er Ihnen?«

»Und ob. Er behandelte mich wie eine Erwachsene. Alles klar, sagte er am Telefon, schreib dir meine Adresse auf einen Zettel, schwänz morgen die Schule und steig in einen frühen Zug nach New York. Vom Bahnhof nimmst du dir auf meine Kosten ein Taxi zum UN Plaza 860, und sobald du hier bist, gehen wir bei mir um den Block zum Lunch ins La Petite Marmite – dort aß Truman täglich sein Frühstück, Mittag-, Abendessen. Dann besprechen wir alles in Ruhe. Ich befolgte seine Anweisungen. Das Geld für die Bahn kramte ich aus der Keksdose beim Telefon.«

»Und was für einen Job hatte er für Sie?«

»Erst einmal versuchte er, mir die Schule auszureden. Er sagte, du bist sehr intelligent, und sehr schlaue Menschen müssen nicht zur Schule gehen, aber ich meuterte, worauf er einwandte, okay, aber als Schülerin kommt nur eine Sache infrage, die gutes Geld einbringt: Modeln. Ich fand die Idee verrückt, aber er vereinbarte gleich einen Termin mit

seiner Bekannten Wilhelmina, die eine der großen Model-
lagenturen besaß, und wir gingen zusammen hin.«

Belustigt ahmt sie seine Quäkstimme nach, als er auf
Wilhelminas Einwand, sie habe schon ein Model namens
Terry O'Neil unter Vertrag, mit dem man sie verwechseln
könnte, erwiderte: »*Well*, Kerrys Mutter hat einen entzü-
ckenden Mädchennamen, Harrington, und Kerrys eine
Großmutter heißt Katherine – wieso nennen wir sie nicht
Kate Harrington?«

Und in Windeseile, durch einen zweiten Capote-Satz,
wurde ihre Verwandlung eingeleitet: »meine Transforma-
tion«, sagt sie. Ihre Metamorphose von Kerry O'Shea zu
Kate Harrington.

Bald warb sie für Colgate, für Lipgloss; sie erschien
auf den Modeseiten von *Seventeen*, während sie parallel
auf Long Island die Schule abschloss. Ihre Familie jubelte
über die Schecks, die sie nach Hause brachte, und mit jedem Scheck wuchs sie ein Stück über sich hinaus.

Aus praktischen Gründen – weil ihre Modeljobs sich
häuften – zog sie in Trumans elegantes Apartment. Im UN
Plaza wohnten damals alle, die Rang und Namen hatten,
erinnert sich Kate, und vom 26. Stock aus konnten sie
durch überdimensionale Glasfronten hinab auf friedlich
schaukelnde Boote des East Rivers sehen und waren doch
vom Lärm abgeschirmt. Eine Ruhe, die Truman die nötige
Nervenstille ermöglichte, um schreiben zu können. Kate
fühlte sich unter seinem Dach sicher aufgehoben. Die va-
terlose Tochter und der mutterlose Sohn.

»Als Erstes gab mir Truman ein schwarz-weißes Notizbuch und sagte zu mir: ›Ich lass dich bei mir wohnen, wenn du Tagebuch schreibst. Jeden Tag!‹ Ich fragte ihn, warum. – ›Weil ich glaube, dein Leben wird sich ändern, und darum musst du festhalten, wer du wirklich bist.‹«

Truman bemutterte sein Mündel rührend und en detail: Zeigte Kate, welches Besteck man in welcher Reihenfolge benutzt (als Witzbold statt bierernster Knigge). Schickte sie zur Kosmetikerin (ihre Mutter fasste es nicht, eine solche Behandlung hatte sie sich selbst nie gegönnt). Machte sie mit den Entwürfen europäischer Designer wie Pierre Cardin und Yves Saint Laurent bekannt (er liebte schöne Dinge über alles und fügte sie in seinem Apartment zu Arrangements, darin gezielte Querschläger, etwa eine trashige Plastiklampe neben seiner teuren Briefbeschwerer-Sammlung, deren Grundstein die Schriftstellerin Colette mit einem Baccarat Paperweight legte, in dessen Mitte eine weiße Rose gebettet war). Riet ihr, Männer-Parfum aufzutragen, am besten einen Duft von Guerlain (keinesfalls etwas zu Süßes). Gab ihr, nachdem sie nach seinem Fernseher gefragt hatte, für die Herzensbildung seine Bibliothek zu lesen, für den Anfang sämtliche Romane von Jane Austen (Trumans eigene Werke fing sie mit dreizehn an zu verschlingen, nun nach einem halben gelebten Leben hat sie sie erneut aus dem Regal genommen). Zog aus seinem Arsenal an Benimmregeln auch Gebote für weltliche Belange: »Vertraue niemals Anwälten! Never ever!« (Sein Anwalt Alan U. Schwartz sei die einzige Ausnahme von der Regel, sagte Truman; den betrachtete er als wahren Freund.)

Kate muss lachen, als sie an Truman, den Oberkümmerer, zurückdenkt. Der bei all seinen Belehrungen nie schulmeisterlich auftrat, sondern sie wie nebenbei mit Entdeckerfreude infizierte, jener Zuversicht, dass einem schon hinter der nächsten Straßenecke irgendeine wunderwahnwitzige Heiterkeit verheißen sein wird (weshalb sie nie auf den Gedanken käme, sich umzubringen).

Hin und wieder war er sogar bei ihren Modeljobs dabei. Einmal rief er sie an und mahnte sie zur Eile, sie solle sofort kommen, das »fitting model« von Halston sei ausgefallen, und sie könne ersatzweise einspringen. Bei der Anprobe flüsterte er ihr zu, stell dich unmerklich auf die Zehenspitzen – er hatte sich extra schlaugemacht: Das krank gewordene Model war um einiges größer als sie.

»Es ist die Wahrheit: Truman ist mein Held, der mein Schicksal wirklich gewendet hat. So komisch das für Sie klingen mag, weil er die Ehe meiner Eltern zerstört hat – er rettete mich.«

Selbst auf zerstörtem Grund kann also noch Gutes wachsen. Und weil Kate ist, wie sie ist, ging Trumans Samen ganz und gar auf. Im Rückspiegel betrachtet, sagt sie, war die Hauptlektion, die ihr Truman fürs Leben mitgab, seine Einweisung in die Schule des Sehens.

»Er hat mir mal geraten: Späh in die Welt wie in ein Schaufenster! Ich war durch die ewigen Spannungen in unserer Familie ohnehin schon ein sehr beobachtendes Kind, aber Truman wurde mein ›Blicköffner‹ in jeder Hinsicht: für Kunst, Literatur, Musik, Essen, Kleider – für alles Ästhetische. So brachte er mir etwa bei, Perlenkette zum T-Shirt zu tragen, das fand man damals noch nicht selbstverständlich, im Gegenteil, *weird*. Andererseits bin ich überzeugt, dass Truman nie mein Freund hätte werden können, wenn er nicht wie ich diesen ländlichen Background gehabt hätte. Er interessierte sich sehr für andere Menschen, besonders für die sogenannten kleinen Leute – und diese Bodenständigkeit liebte ich an ihm. Übrigens stellte mich Truman seinen Freunden als sein Protegé vor, aber den Ausdruck verstand ich damals noch nicht.«

»Würden Sie sagen: Sie sind die, die Sie sind, wegen Truman?«

»*Totally*«, ruft Kate und noch mal, »*totally!*«

Als hätte es der Wiederholung bedurft. Seit Stunden spricht sie über ihren Freund in Sätzen, die wie kleine Öfen Wärme erzeugen und an mich abgeben – und, wie es aussieht, auch ihre beste Freundin erreichen, denn die lauscht Kate mit selig geröteten Wangen. In der freundschaftlichen Hitze schweife ich ab: wie unwahrscheinlich dieser alles andere als naheliegende Bund zwischen Kate & Truman doch war. Ein junges Mädchen mit vorzeitig gealtertem Blick aufs Leben und ein vorzeitig gealterter Mann mit einem jungen Herzen. Ein Paar, das auf rührende, zugleich unkitschige Weise füreinander bestimmt zu sein schien, ein höchst spezielles Yin-Yang-Pärchen.

Kate unterbricht meine Westentaschenphilosophie. »Ehrlich, ohne Übertreibung: Ich bin heute durch und durch die Frau, die Truman aus mir gemacht hat. Truman lehrte mich alles, was ich heute bin. Lenkte mich in meinen Vorlieben, Interessen, in Aussehen und Stil. *Every little moment is about balance,* das verstand ich durch ihn.

Hier, diese Perlenkette, schenkte mir Truman zu meinem vierzehnten Geburtstag. Seitdem habe ich sie niemals abgenommen. Sie lag in einer samtenen Tiffany-Schatulle, mit einem Kärtchen, auf das er geschrieben hatte: *the real thing for the real thing.*«

»Das klingt nach einer Menge Gefühl für Sie.«

»Ja, die Menschen, die er liebte, die liebte er mit Inbrunst. Er sagte mir häufig, Jack Dunphy sei die Liebe seines Lebens, er könne einfach nur nicht ständig mit ihm zusammen sein. In den fast 35 Jahren, die die beiden ein Paar waren, war Jack Trumans verlässliche Konstante. Und Sex in dieser Beziehung wurde irgendwann wohl weniger wichtig – anders als bei meinem Vater. Ungefähr zu meinem sechzehnten Geburtstag redete er freimütig mit mir darüber, dass er mit meinem Vater ein sexuelles Verhältnis hatte. Mein Vater war genau Trumans Beuteschema, Truman liebte ihn sehr. Erotisch galt sein Faible den nach außen heterosexuellen, virilen Typen mit rötlichen Haaren. Am besten mit irisch-katholischem Stammbaum. Alvin Dewey, der Ermittler im Mord an der Familie Clutter – dem Verbrechen in *Kaltblütig* – war auch Trumans Typ, das war zumindest mein Eindruck. Natürlich hatten sie nichts miteinander, aber er fand Alvin sicher attraktiv. Dagegen bin ich überzeugt, dass ihm Perry Smith, der Mörder, während seiner vielen Gespräche im Gefängnis ans Herz gewachsen war, aber Truman kein sexuelles Interesse an Perry hatte. Er sah ihn eher als sein dunkles Alter Ego. Als der Mensch, der er auch hätte werden können, wäre er an der Lieblosigkeit seiner Mutter zerbrochen.«

»Fühlte sich Truman liebenswert?«

»Ich glaube, er fühlte sich gewollt, und das vor allem wegen seines Talentes. Aber in seinem tiefsten Herzen blieb er immer ein Waisenkind. Und das wusste er auch.«

»Wie kommen Sie darauf?«

»Er sagte mir, er leide ständig unter einer *floating anxiety*. Die lähme ihn unentwegt, und dass die von seiner Mutter herrühre, weil sie ihn schon als Kleinkind verlassen hat.«

In den späten Siebzigerjahren sprach er offen über seine Angst und sein Kindheitstrauma. In einem Gespräch im *Interview*-Magazin 1979 zum Beispiel sagte er: »Ich hatte schon immer eine sehr extreme Angststörung … Sie fing schon als Kleinkind an. Ich war von meiner Mutter in einem Zimmer eingesperrt worden und wusste nicht, wann jemand kommen und mich rauslassen würde. Es löste ein enormes Angstgefühl aus, das ich nie losgeworden bin … Das ist eigentlich der Grund, warum ich angefangen habe, zu viel zu trinken. Es war das Einzige, was das Gefühl der Angst stoppen würde. Natürlich hat es nur eine neue Angst erzeugt. Seit ich mich entschieden habe, mein Leben neu zu organisieren, habe ich viel weniger Ängste.«

Am Schluss scheint er sich selbst etwas vorgemacht zu haben: vielleicht ja nicht grad eine ausgewachsene Selbstlüge aufgetischt haben, eher ein Mantra, das er sich zu seiner eigenen Beruhigung vorsang: »Bei mir ist jeder Tag ein neuer Tag.«

»Ja, er blieb für immer und ewig ein großes Kind. Im Guten wie Schlechten. Er hatte die Lebenslust und Neugier eines Kindes, aber seine größten kindlichen Unsicherheiten und Ängste begleiteten ihn ebenfalls durchs Erwachsenenalter.«

»Ihnen wurde er trotzdem zu einer Art Vater.«

»Bei mir trat er ungemein beschützend auf, ja väterlich. Dazu gibts eine lustige Anekdote: Wir flogen zusammen nach Los Angeles, nur für eine Dinnerparty, denn Truman empfand die meisten Schauspieler als Simpel und hielt es in L. A. maximal zehn Tage aus. Zu Gast dort war auch Ryan O'Neal, der zu meinem Entsetzen noch am Tisch Pot rauchte. Ich hatte ihn kurz vorher in unserem Kino auf Long Island mit meiner Schwester und Freundinnen in *Love Story* gesehen. Nach dem Film hatten wir in der Damentoilette des Kinos wie die Schlosshunde geheult. *Der* Ryan O'Neal stand nun vor mir und wollte mich unter dem Vorwand zu sich nach Hause locken, dass mir seine Tochter Tatum erzählen könne, worum es beim Schauspielern geht. Ich meine: Er war 34 – und ich 17! Währenddessen machte Truman die ganze Zeit hinter O'Neals Rücken Zeichen: No, No, No!«

Kate kichert wie das Schulmädchen, das sie damals war.

»Er versuchte Sie vor Ryan O'Neal zu schützen?«

»Ja! Heute halten die meisten Truman für durchgeknallt, für *cuckoo*, in einem gemeinen Sinne, wohl wegen all der kolportierten Storys über seine Süchte, aber wenn er diese *cuckoo*-Seite überhaupt hatte, dann definitiv nicht bei mir. Auch wenn ich mit ihm im Studio 54 war, ließ er mich in diesem Zirkus, der mich natürlich faszinierte, nur so lange bleiben, wie es gesittet zuging. Deshalb habe ich Truman nie auch bloß einen Krümel Koks schnupfen sehen, vorher setzte er mich jeweils ins Taxi. Wobei er von Natur aus Kokain gar nicht mochte, weil er von allein schon so *hyper*, irre aufgedreht, war und sich mit Drogen vielmehr runterzudimmen versuchte. Viele Leute denken, er sei ein armer Irrer gewesen, der sich seine Bitterkeit selbst zuzuschreiben hatte – aber Truman wurde nie bitter, auch gegen Ende hin war er äußerst liebenswürdig. Im Studio 54 wollte er vor allem eine gute Zeit haben.«

Die beste Freundin, bisher verzückte Zuhörerin, klinkt sich ein (Jack hat sich schon vor einer Weile jugendlich-französisch verabschiedet): »Meinst du, du hast von Truman deinen trockenen, scharfen Humor mitbekommen?«

»Yes, that's Truman!«, erwidert Kate – und als müsste sie ihre Co-Galeristin auf das für sie wichtigste Erbe hinweisen, schiebt sie hinterher: »Das großzügigste Geschenk, das Truman mir machte, war der Sinn für Harmonie und eine Schönheit im Einfachen. Truman hatte seinen eigenen Begriff von Schönheit, aber er war entgegen der Ansicht vieler nicht sonderlich eitel, absolut kein Protzer oder Modegeck. Reichtum und Ruhm ließen ihn kalt, sofern sie sich nicht mit einer Gabe koppelten. Anders als Andy Warhol, den das maßlos beeindruckte.«

Truman war Warhols »Obsession«, sagt Kate, bereits in Jugendtagen: Als Andy noch lange nicht der weltberühmte

Pop-Artist war und zu Hause bei seiner Mutter wohnte, schrieb er Truman täglich einen Brief an die Familienadresse der Capotes in der 1060 Park Avenue. Seitdem betrachtete Truman Andy als seinen spinnerten Fan, seinen »Stalker«, und redete vor Kate recht gehässig über ihn. Trumans größte Gemeinheit: Andy sei eine »Sphinx ohne Geheimnis«. Der sich nur deswegen als großer Schweiger stilisiere, weil er in Wahrheit nichts mitzuteilen habe.

Warhol war ihm verdächtig: ein Nassauer, der die Tendenz hatte, jungen Menschen das Talent auszusaugen. Und da Truman über Kate mit Argusaugen wachte, wollte er auf keinen Fall, dass sich Warhol und sie jemals begegneten. Eines Nachmittags aber kreuzte Warhol bei ihnen im Apartment auf: Ungewöhnlich barsch sagte Truman zu Kate, sie solle in ihrem Zimmer bleiben, bis Andy weg sei.

»Vielleicht wollte er Sie grundsätzlich vor dem Umgang mit seinem exzentrischen Bekanntenkreis bewahren. Der war ja sehr anders als der bei Ihnen zu Hause.«

»Ich glaube, nur von Andy wollte er mich fernhalten. Er sorgte sich sicher nicht um meine Moral. Ich fand damals seine schwulen Freunde völlig selbstverständlich. Mit Joe und Myron etwa machten wir Ferien oder feierten Thanksgiving; die beiden waren seit Ewigkeiten ein Paar, für mich wie normale Eheleute. Sogar Jack Dunphy behandelte mich immer sehr nett, trotz meines Vaters. War ich mit Truman in Schwulenbars, fiel mir auf, wie sehr ihn die *Gay Society* liebte, besonders die *young kids* – er war ihre Ikone, um die sie sich in Trauben scharten. Stach einer von ihnen durch ein auffällig geziertes Gebaren heraus, dann sagte Truman schon mal zu ihm: ›Darling, es reicht nicht, *gay* zu sein, du musst noch etwas anderes in dir finden!‹«

Capote kann man wahrlich nicht vorwerfen, dass sich seine Einzigartigkeit im Schwulsein erschöpfte. Aber vielleicht wird er aus ihr für sich das Recht abgeleitet haben, sich außerhalb der normalen Ordnung bewegen zu dürfen. »I was apart from them anyway«, sagte er mal über sein Selbstverständnis als Kind unter von ihm so verschiedenen Kindern. Er ließ sich vom Etikett des Freaks trotzdem nicht aufhalten. Zog stattdessen in die Welt hinaus, um ihr zu beweisen, was sonst noch alles in ihm steckte. Dafür hatte er seinen eigenen Entwicklungsroman verfassen müssen, und nun, wo in der Hinsicht das eine oder andere Werk getan war, machte er sich lustvoll daran, die Coming-of-Age-Prozesse von denen anzuschieben, die ihm lieb und teuer waren. Und für einen Schriftsteller kamen natürlich vor allem Wörter als Saatgut infrage.

»Truman drückte mir stapelweise Bücher in die Hand. Für einen Schulaufsatz empfahl er mir *Out of Africa*. Für einen anderen Buchreport gab er mir *Kaltblütig* und aus den Polizeiakten die Originalfotos – vom Tatort, von den Mördern – mit in den Unterricht. Meine Lehrerin war perplex, als ich damit ankam, und lud mich zu sich nach Hause ein, um mich ein ganzes Abendessen lang zu Truman, dem berühmten Schriftsteller, zu löchern und mich über all diese illustren Leute auszufragen. Besonders neugierig war sie bei Norman Mailer, weil sie dessen Werke mochte. Ich erzählte von den Treffen im Bobby Van's in den Hamptons, wo sich die Autoren außerhalb der Saison gemeinsam betranken und voreinander prahlten.«

Als sie sich bei Truman beschwerte, ihr sei bei den mehr-stündigen Mittagessen mit irgendwelchen älteren Damen todlangweilig, sie verstehe höchstens die Hälfte ihrer Ge-spräche, entgegnete er ihr, nimm den Tisch da drüben und berichte mir nachher im Wortlaut, worüber sie gesprochen haben!

»Auf dem Heimweg erzählte ich ihm dann zum Beispiel, dass der Mann mit den roten Haaren zu seiner Frau dies oder das gesagt hat – und Truman unterbrach mich und sagte, das war nicht seine Frau.«

Capote kannte Gott und die Welt; die Welt kannte ihn (bei Gott kann man sich weniger sicher sein). Kate hat das Interesse an Menschen von Truman geerbt; noch im-mer hockt sie sich in ein Café wie auf einen Hochsitz und schaltet sogleich auf Empfang. Ist ja auch das Irrste über-haupt: Menschen und ihre Geschichten. Und was sind Menschen anderes als leibhaftige Geschichten?

Jemanden aus dem gesellschaftlichen Panoptikum he-rauszufischen und dem eine wahrhaftige Figur nachzu-modellieren, das machte Truman zum unangefochtenen König der Unterhaltung, durch niemanden so eben vom Thron zu stoßen. Nicht alles musste deswegen stimmen: »Was er sagte, entsprach nicht unbedingt der Wahrheit«, gibt Kate zu, während aus ihrem Blick die Nachsichtigkeit einer älteren Schwester gegenüber einem kleinen Bruder spricht, der noch nicht zwischen Wahrheit und Lüge zu trennen vermag. Aber welcher Tiefgründler würde behaup-ten wollen, dass ein glänzender Erzähler die Wahrheit hin-ter sich herschleifen muss wie einen erlegten Hasen?

Mit den Riesenlauschern eines Eselshasen jedenfalls

(einen solchen werde ich ein paar Wochen danach durch die Wüste bei Palm Springs flitzen sehen) hat sich Kate die Geschichtenliebe angeeignet. Und Geschichten würzten den Alltag ihrer UN-Plaza-WG: etwa wenn sie nebeneinander auf dem Bett lagen, und einer von ihnen kritzelte ein paar Anfangssätze auf eine von Trumans gelbe A4-Seiten: Zettel unten falten und weiterreichen, damit der andere seine Sätze draufschreiben konnte. Und so fort. Fertig war sie, eine kürzeste Kurzgeschichte.

Truman hatte unermessliches Vertrauen in sie, sagt Kate: Täte sie, wofür sie brenne, würde sie eines Tages garantiert ihre eigene Stimme finden.

Seine Methode, sie zu formen, nennt Kate im Nachhinein »The Holly Golightly Thing«. Holly, erklärte er ihr, sei eine Melange aus mehreren Frauen, die er gekannt habe: seine Jugendfreundinnen Oona (Chaplin), Carole (Matthau) und Gloria (Vanderbilt) – und eine Frau, die aus dem Nichts gekommen sei, deren Name Kate aber leider entfallen ist. Auch Züge seiner Mutter seien in die Figur der Holly eingeflossen, sagte er ihr.

Kein Wunder, dass sich die Namen Lullamae und Lillie Mae lautmalerisch gleichen. So wie Holly Golightly ihr Gold aus der ungehobelten Landgöre Lullamae Barnes schürfte, so hatte seine Mutter aus der Provinzschönheit Lillie Mae Faulk die Salonlöwin von der Upper West Side Nina Capote aus sich herausgeschält. Das verbindet ihn mit allen wesentlichen Protagonistinnen seines Lebens: allesamt Selbstschöpfungen.

»Am Ende muss wohl *jeder* seine eigene Welt erfinden, genau das habe ich getan. Ich habe mich selbst erfunden, dann habe ich eine Welt erfunden, die zu mir passt.« Das sagte er 1967 im Interview mit Gloria Steinem.

Vielleicht liegt man nicht vollkommen falsch, wenn man Menschen in zwei grobe Persönlichkeitstypen scheidet: in diejenigen, die während ihrer Zeit auf Erden *selbst* gestalten wollen, handwerklich akribisch und mit liebendem Auge – und in jene Gruppe, die es vorzieht, in einer *von anderen* gestalteten Umwelt zu leben.

Fraglos, dass Capote zum ersten Lager gehörte. Vielleicht ist es eine Binse, dass Gestalter gestalten müssen, beinahe obsessiv entweder Figuren auf dem Papier oder welche aus Fleisch und Blut kreieren. Womöglich macht es für einen Gestalter auch gar keinen großen Unterschied, ob er sich an Blatt oder Blut austobt. Capote ließ nicht mal nach vergeblicher Liebesmüh von seinem Gestaltungswillen ab: Auf Biegen und Brechen wollte er seine Freundin Lee Radziwill als Schauspielerin neu erfinden, sodass er ihre Talentlosigkeit vernachlässigte. Dafür nahm er als Freund in Kauf, sie nach den Verrissen zu ihrer Theaterpremiere aufbauen zu müssen.

Bei Capote paarten sich zwei Talente – beider war er sich gleich gewiss –, das Schöpferische und die Freundschaftsbegabung. »Wirklich Freunde zu sein ist meiner Meinung nach der wichtigste Teil jeder Beziehung«, pries er das Geheimnis wahrer Freundschaft, »wenn du nicht mit einem Liebhaber befreundet sein kannst, dann vergiss es. Es wird nicht funktionieren. Ich denke, mein größtes Talent liegt wirklich in der Freundschaft.«

Freundschaft galt ihm als Hauptingredienz jeder Beziehung, ob mit oder ohne Sex – loyale, beständige Zuwendung waren weitere wichtige Zutaten (körperliche Monogamie fiel für ihn in eine eigene Kategorie). Sein Welpencharme als junger Mann äußerte sich auch in der Zutraulichkeit, mit der er sich Menschen näherte.

Ein Mann, der die Frauen liebte: Seine Freundschafts-liebe floss in Strömen bei seinen »Schwänen«. Zu jenen Frauen von Welt, die dank ihres erlesenen Geschmacks regelmäßig auf den internationalen »Best Dressed«-Listen landeten. Über seine Faszination für sie schrieb er: »Denn das von ihnen Erreichte verlangt Selbstzucht, die Geduld eines Nilpferds, die Sachlichkeit eines Arztes, verbunden mit der Hingabe der Künstlerin, deren einzige wahre Schöpfung ihr eigenes vergängliches Ich ist.«

Was er an diesen Frauen schätzte, war ihr enormer Ehrgeiz, sich selbst zu erschaffen. Das kürte sie zu seinen verwandten Seelen. Um nach oben zu gelangen, setzten sie nicht auf eine x-beliebig dahergeflogene Cinderella; sie schwangen eigenhändig für sich den Zauberstab.

Sein Lieblingsschwan Babe und Truman waren von Minute eins an schockverliebt ineinander, selbstredend ohne jegliche sexuelle Untertöne. »Wir waren wie ein Liebespaar«, sagte Capote nach Babes Tod, »sie liebte mich, und ich liebte sie.« Die Sehnsucht nach der verlorenen Mutter – man kann auch vermissen, was man nie hatte – schien in Babe Erlösung zu finden. »Sie hat nur einen Fehler«, schrieb Capote verklärt über seine Babe, »sie ist vollkommen. Davon abgesehen ist sie vollkommen.«

Die Makellosigkeit bekam, wie man weiß, einen scheußlichen Kratzer, als sich seine Muttergeschichte wiederholte, in doppelter Tragik. Babe stieß ihn in sein altes Sohn-Dilemma zurück: in seine alte Kinderangst. Wie ein Findelkind, das für eine gewisse Zeit Unterschlupf findet und nach einer Phase wunderbarer Sicherheit unvermittelt zum zweiten Mal ausgesetzt wird, zurück ins einsame Elend.

Kate sah Truman viel um Babe Paley weinen. Denn

so wie Truman zu Kates Ersatzvater wurde, hatte Truman gemeint, in Babe seine Wahlmutter gefunden zu haben. Doch dann erfuhr er von der nunmehr wichtigsten Frau in seinem Leben abermals Kälte und Zurückweisung. Truman kam nicht darüber hinweg, von Babe, wie zuvor von seiner Mutter, in seinem ganzen Wesen, in all dem, was ihn elementar ausmachte, ungesehen zu bleiben. Verheerender noch, negiert.

Er verwand nie, vermutet Kate, dass er Babe vor ihrem Krebstod nie mehr sprach. Er hatte Schönheit und Stil überbewertet, beides fälschlich auf menschlichen Anstand hochgerechnet. Und seinen Fehler zu spät erkannt. Seitdem hatte er für diese Frauen, seine einstigen »Schwäne«, keinerlei Achtung mehr.

Häufig jammerte er, er sei nie das Maskottchen am Rockzipfel der Superreichen gewesen, er habe ihnen allen niemals etwas vorgemacht – und sie deswegen gar nicht *verraten* können. »Was haben sie denn erwartet? Ich bin immer Schriftsteller gewesen, nie ihr Hoffnarr: Ich beobachte andauernd.«

In *Der Thanksgiving-Gast* nötigt Sook Truman, ihren Buddy, »den gemeinsten Jungen der Schule«, Odd Henderson, zu ihrem Thanksgiving-Festmahl in der Familie einzuladen. Obzwar sich Buddy scheinbar fügt, wittert er seine Chance, Odd Henderson eins auszuwischen (und ihn frühere Schmähungen büßen zu lassen): Als der aus dem Badezimmer der Faulks eine Kamee-Brosche aus Sooks Schmuckkästchen stiehlt, stellt Truman den Dieb vor versammelter Tafel bloß. Doch anstatt dafür belobigt zu werden, ihn überführt zu haben, ergreift Sook für den Dieb Partei. Zu Trumans Bestürzung deckt Sook, seine beste Freundin, Odd Henderson nicht nur; sie bezichtigt ihren Buddy später sogar der weit größeren Niederträchtigkeit.

Damit erteilt sie ihm eine besondere moralische Lektion. In der Geschichte heißt es: »Während ich aß, legte Miss Sook den Arm um meine Schultern. ›Ich möchte nur das eine sagen, Buddy. Aus zweimal Unrecht wird niemals Recht. Es war Unrecht von ihm, die Kamee zu nehmen. Aber wir wissen nicht, warum er sie genommen hat. Vielleicht wollte er sie ja gar nicht behalten. Wie dem auch sei, es war bestimmt nicht vorher geplant. Und darum ist das, was du getan hast, viel schlimmer. Du hast geplant, ihn bloßzustellen. Das war vorsätzlich. Hör mir jetzt gut zu, Buddy: Es gibt nur eine einzige unverzeihliche Sünde – vorsätzliche Grausamkeit. Alles andere kann man verzeihen. Aber das nie. Verstehst du, was ich sage, Buddy?‹

Ich verstand es so halb, aber das Leben hat mich gelehrt, dass sie recht hatte.«

Hatte Capote diese Wahrheit, die Sook ihm mit der Ätznadel in sein Gedächtnis gravieren wollte, bis 1967, ein Jahr nach seinem Welterfolg *Kaltblütig*, vergessen? Genau daran, an *vorsätzlicher Grausamkeit*, machte er sich mit der Publikation von *La Côte Basque, 1965* laut Babe Paley, Gloria Vanderbilt und Konsorten schuldig.

Es stimmt: Er richtete den Spot auf die absoluten Lichtgestalten des schmucken Geschehens – und wendete es von Herrlichkeit in Verderbtheit. Zu verführerisch intim kannte er die Sehnsüchte und Ängste seiner »Schwäne« aus erster Hand, zu welchen auch die ständige Angst gehörte, für den Ehemann immer jung bleiben zu müssen, wollte man nicht gegen eine Jüngere ausgetauscht werden.

Babe selbst hatte Truman ihr Leid geklagt, ihre Augen vor den unzähligen Affären ihres Gatten fest verschließen zu müssen, sollte nicht ihre gesamte Luxusexistenz durch Scheidung auf dem Spiel stehen. Bill Paley scherte es anscheinend nicht im Geringsten, ob seine vielen Techtelmechtel seine Frau angriffen – vielleicht war er sogar froh, dass ein schwuler Mann, und kein Konkurrent, ihr Seelentröster war und er sich mit ihrem ehelichen Unglück nicht auseinandersetzen musste.

Deswegen trichterte Truman Kate kurz vor seinem Tod ein, niemals einen Mann von dessen Kaliber zu heiraten – mit solchen dürfe sie seinethalben *flings* haben, aber sich niemals zu einem solchen Abhängigkeitsverhältnis, wie es Babes goldener Ehekäfig war, hinreißen lassen.

Es gibt Capote-Experten wie sein Biograf Gerald Clarke, die sagen, er habe mit der Publikation von *La Côte Basque, 1965* Babe rächen wollen – indem er ihren Mann, den CBS-Boss, als notorischen Fremdgänger verunglimpfte, der sich als Jude in die WASP-Kreise hochzuschlafen versucht, als er mit einer unansehnlichen Protestantin ins Bett steigt.

Mehrere Stunden lang habe ich mir auf die Zunge gebissen, um nicht mit der Tür ins Haus zu fallen und sie auf *Erhörte Gebete* anzusprechen, nun muss es einfach sein.

»Glauben Sie, er hat *Erhörte Gebete* fertig geschrieben?«

»Ich bin ganz sicher, dass er mehr geschrieben hat als das, was posthum im Buch erschien, mehr als die drei Kapitel aus dem *Esquire*. Immer wieder habe ich mit eigenen Augen gesehen, dass er daran arbeitete, in seinen luziden Phasen war er sehr produktiv. Er las mir zwar nie daraus vor, aber einmal feixte er nach dem Schreiben, oh, là, là, diese Bombe wird schön rumsen!«

»Wo ist es dann, das restliche Manuskript?«

»Ich kann mir vorstellen, dass er Teile im Delirium verloren hat. Vernichtet hat er es ganz bestimmt nicht. Es ist tragisch. Wie schön wäre es, wenn Sie es finden würden!«

Ganz meine Absicht.

»Wann kehrte sich Ihr Verhältnis um: dass er von Ihrem Beschützer zu Ihrem Schützling wurde?«

»Wir haben langsam eine große Liebe füreinander entwickelt. Das kam mir nicht seltsam vor, es war eine natürliche Entwicklung, weil ich eine fürsorgliche Natur bin.«

Bereitwillig schlägt sie das unerbittliche Schlusskapitel vor mir auf, jenes, in dem er in seiner »dark madness« versank. Eingeleitet worden sei das vom Suizid seiner Mutter, Monate vor seinem dreißigsten Geburtstag. Es ging mit dem Verlust von Babe weiter und mit der Hinrichtung von Perry Smith und Richard Hickock zu Ende. Als Romancier hatte deren Exekution einen Schlusspunkt gesetzt, wie er ihn sich für sein Buch nicht besser hätte ausdenken können. Als Mensch war diese für ihn ein Desaster.

Kate besuchte ihn während seiner mehrmonatigen Aufenthalte im Silver Hill Rehab, der Entzugsklinik in Connecticut, oder im Hazeldon oder Smithers, in einer dieser luxuriös verkleideten Vorhöllen eines jeden Süchtigen, aber selbst dort, in seiner absoluten Senke, konnte das Gelächter ab und an in ihm detonieren – und natürlich nutzte er auch hier noch die Gelegenheit, seine Mitinsassen zu studieren.

»Sogar betrunken war Truman *adorable*, ein herumalberndes, über die Stränge schlagendes großes Kind. Wir schauten uns fünfmal hintereinander sein damaliges Lieblingsmusical *Pippin* an. Er blieb selbstironisch und voller Mätzchen; nur selten zog er in einem ätzenden Sarkasmus über jene Leute her, die ihn schmählich verstoßen hatten.«

»Mich irritiert, dass es Fotos gibt, mitunter aus ein und demselben Jahr, auf denen er mal völlig hinüber aussieht, dann wieder schmal und fit.«

»Das liegt an dem raschen Auf und Ab, das er durchmachte. Die Phasen wechselten zwischen Vollrausch und Gesundheitskur. Immer wieder strengte er sich an, gesund zu werden: *clean*. Das ging ungefähr vier Monate gut, in denen er abnahm und sich gut ernährte und morgens zu *I Will Survive* Gymnastikübungen machte. Vor allem wie ein Verrückter schrieb – ich sah die Seiten mit eigenen Augen –, dann geriet er das nächste Mal aus der Spur. Dann war ihm alles zu viel, zu grell, zu laut. Er konnte nicht schlafen und hatte schwere Angstattacken. Igelte sich mit seinem Waffendepot an Pillen im Dunkel seines Zimmers ein, in seinem inneren Waisentum. In Reichweite hatte er Seconal, Valium und Tuinal. Das ist dreimal so stark wie Valium, und dennoch brauche er täglich 25 von denen, sagte er mir. Seine Tablettenabhängigkeit war noch schlimmer als die vom Alkohol, es zerriss mir jedes Mal das Herz, ihn so verloren zu sehen. Eines Tages kam er in mein

Zimmer und gab mir eine große Flasche Pillen: Nimm die, sagte er, und gib sie mir nicht, auch wenn ich drum betteln sollte! Ich nickte und schob sie unter mein Kopfkissen. Nachts gegen drei kam er rein und flehte mich an, die Pillen rauszurücken, und ich wehrte mich verzweifelt und schrie, du hast selbst gesagt, ich soll sie dir auf keinen Fall geben – natürlich gab ich sie ihm irgendwann doch. Weil er so aufgelöst war, so deprimiert. Es war himmeltraurig anzusehen. Aber ich kannte das von meinem Dad, ich war an Alkoholiker und ihre Ausfälle gewöhnt, und Truman war mir sehr nah – umso mehr fürchtete ich mich davor, auch ihn zu verlieren.«

Manchmal verschwand Truman für Tage. (Vielleicht steuerte er da seinen Buick Riviera über die Highways und Landstraßen; er war ein leidenschaftlicher Autofahrer. Sagte mal, er empfinde tagelanges Herumkurven als beste Therapie bei akutem Kummer.) Kate wusste nicht, wo er war und in welchem Zustand. Vermisste ihn und sorgte sich um ihn, bis sein erlösender Anruf kam, es gehe ihm wieder gut.

Sie bildeten eine skurrile Einheit, umhüllt von einer schützenden Membran, die dünner und dünner zu werden drohte. Deren Haut jederzeit einreißen könnte, derartig porös würde, dass sie sich vollends auflöste.

»Truman hatte eine Bulldogge, Maggie, bestimmt an die sechzehn Jahre lang. Als Maggie starb, weinte und weinte er, es war grauenhaft. Ich durfte nicht mal ihren Namen erwähnen – er fuhr mich an: ›Lass uns nicht über sie reden, it's too much!‹«

Ein Mann, der mit immer neuen Verlustrechnungen fertig-
werden muss, falls er sein Leben nicht als Nullsummen-
spiel beenden will. Dem die Kräfte dafür aber merklich
schwinden. Und eine von Hause aus traumatisierte Tochter, die aufs Neue die Hoffnung schöpft, die Katastrophe
noch abwenden zu können. Die sich verantwortlich fühlt
und in einer Waisenlogik denkt: Wenn man nur genug
liebt, werden alle Wunden heilen.

»Einmal, daran erinnere ich mich, sagte ich zu ihm: ›Warum kannst du nicht mit dem Trinken aufhören? Ich liebe
dich!‹ Und er seufzte: ›Nein, Darling, das reicht nicht. Ich
weiß, dass du das jetzt noch nicht verstehen kannst, aber
das wirst du, wenn du älter bist. Für manche von uns ist
das Gleißen des Lebens zu mächtig.‹«

Mittlerweile – heute ist sie schließlich in seinem damaligen Alter – lässt sie ihr Leben Revue passieren. Dann
kommt sie nicht drumrum, sich zu fragen, ob Truman stolz
auf sie wäre.

Und, frage ich sie. Sie schnaubt leise, ja, ich hoffe es.
Und ja, ich glaube, er würde mein Leben, wie es auf unser
gemeinsames folgte, mögen und verstehen.

Es dauerte, bis sie sich ihrer selbst sicher war. Nach
einem guten Jahr gab sie das Modeln auf, weil sie es nicht
mit sich in Deckung brachte, und suchte sich auf eigene
Faust einen Job, ohne Trumans Vitamin B. Sie ergatterte
einen als Sekretärin bei *Town and Country*, einem Glanz-
magazin, das Truman mochte, und ihr neuer Chef schickte
sie, um ihr eine Freude zu bereiten, zu einem Paloma-
Picasso-Parfum-Launch. Dort traf sie auf Andy Warhol
und dessen Manager Fred Hughes, und als Warhol Kates

Verbindung zu Truman spitzbekam, ließ er ihr tags darauf Blumen bringen und lud sie zu seinen Mittwoch-Lunches in seine Factory ein, wo sich die interessantesten Gestalten tummelten. Vier Wochen nacheinander ging Kate hin, und ihr Chef fragte sie anschließend freundlich pikiert, was bloß an ihm verkehrt sei, seine Sekretärin gehe zu Warhol mittagessen, und er sitze in seiner Pause im Büro.

Truman verheimlichte sie ihre Bekanntschaft mit Warhol; sie war überzeugt, er würde sie umbringen, erführe er davon.

Bald darauf rief Hughes sie an und bot ihr eine Stelle als feste Stylistin bei *Interview* an. Sie sagte, sie wisse nicht mal, was das sei, eine Stylistin – worauf er sagte, du musst Kleider für Shootings zusammentragen, und du hast einen guten Geschmack, das kriegst du schon hin.

Sie sagte ab, aus Angst vor Trumans Missbilligung, aber als Truman über Weihnachten nach Palm Springs flog und sie an einem Festtag allein am Fenster in der Wohnung saß, bilanzierte sie: Ich bin neunzehn, und wenn ich das jetzt nicht mache, wann dann? Also erkundigte sie sich bei Hughes, ob der Job noch zu haben sei – sie würde es sich nun zutrauen. »Und ich schloss meine Augen und sprang.«

Fünf Jahre arbeitete sie für Warhol, für einen Hungerlohn, für 175 Dollar die Woche, sagt sie, denn so kaufsüchtig er auch gewesen sei, er war wahnsinnig geizig. Längst vielfacher Millionär schimpfte er mit ihr und den anderen Angestellten, sie hätten zu viel Klebeband benutzt. Trotzdem erwies sich ihre Entscheidung als die richtige: Sie übernahm zusätzlich das Bild-Department des Magazins und lernte in der Zusammenarbeit mit großen Fotografen alles für ihre kommenden fünfunddreißig Berufsjahre. Ihr eigenes Auge entwickelt zu haben – das bescheinigte ihr sogar Truman, nachdem er Kates Portfolio angeschaut hatte.

Sie zog aus, in ein kleines Loft. Truman kam weiterhin bei ihr vorbei und machte seine Faxen. Nun begann er seinen Fahrplan für ihre Zukunft noch auszubauen; Kate kam es mehr und mehr vor, als habe er gewusst, dass es mit ihm zu Ende ging. So drang er etwa darauf, dass sie bei Warhol kündigte.

»Warum, fragte ich ihn. Und er antwortete: ›Andy umgibt sich mit lauter Would-be-Talents und Broken-Wing-Birds – and you deserve to fly!‹«

Ihre Stimme ist belegt, als sie von ihrem allerletzten Abend mit Truman erzählt. Erinnert mich an jemanden, der die Nase in die Armbeuge senkt, um wider besseres Wissen noch eines Hauchs des verflogenen Duftes gewahr werden zu können. Hätte sie doch nur gewusst – oder nein, im Grunde wusste sie es.

»Wir gingen einmal in der Woche miteinander abendessen, Truman und ich. Deshalb fand ich einiges seltsam an ihm, als ich ihn zum letzten Mal sah. Zum Beispiel, dass er mich zwei Abende hintereinander ausführen wollte: am zweiten in den Jockey Club, Central Park South. Ich habe diese Nacht haarscharf in Erinnerung behalten: Es war im Juli, kurz bevor Truman nach Los Angeles fliegen wollte, und wir hatten angefangen, uns im großen Stil Gedanken über die Planung für seinen Sechzigsten zu machen. Sein Reden hatte eine sonderbare Eindringlichkeit, seine Ratschläge etwas Endgültiges. Er sagte mir, du wirst immer darauf zählen können, dass dich jeder mag. Selbst die hartleibigsten Typen, denen ich dich vorgestellt habe, mochten dich. Und als er im Taxi saß und ich ihn fragte, wann er aus L. A. zurückkehre, sagte er nicht wie sonst, spätestens in zehn Tagen, du weißt ja, länger halte ich es da nicht aus. Sondern: ›Ich weiß es nicht. *But no matter what: I always love you.*‹ Das Taxi fuhr davon, und ich entsinne mich, dass mich die Ahnung durchzuckte, ich werde ihn nie wiedersehen.«

Von Trumans Tod im August erfährt sie durch die Zeitung, sie ist bei einer Hochzeit in Minnesota, und die Brautmutter tippt auf die Schlagzeile in der *Chicago Tribune*. Kate schweigt erschüttert.

Bewegungslos vor Trauer vermag sie nicht, auch nur einmal noch in sein Apartment zu gehen, obwohl sie nach wie vor ihren Schlüssel besitzt. Dann mischt sich Zorn in ihre Tränen.

Joanne Carson organisiert Trumans Beerdigung in Los Angeles, in der Stadt, die Truman hasste. Kate verzichtet darauf, hinzugehen – sie hält Joanne für ein Scheusal, seitdem ihr deren Rivalität aufgegangen ist.

Zu diesem Schluss gelangte Kate an einem Nachmittag in Joannes Haus in Bel Air, an dem Truman alle seine Bücher als Erstausgaben kaufte und anschließend jedes einzelne mit einer seiner feinnervigen Widmungen versah: für Kate. – Eben nicht für Joanne. Das verletzte Joanne, sagt Kate; und aus Eifersucht riss sie sich Kates Truman-Bücher unter den Nagel und rückte sie nie wieder heraus. Es triezt Kate bis heute, der böse Akt an sich.

Später vermachte ihr Alan U. Schwartz Trumans Bibliothek aus dem japanrot lackierten Zimmer seines Apartments – ich glaube, Truman hätte das so gewollt, schrieb er ihr dazu. Kate hat auch Trumans Kasten mit den aufgespießten Schmetterlingen geerbt; »er mochte Schmetterlinge sehr!«, und ich sage, das hätte ich mir schon gedacht, weil ich mal gezählt habe, wie häufig Schmetterlingsmetaphern in seinen Erzählungen auftauchen.[8]

Von Trumans Beerdigung ließ sie sich berichten: Walter Matthau und seine Frau, mit denen sie bis heute gut befreundet ist, waren da. Jack Lemmon und Ehefrau. Alan soll eine liebevolle Ansprache gehalten und Joanne sich wie Trumans Witwe aufgeführt haben – deshalb konnte Kate nicht überraschen, dass Joanne 2006, wahrscheinlich wegen finanzieller Schwierigkeiten, Trumans letzte private Besitztümer versteigern ließ. Sie sei *grabby* gewesen, raffgierig. Trotzdem sei Truman Joanne immer ein guter Freund gewesen; sie kannten sich aus der Zeit, als Joanne mit ihrem damaligen Mann, dem Talkshow-Moderator Johnny Carson, ein paar Etagen über ihm im UN Plaza wohnte. Carson, ebenfalls Alkoholiker, habe Joanne schikaniert und sie sich öfter in Trumans Arme geflüchtet.

Seit Kate erwachsen ist, empfindet sie für Joanne ein gewisses Wohlwollen – schon weil nach Trumans Tod einige sagten, sie hätte bewusst zugewartet, bevor sie den Notarztwagen rief. Gleichzeitig tröstet Kate der Gedanke, dass Truman wirklich nicht mehr wollte. Vielleicht hatte er Joanne gebeten, lass es geschehen.

An ihrem Bedauern, was Truman, ihr *Transformator,* nicht mehr vollenden konnte, ändert es nichts. Das bleibt. Die Gedenkfeier in einem New Yorker Broadway-Theater gab Kate den Rest: Um sie und ihre Mutter herum lungerten all die Krähen, die Truman das Leben vergällt hatten.

---

8 In seinem Gesamtwerk taucht der Schmetterling gut dreißigmal auf, die Schlange als Metapher um die hundertmal.

Ihm nach der Publikation von *La Côte Basque, 1965* den Rücken gekehrt hatten: als Judas gebrandmarkt.

Auf einmal hatten sie sich in Klageweiber verwandelt, die über den Tod ihres Liebsten schluchzten. So viel groteske Scheinheiligkeit auf einem Haufen, das war Kate unerträglich. Trumans tränennassen Ausruf im Ohr – »Was dachten sie: dass ich nur für ihr Plaisir da war?« – ergriff sie Rage. Diese Heuchlerinnen hatten ihren Freund auf dem Gewissen und labten sich nun an seinem Niedergang.

Im Januar darauf kündigte Kate – *grief-struck* – beim *Interview*-Magazin, packte ihre Sachen und flog mit 300 Dollar, die sie sich von einer Freundin geborgt hatte, an die Westküste. Fühlte sich zwar einsam und verlassen in Los Angeles, zugleich erquickend jung: Zur Abwechslung war sie nur noch von vor Ideen schäumenden jungen Leuten umgeben, statt von Trumans altersangstgelifteten Ladys. Und tatsächlich würde sie einen anderen Weg als ein »Schwan« einschlagen, so wie es ihr von Truman geheißen worden war. Sie wurde Style Director bei *Vanity Fair*; Tom Cruises persönliche Stylistin; danach reiste sie über ein Jahrzehnt mit dem Fotografen Herb Ritts um die Welt.

Trumans Tod, sagt sie, habe ihr das Herz gebrochen. Der aber schlug nur die erste Kerbe: Mitte der Achtziger musste Kate einmal pro Woche zu einer Beerdigung; in ihrer Branche starben sie wie die Fliegen. Aids raffte ihre Freunde dahin, und oft dachte sie, mehr ertrage ich nicht.

Wir sind erschöpft. Selbst die beste Freundin hat das lange Anteilnehmen angegriffen. Kate wiederum muss nach ihrem atemlosen Redestrom aufgerieben sein: nach ihren ausführlichen Schilderungen, die ihr die wechselnden Aggregatzustände seines Seelenlebens erneut schmerzhaft gegenwärtig gemacht haben.

Oh ja, der Hut! – rufe ich lauter als gewollt vorm Haus aus, just im Moment, in dem ich ihn erspähe. Auf Kates Holzveranda baumelt ein weißer Männerstrohhut von der Decke, mit einem schwarzen breiten Band um die Krempe. Vor Aufregung japse ich Kate, die mir bereits die Wagentür aufhält, entgegen: Was ist denn das nun wieder für einer? (Ich meine bald den Wald vor lauter Hüten nicht mehr zu sehen.)

Kates Liebes-Tanten-Gesicht hellt sich auf, ein Lichtstrahl gleitet darüber, und sie schmettert zurück, als sei das doch klar wie Kloßbrühe: »Das ist Trumans alter Hut! Ich dachte, es wäre schön, ihn da aufzuhängen, damit ich jedes Mal an ihn denke, wenn ich nach Hause komme.«

Ich grinse, mein Eindruck nach unserem Gespräch sei, sage ich, dass sie nicht die geringste Erinnerungsstütze nötig hat, sofern es um ihren Truman geht. Eigentlich will ich ihr außerdem sagen, dass mir ihr Exmann, obwohl er in ihrem Haushalt bis vor ein paar Jahren eine größere Rolle gespielt haben dürfte, weniger präsent in ihrem Leben vorkommt als der seit Jahrzehnten tote Truman. Und sie fragen, ob ihr aufgefallen sei, dass sie ab und zu im Präsens über Truman gesprochen hat? Etwa »Ich lerne alles von ihm« sagte, als wäre ihr gemeinsamer Lernprozess noch immer nicht abgeschlossen.

Aber dann unterdrücke ich die Bemerkung, weil ich nicht frech oder undankbar scheinen möchte, schon gar nicht nach den vielen Stunden, in denen ich zur Nutznießerin ihrer lebendigen Erinnerung geworden bin.

Im Auto gibt Kate mir zuliebe noch eine Truman-Hut-Geschichte darüber zum Besten, wie unglaublich abergläubisch Truman gewesen ist: Sie habe mal in New York auf ihrem Bett einen Hut liegen lassen, und als er in ihr Zimmer kam, hüpfte er für Minuten wild herum und schrie hysterisch: »Nimm den Hut weg, sofort, sofort, das bringt tausend Jahre Unglück!« »Und das mache ich seitdem bis heute nicht«, beteuert Kate, »aber ein im Wind schaukelnder Hut, dagegen kann Truman ja kaum was haben.«

Nach einem herzlichen Abschied und guten Wünschen für meine weitere Recherche setzt sie mich an der Main Street ab, damit ich wenigstens etwas von den Reizen Sheridans zu sehen bekäme. Ich winke ihr nach und merke auf der Stelle erstaunt, dass ich mich ohne sie komisch *lost* fühle. Kann der *Kate Protector Effect* wirklich schon nach einem halben Tag seine volle Wirkung entfalten?

Ziellos bummle ich die Hauptstraße entlang, durch eine neue Wild-West-Kulisse. An den schmucken Fassaden Schilder von Läden, die »Boot Barn – Western & Work Wear« und »King's Saddlery« heißen und in ihren Schaufenstern das immer gleiche Motiv variieren: Cowboys. In den Auslagen: Cowboy vor Cows in Öl gemalt/Cowboy mit Lasso in Bronze für den Tisch/Cowboy auf dem Zierteller – und Überraschung! Cowboyhüte. Auf der Leuchtreklame der Mint Bar buckelt ein Rodeoreiter (wie auch auf jedem Auto-Kennzeichen von Wyoming). Kate hielt es nach ihrem Umzug hierher für einen Witz, normale Menschen allen Ernstes auf der Straße Cowboyhüte tragen zu sehen.

Ich sage mir, *Mission accomplished*, und als Belohnung darfst du dir ein nettes Souvenir aussuchen. Die blumenbestickten Cowboystiefel sind mir zu teuer, um im Schrank zu verrotten, die hab ich eh seit drei Modedekaden hinter mir. Dafür verlasse ich mit einem schön unnützen Teil das Geschäft, von dem ich nicht weiß, wozu es dient. Eine Art Schweif aus schwarzem Pferdehaar und dunkelroten

Perlen. Ich glaube, aus dem Mountain-West-Akzent des Verkäufers herausgehört zu haben, dass man damit seinen Cowboy-Hut (sic!) schmückt. Auf alle Fälle erweist sich das glatte Ding als Handschmeichler in der Hosentasche, aber zu angenehm darfs ja noch nicht werden, denn nun, nach Geschäftsschluss, muss ich mir überlegen, wie ich einem sehr langen Abend in meinem geschmacklosen Motel-Zwinger entrinne.

Zuerst versuche ich es beim Kino. So tief will ich aber selbst in der Pampa nicht sinken und mir *Transformers: The Last Knight* ansehen (wobei, der Filmtitel *rings a bell*). Dann fällt mein Blick auf den gefakten Art-déco-Bau auf der anderen Straßenseite; hervorragend, das wird mein Abendprogramm: das WYO Theatre.

Die Aufführung beginnt um acht, das heißt, ich habe noch Zeit. Ich frage jemanden nach dem »best restaurant in town« – seine Antwort: Frackelton's. Da man sich bei derlei Angelegenheiten nie auf eine einzelne Empfehlung verlassen sollte, frage ich einen Zweiten, der mir nichts ahnend entgegenschlurft. Seine Antwort: Frackelton's.

Da gibts kein Vertun, wie man in Hamburg sagt; das Frackelton's solls sein. Und bequemerweise sind es in dieser Präriestadt nur Schritte bis zum hiesigen Speiseolymp.

Dort wartet die nächste Überraschung: Ein Schneewittchen führt mich zu meinem Tisch, das die leise Frage wagt: Sind Sie die Reporterin, die meine Mutter interviewt hat? – Nanu, woran hat sie mich erkannt?

Als sie morgens aus dem Haus ging, um zur Arbeit zu fahren, hätte sie mich im Auto sitzen sehen. »Meine Mutter war aufgeregt vor Ihrem Besuch«, sagt sie, und ich blicke auf ihr Namensschild an der Bluse – »Truman« – und in ihr Schneewittchengesicht, in dem ich ihre große

Ähnlichkeit mit der jugendlichen Kate sehe. »Ich war auch aufgeregt«, sage ich. Unterdrücke jedoch die neugierige Frage, wie es für sie ist, einen Jungennamen zu tragen, der solch eine private Vorgeschichte ihrer Mutter in sich birgt – denn was sollte sie antworten?

Stattdessen bestelle ich – *what else?* – einen gigantischen Burger, den ich zum Ausgleich für sein ungesundes Fett ayurvedisch bedächtig, Bissen für Bissen, kaue. Und mir huscht ein angenehm langsamer Gedanke durch den Kopf: Der Sommer ist groß – aber dann huscht er gleich wieder davon, ohne dass er mir etwas bedeuten wird.

Als ich gehe, bitte ich Truman, ihrer Mutter noch mal einen herzlichen Gruß und ein Dankeschön auszurichten; sonderbar, ist mein Besuch erst wenige Stunden her?

Je älter ich werde, desto unzuverlässiger wird mein Zeitgefühl, und vielleicht hat Capote im Alter auch eine andere Zeitrechnung empfunden. Vielleicht wäre es angebracht, angesichts von Capotes Hoch und Runter wie bei Hundejahren mit sieben zu multiplizieren, weil seine Extremerfahrungen die Lebensstrecken durchschnittlicher Mittfünfziger gesprengt haben dürften. Oder hatte er in dieser Hinsicht mehr gemein mit einer Katze? Sieben Leben? Nach seinem *Kaltblütig*-Triumphzug sprang er dem Tod öfter von der Schippe: Er überstand Krebs, Lungenembolien, Darmdivertikel, Prostataprobleme; sein Suizid erfolgte in den Tranchen unzähliger Tablettendosen.

Könnte sein, überlege ich, dass er Kate, diesen blühenden Teenager, mit jenem melancholischen Blick bedachte, den Greise zuweilen auf ein Baby im Kinderwagen werfen: sie am Endpunkt, die Schuhe voll Schlamm vom weiten Weg, und da dieses unschuldige Mädchen, mit den Füßen noch im Morgentau? Das im Unterschied zu ihnen noch alles vor sich hatte. Und wäre er hundert geworden, wäre er heute ein weiser, alter Mann? Oder ein wirrer Kindskopf? Oder ein alternder Schwuler, der sich an der Erinnerung festkrallt, sehr lange ein junger Faun gewesen zu sein: für jedes Geschlecht auf seine Art anziehend?

Capote klagte mal: »Gott, ich bin sechsundzwanzig. Ich wollte doch immer fünfundzwanzig bleiben.« Es bedarf nicht allzu viel Fantasie, um ihn sich als Wiedergänger von sagenhaften Jungs wie Huckleberry Finn oder Peter Pan auszumalen, die immer Jungenseelen bleiben.[9]

Kommt wie gerufen, dass im WYO Theater ausgerechnet *Peter Pan* aufgeführt wird. Ich bin die Einzige im Publikum, die mit keinem der Schauspieler und Schauspielerinnen verwandt ist. Es ist die Inszenierung einer vierten Klasse. Die macht ihre Sache so toll, dass ich besten Gewissens in den Applaus und das Johlen ihrer Familien einstimme. *Standing Ovations* allerdings scheinen in Sheridan unbekannt zu sein (aber das wäre vermutlich auch mit meiner norddeutschen Nüchternheit kollidiert). Eine amerikanische Lektion habe ich hier dafür gelernt: Weiß jetzt, wie ich es in diesem Landstrich anstellen muss, damit mich jemand nach Hause reitet.

Beherzt spreche ich eine Mutter an: Ob sie zufällig in Richtung des Mill Inn fahre? Kein Problem, sagt sie, wir müssen nur auf meine Kinder warten, die sich noch in der Bühnengarderobe umziehen. Und da kommen sie schon, ihre Kostüme zerknüllt unter den Armen, dicke Schminke im Gesicht.

---

9 Ersterer schien es ihm nachweislich angetan zu haben; in einem seiner Notizbücher gibt es den Vermerk, dass er dem (Anti-) Held in *Erhörte Gebete* P. B. Jones anfangs den Namen P. B. Finn – »Huck« Finn gab.

Als ich mich in dieser Nacht schlafen lege, wirbeln mir der doppelte Truman, Peter Pan, Kate und Wendy und ein paar launige Hüte durchs müde Hirn, und das gefällt ihm als Abschluss eines reichen Tages ziemlich gut – und mir die detektivische Intuition, dass ich mal ein bisschen aufatmen kann. Sowieso, ich bin ja noch ganz am Anfang; der Sommer ist groß.

DER LETZTE SEINER ART
GORDON LISH

Zurück in New York wird es mit märchenhaften Figuren weitergehen.

Gordon Lish hat mich gebeten, im Starbucks an der 96th Street/Madison Avenue, einen Block von seiner Wohnung entfernt, einen Tisch zu reservieren, damit wir in Ruhe reden können.

Starbucks nimmt keine Reservierungen an, deshalb postiere ich mich am Eingang der überschaubaren Filiale, eine halbe Stunde vor unserer Verabredung, um uns einen Tisch zu sichern.

Draußen eine schwüle Hitze, New York ein Backofen, umso froher bin ich über die Klimaanlage. An einem der kleinen Tische rechts von mir sitzt ein komischer Kauz mit einer Mixtur aus Angler- und Rangerhut auf dem Kopf, von dem zwei lange Fasanenfedern in den Raum ragen. Unter dem Hut lugen weiße Fusselhaare hervor, zu einem dürftigen Mäuseschwanz gebunden. Er liest.

Ich werfe einen prüfenden Blick auf seine Hände: Die sind auffallend klein und gesprenkelt mit dunklen Altersflecken, aber keinesfalls schuppig wie bei einem Reptil. Lish soll seit seiner Kindheit von extremer Psoriasis gepeinigt sein, deshalb oft verspottet von seinen Mitschülern.

Allerdings, warum sollte er ebenfalls eine halbe Stunde zu früh aufkreuzen?

Ist das jetzt Lish oder nicht? Wahrscheinlich nur einer unter vielen schrulligen New Yorkern. Erneuter Abgleich mit den Fotos aus dem Internet: nee, zu wunderliche Ausstrahlung, verglichen mit dem Lebemann, dessen rüde gutes Aussehen etwas Ehrfurcht gebietendes hat. Dem nicht wenige Menschen in seiner Branche nachsagen, ein ziemliches Ekelpaket zu sein. Vom Alter käme es aber hin, er ist weit über achtzig.

Zu alt offenbar, um sich mit einem eigenen Mailaccount rumschlagen zu wollen. Ich hatte von Zürich aus mit einer Frau kommuniziert, die in einem mir unklaren Verhältnis zu Lish steht, weder seine Ehefrau noch Assistentin ist. Er ist, wenn ich das richtig kapiert habe, stets nicht nur ein *homme de lettres* gewesen, auch ein *homme des femmes*, und bei dem Charakterkopf auf den Fotos zweifle ich das keine Sekunde an.

Sein Sohn Atticus wurde von der Kritik unlängst als bedeutende neue Autorenstimme gepriesen. Stell ich mir nicht eben leicht vor, einen Roman vorzulegen, wenn man der Sohn des wahrscheinlich bekanntesten Lektors der westlichen Hemisphäre ist. Außerdem hat er die Säulenheiligen der zeitgenössischen Literatur – Philip Roth, Jonathan Franzen, Paul Auster – in harschen Worten als Nichtskönner abgekanzelt und über Jahrzehnte in Yale, an der Columbia und der NYU das Schreiben gelehrt. Seine Seminare haben es sogar bis in Werke seiner Studenten geschafft, kurz, die Latte lag für Atticus Lish außergewöhnlich hoch.

In einem zwei Jahre vor unserem Treffen erschienenen *Guardian*-Interview (bebildert mit einem nicht gerade brandaktuellen Porträt von 1987) hatte Gordon Lish gesagt, er würde es nicht als Beleidigung auffassen, wenn man ihn als Autisten bezeichnen würde. Er habe keinerlei Interesse an anderen Menschen, abgesehen von seinen Nächsten – nicht mal Interesse an seinem eigenen Innenleben. Daher habe er sich nie, trotz seiner eigenen Prosa-Veröffentlichungen, als Schriftsteller verstanden. Es fehle ihm an Besonderheit, an Exzellenz, um sich als Künstler zu empfinden. Vor allem aber mangle es ihm an der Hauptvoraussetzung – denn wolle man die Welt mit Erhabenem beglücken, müsse man sich für diese Welt ernsthaft interessieren.

Holymoly, was für eine Ansage: Mir kommt das, nachdem Kate betont hat, wie rasend sich Truman für Menschen interessierte, für einen literarischen Schöngeist wie Gordon Lish beinahe abstrus vor.

Hier bin ich, wieder schändliche Schmarotzerin an einer fremden Vergangenheit. Er soll mir erzählen, wie er 1975 als *Esquire*-Belletristik-Redakteur Capote ein Kapitel aus *Erhörte Gebete* aus den Rippen leierte. Lish ist selbst in die Literaturlexika eingegangen, eine Legende unter seinesgleichen. Er habe Raymond Carver zu dem Autor gemacht, als der er berühmt wurde. Erst durch Lishs großzügige editorischen Streichungen habe er den Carver-Minimalismus geschaffen. Es ist noch nicht lange her, dass in der Branche deswegen heftige Kontroversen um ihn entbrannt sind: Carvers Witwe machte ihn zum Buhmann, indem sie die zwei Versionen einer Erzählung – vor und nach Lishs drastischen Kürzungen – veröffentlichte. Sogar Stephen King mischte sich ein und bezichtigte Lish des Betrugs an Carver: Während seiner Zeit als Sprachgott beim New Yorker Knopf Verlag sei Lish übers Ziel hinausgeschossen, indem er Carver die Hälfte jeder geschriebenen Seite wegstrich. (Don DeLillo dagegen ließ sich das nicht von Lish gefallen; hätte sich Carver nicht ebenso wehren können?)[10]

Geschenkt. Was aber hat es damit auf sich, dass Lish 1983 seinem eigenen Romandebüt den Titel *Dear Mr Capote* gab? Nach allem, was ich über ihn las, scheint er zu Schabernack aufgelegt: Im Februar 1977 publizierte der *Esquire*, sein damaliger Arbeitgeber, zum ersten Mal eine Short Story, ohne den Autor preiszugeben. *For Rupert – with no promises* wurde dem damals schon abgetauchten J. D. Salinger zugeschrieben. In Wahrheit steckte Lish hinter der Parodie.

Ein Stuhl fällt krachend um; im Reflex springe ich hin, um ihn aufzustellen. Doch Lish oder Nicht-Lish drängelt mich sanft zur Seite und stellt den Stuhl selber wieder auf. Jetzt erst sehe ich die Verpackung des Kobolds, der bei 33 Grad draußen vor der Tür dem Ausdruck Exzentrik eine neue Note zufügt: Er trägt Breeches, deren Hosenbeine er an den Knien in schwarze Gummistiefel mit gelben schmutzverschmierten Kappen gestopft hat. Ein helles Hemd und darüber eine gewachste Barbour-Weste mit etlichen Taschen.

Als er mich sieht, setzt er den Hut ab, legt ihn auf die Bank neben sich und fragt: »Are you German?« Als ich bejahe, bestimmt er in angenehm sonorem Ton: »Call me Gordon!«

Sein eigentlicher Gesprächsauftakt wird in der Anschlussfrage bestehen, was ich für meine Limonade gezahlt habe – 4 Dollar 30.

---

10 Anscheinend sah er keinen Anlass für Widerstand. Carver schrieb Lish vor seinem Tod: »If I have any standing or reputation or credibility in the world, I owe it to you.« Seinen großen Ruf als Autor verdanke er ihm.

Eine Unverschämtheit, empört er sich, dafür bekäme man ja zwei Tüten Milch – ein grässlicher Laden, wieso hatte ich den bloß vorgeschlagen? Ach ja, aus Bequemlichkeit, weil ich nur ein paar Meter entfernt wohne.

Trotz der paar Tischchen ist es lärmig, und Lish fürchtet, seine Schwerhörigkeit könnte uns einen Strich durch die Rechnung machen – doch wir werden das Beste draus machen in den nächsten drei Stunden.

»Hoffentlich sind Sie vorgewarnt, dass ich alles über Ihre Begegnung mit Truman Capote erfahren möchte. Sie haben die gesamte Garde der Großen kennengelernt – viele von ihnen groß gemacht.«

»War erst mal Zufall. Ich bin von der High School geflogen, nach einer Auseinandersetzung mit einem antisemitischen Mitschüler. Habe früh geheiratet, hatte fünfzig Dollar in der Tasche, meine Frau Frances war mit unserem zweiten Kind schwanger – und ich musste zügig an Geld rankommen. Ich machte alles Mögliche, anfangs arbeitete ich fürs Radio. Und meine Frau, die ein wenig älter war als ich und ungleich vernünftiger, überredete mich dazu, mich an der University of Arizona einzuschreiben. Ich studierte Englisch und Deutsch, ohne den High-School-Abschluss zu haben, und nach zwei Jahren schloss ich das Studium ab. Fing als Dozent an, aber das dauerte nicht lange. Wissen Sie was, ich bin immer und überall gefeuert worden, aus jedem seriösen Job, und jedes Mal geräuschvoll.«

»Sind Sie denn ein schlechter Teamplayer?«

»Glaube nicht. Meine Studenten protestierten gegen meine Kündigung – später erfuhr ich von einem, er habe meinetwegen an der Uni extra eine Demonstration organisiert. J. Craig Venter, ein extrem wichtiger Chemiker, der die Schöpfung am Computer nachvollzog.«

»*Wow,* der Venter, der als Erster das gesamte menschliche Genom sequenzierte, das war Ihr Student?«

»Anscheinend, ich konnte mich an den gar nicht erinnern, was ihn schwer beleidigte. Ich war so dumm, mich auf die Mädchen in den Kursen zu konzentrieren. Aber halt, bin ich damals mangels Eignung rausgeflogen? Ich konnte mir ja keinen Rausschmiss leisten, mit Kind und einer Frau, die nicht arbeitete. Ich schätze, ich war schlicht unvernünftig genug, die Konsequenzen außer Acht zu lassen, die meine sehr eingefleischten Überzeugungen haben konnten.«

»Sie saßen ohne Job da.«

»Ganz genau, und wir stiegen in unsere alte Klapperkiste, meine Frau im siebten Monat und mit gebrochenem Arm und mit lauter Zweifeln an ihrem Mann. Unser Ziel war San Francisco. Davor hatte ich mit großem Enthusiasmus *On the Road* von Jack Kerouac gelesen. Wurde ein Fan von ihm, so wie ich schon länger einer von Salinger war – und ich dachte, das von Kerouac im Buch beschworene North Beach sei wirklich ein Strand, an dem sich die Beatniks amüsierten. Fehlanzeige: stattdessen normale Straßen. In den ersten Tagen nach unserer Ankunft lief ich, meine Tochter Jennifer auf den Schultern, kreuz und quer durchs Viertel und fragte wie ein Bekloppter nach Dean

Moriarty – und wenn er gerade nicht da sei, ob er erwartet würde, und wenn, wann.«

Er verschüttet das Kakaopulver, das er sich eigens für seinen Kaffee geholt hat, putzt es behutsam mit seiner Serviette von der Tischplatte, als hätte er seit damals die Nase voll von Spelunken.

»Sie haben den Geist der *Beat Generation* voll mitgekriegt?«

»Ja, aber wir blieben nicht lange in North Beach hängen. Ein Truckfahrer namens Larry Lish – die Namensverwandtschaft schien mir damals ein gutes Zeichen zu sein, bis ich später noch auf einige Lishs traf – bot an, uns mitzunehmen, nach Sausalito auf der anderen Seite der Golden Gate Bridge. Und da es es in dieser Gegend von San Francisco sehr kalt und neblig sein konnte und drüben in Sausalito ein wärmeres, wunderbares Klima herrschte, viel besser auch für meine Haut, überlegten wir nicht lange. Dort ließ es sich prima leben. Viele Beatniks wohnten auf Hausbooten, und da wir niemanden kannten und kein Geld hatten, entwickelten sich die Dinge prächtig. Man fand schnell einen Job in San Francisco, und ich wuchs in etwas hinein, was Ähnlichkeit mit einer Community hatte. So traf ich Ken Kesey. Sagt der Ihnen überhaupt noch was?«

»Ja. Auch wenn ich gestehen muss, nur wegen der Verfilmung von *Einer flog übers Kuckucksnest*. Der Indianer hat bei mir zu Teenagerzeiten einen Rieseneindruck hinterlassen: wie er zum Schluss das Waschbecken mit blanken

Händen aus der Wand reißt. Aber vielleicht habe ich die Szene falsch im Kopf, ist schon eine Weile her.«

»Ich habe mich mit Ken angefreundet – auch weil ich während der Schulzeit im Wrestling-Team war – und Ken war ein preisgekrönter Wrestler an der Oregon University. *Anyway*, es gab eine Straße, Perry Lane, die war gespickt mit Schreibern, und auf einmal fand ich mich, Schlag auf Schlag, in der Gründung dreier Literaturmagazine wieder: *Chrysalis Review*, danach *Genesis West* und *Per Se*. In dem Kontext begegnete ich einige Zeit danach Carver.«

Es folgt der eine oder andere Exkurs zu vergessenen Schrift-stellern. Einer von ihnen erhielt den »Harper's Prize in first novels« (eine mir unbekannte Auszeichnung, von der ich glaube, nur die Namensgeberin zu kennen, nämlich Capotes Kindheitsfreundin Harper Lee, die berühmteste aller Nachtigallen). Einer der Preisgekrönten, vielleicht derselbe Autor, hatte einen Vater, der einer Lepra-Kolonie in Indien vorstand, und einer, vielleicht wieder derselbe, bekam mit seiner Frau ein behindertes Kind, an dem Ja-ckie Kennedy interessiert war … hä, was soll das Ominö-ses heißen? Wollte sie es adoptieren? Und fragte ich wegen meines Tunnelblicks nicht nach, an dessen Ende ich den hellen Lichtschein von Capote auszumachen versuchte?

Während ich mich innerlich schelte, rügt sich Lish selbst der Abschweifung.

»Wo waren wir, oh, Capote … über den wollen Sie ja mit mir reden.«

»Wenn Sie es sagen. Wann fiel Ihnen Capote auf?«

»Entsinne ich mich recht, dann war *Miriam* der einzige seiner Texte, der meine Aufmerksamkeit je erregte.«

»Das war eine seiner ersten Veröffentlichungen.«

»Wirklich? Erst vor ein paar Wochen sah ich irgendetwas über diese Kurzgeschichte. Moment, wo war das gleich? Das passiert mir ständig. Geben Sie mir eine Minute, ich bin alt.«

»Ich finde Ihr Gedächtnis unglaublich, Sie können sich ja an all diese Dinge so deutlich erinnern, als wäre es gestern gewesen.«

Das ist keiner »Anschleimphase« geschuldet (wie es Harry Rowohlt nannte, wohl einer der wenigen, die nie vor jemandem gekatzbuckelt haben), sondern mein Ernst: Lishs Blick ist so wachsam-konzentriert, der Augapfel so blütenweiß wie der eines eifrigen Welpen, vor dem man ein Stöckchen schwenkt.

»Jetzt hab ich's. In einem Buch, das man mir nach einem Radio-Interview letzte Woche schenkte, war ein Brief von William S. Burroughs an Capote enthalten, ein sehr verärgerter Brief, ungefähr mit dem Tenor: *I don't want any of you anymore. You are poisonous.*«

»War er sauer auf Capote?«

»Prägnant zusammengefasst, machte Burroughs Capotes Fähigkeit zu schreiben mies. Sagte, der einzig gute Text von ihm sei *Miriam*.«

»Und teilen Sie seine Meinung?«

»Nein. *Look*. Ich bin in keinster Weise Capote-Experte. Ich war einfach der Typ in der *Esquire*-Redaktion, der 1975 einen Auszug aus seinen *Erhörten Gebeten* publizierte.«

»Welches Bild von Capote steht Ihnen vor Augen?«

»Oh, Capote war klein, dennoch größer als ich – ich hatte erwartet, er sei kleiner oder genauso klein wie ich. Aber er war ein *fairly well put together fellow*.«

(Trifft sich mit dessen eigener Personenbeschreibung. Capote betonte immer wieder, dass er kein Schwächling war, sogar sehr sportlich: mit kräftigen, muskulösen Beinen. Er soll ein hervorragender Schlittschuhläufer gewesen sein, und in den Achtzigerjahren gab er einem Skiblättchen ein Interview, in dem sich als Pistensau von Verbier ausgab, wo er lange ein Chalet besaß. Außerdem prahlte er damit, es mit den stärksten Kerlen aufnehmen zu können: Während der Dreharbeiten von *Schach dem Teufel*, für den er mit John Huston das Skript schrieb, hätte er mehrmals hintereinander Humphrey Bogart im Armdrücken besiegt. Ihm, zum Verdruss der Filmproduzenten, den Arm gebrochen. – Wo waren wir? Oh, Capote!)

»Sie trafen ihn das erste Mal in Florida, stimmts?«

»Das wissen Sie? Ja, *Esquire* schickte mich nach Florida, um was von *Erhörte Gebete* abzukriegen, und daran war ich persönlich nicht interessiert – aber er wurde sehr verehrt, und ich hatte ihn vorher zufällig an einem Konferenzwochenende kennengelernt, in einer Bar, einer runtergekommenen Kaschemme, in der er mit seinem damaligen, wohl noch ziemlich neuen Freund saß, John, einem distinguiert aussehenden Banker. Und der sagte zu Capote, der Typ da – gemeint war ich –, der ist gut, er publiziert Joy Williams. Sicher bin ich nicht mehr, wer den Anfang gemacht hat, auf jeden Fall war Capote erfreut, mich in sein Speed Drinking einzubeziehen. Ich glaube nicht, dass ich das ganze Wochenende in seiner Gesellschaft verbrachte, ich war mit Saul Bellow unterwegs, mit Bill Buckley und einem Kritiker, Rosenberg. Aber als ich zurück in New York war, lud ich ihn zum Lunch ein, ins Côte Basque an der East 55th Street – jeder wusste, da ging er gerne hin.«

»Das durch ihn berühmt gewordene Restaurant.«

»Ich war beeindruckt, gleich als ich dort eintraf. Der Kellner kam an unseren Tisch und fragte mich, was ich essen möchte, und ich bestellte irgendwas – und Capote sagte lediglich *My usual*. Schon brachte ihm der Kellner einen Kübel voller Wodka.«

»Mittags?«

»Einen Kübel! Und noch einen weiteren Drink, einen Martini. Ich gab auf. Nach dem Lunch, später, als mir *Esquire* auftrug – im Jiddischen sagt man, to schmear: bei Capote Süßholz zu raspeln –, ging ich zu Tiffany …«

»Wieso zu Tiffany?«

»… da kaufte ich eine sehr teure Karaffe, gefüllt mit rosa-gepfeffertem Wodka. Bis dahin wusste ich nicht mal, dass es so was gibt.«

»Sie dachten, das trifft seinen Geschmack.«

»Ja, und ich lag damit offenbar sehr richtig. Er war gera-dezu gerührt. Ich schenkte ihm die Karaffe. Er gab mir zu verstehen: *Well*, ich habe nicht die Absicht, irgendwas von *Erhörte Gebete* herauszugeben, aber weil Sie es sind, Gor-don – kriegen Sie was, ein Stück, betitelt *Mojave*.«

»Dabei handelte es sich ursprünglich um das zweite Ka-pitel von *Erhörte Gebete*, das er dann aus dem Roman herausnahm und zu einer eigenen Geschichte, *Wüste*, er-klärte.«

»Kann sein, ich habe keine Ahnung mehr; er wollte mich wohl einfach loswerden und rückte deshalb die Geschichte heraus. Woran ich mich bestens erinnere, ist dagegen, dass Don Erickson, der *Esquire*-Chefredakteur, Capote dafür eine Stange Geld zahlte: 40 000 Dollar! Ein höheres Hono-rar habe ich nie erlebt.«

Seinen Marktwert hatte der 50-jährige Capote zu diesem Zeitpunkt längst erkannt. Er konnte sich zudem auf den Pokerspieler in sich verlassen – schließlich geizte er er-folgreich seit Jahren mit seinem Blatt, ohne sich je in die Karten schauen zu lassen. Aber nun hatte er Gordon Lish ein Exzerpt aus *Erhörte Gebete* versprochen. Daher zwang er sich, seine rastlosen Reisen nach New Orleans, Kalifor-nien, Florida im Herbst und Winter 1974 zu unterbrechen und mit John O'Shea für mehrere Wochen im Pier House Hotel in Key West einzuchecken. Damit er *Wüste* bis zum verabredeten Termin im Frühjahr 1975 fertigkriegen würde. Er war sich seiner jedoch unsicher; daher bat er Erickson, das Manuskript höchstselbst einzusammeln. Während der *Wüste* las, verfolgte Capote nervös Ericksons Mienenspiel: Würde es dessen Erwartungen treffen?

In der Juni-Ausgabe des *Esquire* hieß es dann im Editorial zur Capote-Titelgeschichte: »Literarische Wahrzeichen tauchen am Horizont auf und werden immer größer, je näher der Betrachter kommt. In den letzten Monaten strebte *Esquire* mit gemessenem Tempo dem Erscheinen von Truman Capotes Kurzgeschichte *Wüste* (Seite 83) auf seinen Seiten entgegen … diese erweist sich als ein ebenso eleganter wie solider Meilenstein … Es mag eine Geschichte hinter der Geschichte geben, wir wissen jedenfalls, dass der Literatur-Redakteur von *Esquire*, Gordon Lish, letzten Winter Mr. Capote in Florida traf und ihn fragte, ob er vielleicht Lust hätte, seine erste Kurzgeschichte seit sechs Jahren zu schreiben, und er erwiderte, das würde er tun, und hier ist sie nun. Wie Sie am Ende der Geschichte sehen werden, datiert der Autor sie auf den 12. März 1975 in Key West. Am selben Tag bat er jemanden von *Esquire*, die Story abzuholen, da er wenig Vertrauen in die Post hätte. Redakteur Don Erickson sammelte sie freudig ein und berichtet: ›Er übergab mir die Geschichte in einem handgefertigten italienischen Papiereinband – ein Geschenk an Gordon Lish. Zuerst ließ er mich schwimmen gehen, dann trocknete ich meine Hände ab und las das Manuskript am Pool, während er entspannt zur Hausbar hinüberschlenderte.‹ Und wurden Ericksons Hände bei der Lektüre noch einmal feucht? Werden es Ihre? Die Antwort finden Sie auf Seite 83.«

»Nach der überaus positiven Resonanz auf *Wüste* versprach er Ihnen eine baldige Fortsetzung von *Erhörte Gebete*.«[11]

»Wir kriegten uns bei *Esquire* kaum ein, als er uns weitere Kapitel zusagte. Jeder wollte damals an Capote ran, einen Vorgeschmack von *Erhörte Gebete*, aber niemand war bis dahin an ihn rangekommen: ich schon. Und im Laufe der Zeit fingen Capote und ich an, einander zu mögen.«

»Mochten Sie ihn wirklich?«

»Ja, sehr. *A sweet nature person. He was wonderful with my wife. Always in a good mood.*«

»Obwohl er da schon riesige Probleme hatte? Mit Alkohol und Drogen.«

»Ich habe ihn nie betrunken erlebt. Dabei hat er echt heroisch mit mir gesoffen. Ich gebe Ihnen ein Beispiel dafür, was er für eine gutherzige Seele war. Er war kein bisschen gemein, auch wenn seine Leute das nachher sagten, als sie ihn verbannten. Meine Frau und ich waren Stammgäste in einem Steakhaus, Antelotti's, in der Nähe vom *Esquire*,

11 Gerald Clarke schreibt in seiner Biografie, Capote sei unter Zugzwang geraten, als er *Wüste* im Sommer 1975 nicht so schnell etwas folgen lassen konnte, und griff daher für den nächsten *Esquire*-Abdruck nach dem Kapitel, das er als fünftes von acht geplanten Kapiteln in *Erhörte Gebete* vorgesehen hatte: *La Côte Basque, 1965*. Zitat Capote: »Es schien mir in sich geschlossen und vollständig. Deshalb schickte ich es, ohne groß nachzudenken, hin.« Als der *Esquire* dieses Kapitel publizierte, hatte man Lish schon in die Wüste geschickt ...bei mir mutmaßte er, dass seine alte Redaktion dafür weitere 25 000 Dollar hinblätterte.

und da schneite plötzlich Capote rein, sehr erregt – er war zuvor aus Long Island gekommen und auf der Queensboro Bridge von der Polizei gestoppt worden, wegen zu schnellem Fahren oder so. Und er hatte sich bei den Polizisten aus der Strafe herausgequatscht.«

»Weil er so ein raffinierter Fabulierer war?«

»Kann sein. *He was a very charming fellow.* In Natura war er viel charmanter als auf der Mattscheibe, auch wenn ihn die Leute in der *Johnny Carson Show* zum Brüllen komisch fanden. Ich kann mich an keine einzige Gelegenheit erinnern, in der er schlechter Laune war, nicht mal während seiner Schwierigkeiten mit diesem John. Der ließ sich damals scheiden, hatte Kinder, und Capote engagierte, *crazy*, zu Johns Erbauung dessen Frau als Amanuensis.«

»Herrje, was ist das?« (Lishs Vokabular wimmelt vor Ausdrücken, die meine Englischlehrerin »elaborate code« genannt hätte, eine elaborierte Sprechweise.)

»Eine Art Sekretärin.«

»Ach so. Ich habe die Tochter von John O'Shea besucht, Kate, sie ist jetzt Ende fünfzig, aber das hat sie gar nicht erwähnt: dass ihre Mutter für Capote arbeitete.«

»Ich kann mich bestens daran erinnern, wie freudig Capote davon erzählte, dass beide, John und seine Frau, voreinander Schiss hatten, wenn sie in seinem Apartment im UN Plaza aufeinanderstießen. Capote sagte mir kichernd, was er ihnen mitgeteilt hätte: ›Bei all dem Trubel kann ich nicht arbeiten. Einer von euch beiden muss gehen.‹ Und dann ergänzte er mit der dreckigsten Lache: ›*Well*, ich sagte zu John, sie ist nun mal eine ausgezeichnete Sekretärin.‹«

»Womit er klarmachte, dass *sie* bleiben soll?«

»*Exactly*. Alle seine Anekdoten waren köstlich und wurzelten in seinen Erfahrungen. Er ist ein großartiger Storyteller.«

(Oha, ihm unterläuft der gleiche Lapsus wie Kate: Er spricht im Präsens, als sei Capote jederzeit zu seinem nächsten Schwank imstande.)

»Er war trotz seiner Berühmtheit nicht selbstgefällig?«

»No, no, no, no. Ich kann kein einziges schlechtes Wort über Capote sagen. Auch als ich ihn dann fragte, ob es okay sei, dass ich meinen ersten Roman *Dear Mr Capote* nenne, stimmte er sofort zu, das sei in Ordnung. Vollkommen in Ordnung. Weiß gar nicht, ob ich ihn nach der Veröffentlichung noch mal sah.«

»Fühlte er sich geschmeichelt?«

»Dafür gabs keinen Grund. Der Titel war der einzige Bezug zu ihm, ich borgte mir nur den Namen Capote, ich schnitzte keinen Charakter nach ihm.«

»Jetzt sind wir abgekommen von *Wüste*. Die Story ist John O'Shea gewidmet: ›Für John, mit all meiner Liebe und Dankbarkeit.‹ Offensichtlich herrschte zwischen den beiden Waffenstillstand.«

»Na irgendwann bekam ich die getippte Geschichte, auf *Onion Skin*.«

»Was, auf einer Zwiebelschale?«

»So heißt ein sehr dünnes, transparentes Papier. Das Manuskript war fantasievoll in einen wunderschönen Einband aus handgeschöpftem venezianischen Papier gebunden und kam im Paket mit einem gerahmten Porträt von ihm, einem Foto seiner neuen Augen, aufgenommen, direkt nachdem er sich die Lider hatte liften lassen.«

»Verwegene Idee, Ihnen ein Bild von ihm dazuzulegen.«

»Manuskript plus Foto, ja, und ich habe keine Ahnung, was damit geschehen ist. Ich habe weder das eine noch das andere wiederfinden können. Ich glaube, jemand hat es mal aus meinem Zuhause getragen – oder irgendwann habe ich es der Bibliothek gegeben. Ich war damals voll und ganz mit der Pflege meiner Frau ausgelastet, die an Amyotropher Lateralsklerose erkrankt war. Das ist eine neurodegenerative Erkrankung des Bewegungsapparats, grauenerregend, unheilbar, am Ende warten Muskellähmung und ein qualvoller Tod. Viel später erkundigte ich mich daher, was aus dem Manuskript und dem Foto von Capote geworden ist, aber ich weiß es bis jetzt nicht.«

»Das tut mir leid.« (Ich bin unsicher, ob man jemandem sein Beileid mit Jahrzehnten Verspätung aussprechen kann. Bleibe mit meiner Mitgefühlsbekundung vorsichtshalber im Ungefähren.)

»Capote wirkte auf mich stets erstklassig und guter Dinge. Immer enorm liebenswürdig. Richtig blau erschien er mir nie, obwohl das jedes Mal in einen echten Saufwettbewerb zwischen uns ausartete – den er für sich entschied. Ich kann mich an Zeiten entsinnen, in denen ich – obwohl ein *athletic drinker*, Säufer mit Sportsgeist – kaum noch aufrecht aus dem Lokal taumelte, während er weiter seine Späßchen machte. Nein, ich stellte bei ihm eine großartige Portion Lebenslust fest.[12] Allein seine Kleidung war ihm ein Quell der Freude. Ich machte ihm mal ein Kompliment für seinen Sweater, und er schwärmte mir vor, das ist ein Aran, ein Fischerpullover, ich habe ihn in jeder erdenklichen Farbe erworben. Er hatte wahrlich Freude am Leben. – Woran starb er noch mal?«

»Vermutlich an den Langzeitfolgen seiner Tabletten- und Alkoholabhängigkeit.«

»Ich verwechsle manchmal Capotes Todesumstände mit denen von Tennessee Williams. Der lebte in einem Hotel, gleich bei der *Esquire*-Redaktion, ich meine, irgendwo an der 54th Street. In seinem Fall endete es mit Ersticken: am Verschluss einer Flasche Barbiturate.«

---

12 Während ich Lish reden höre, kann ich mir nicht vorstellen, dass Capote lebensmüde war, geschweige denn lebenssatt. Zwei Jahre vor seinem fünfzigsten Geburtstag schrieb Capote in *Selbstporträt*, dem Interview mit sich selbst: »Und wovor hast du noch Angst?« – »Davor, dass ich meinen Sinn für Humor einbüße. Dass mein Verstand erst seine Seele und dann sich selbst verliert. Ein verkorkstes Leben, heißt es im Zen, ist wie jemand, der einer einzelnen Hand beim Klatschen zuhört.« Auch wenn der Beifall abebbte, klingt mir sein Satz nach einem abstrakten Konjunktiv in der Zukunft.

(Bitte keine Schauergeschichten; er hat mir so das Fanherz gewärmt, indem er mir ein lebensfrohes Psychogramm vom späten Capote lieferte. Das Kates Darstellung entspricht, die ihn bis zuletzt zwischendrin heiter empfand. Nicht dass ich Kates Glaubwürdigkeit wegen Idealismus infrage stellen würde, aber Lish hat für Capote als Schriftsteller weniger übrig als für ihn als Mensch. Schnöde gesagt, Capote war nicht Lishs *Cup of Tea*. Apropos, wir sitzen seit Stunden im Starbucks, und Lish hat immer noch seine überteuerte Tasse Kaffee halb voll vor sich.)

»War er genauso umgänglich, als Sie seine Geschichte lektorierten? An Ihrem Urteil interessiert?«

»Zumindest kann ich mich nicht ans Gegenteil erinnern: dass er zimperlich gewesen wäre oder kompliziert. Meine Meinung war ihm schnurzegal, hatte ich das Gefühl. Auch weil er sicherlich wusste, dass ich es mehr mit Autoren hatte, die einer anderen Zeit entstammten. – Nun, hatte er eine hohe Meinung von seiner Arbeit? Ich glaube nicht, dass er sich eingeredet hat, einem allumfassenden Modernismus anzuhängen – von daher legte er es bei mir gar nicht erst darauf an, mich zu beeindrucken; er schätzte mich wohl gerade wegen meines anderen Literaturbegriffs.«

»Seien wir ehrlich, Sie mögen sein Werk nicht besonders.«

»Ich weiß nicht, ob ich es *nicht* mag. Als junger Mann habe ich alles von ihm gelesen, die *Grasharfe* und all das. Damals war Capote jemand, den man unbedingt lesen wollte. Aber ich glaube, als *Kaltblütig* 1966 herauskam, da hatte ich irgendwie das Interesse an seiner Arbeit verloren.

Den Kinofilm vor ein paar Jahren über ihn, den habe ich mir dafür mit Genuss angeschaut, den mit Philip Seymour Hoffman.«

»Der ihn überragend spielt, wobei Kate Harrington kritisierte, Capote werde im Film so ernsthaft dargestellt, und das sei weit weg von seiner wahren Natur gewesen. Und Sie sagen ja auch, Sie hätten ihn stets aufgekratzt erlebt, sogar während seiner energieraubenden Kämpfe mit seiner Gesundheit und mit John O'Shea. Haben Sie eine Ahnung bekommen, wie es um seine Produktivität bestellt war?«

»Ich bekam mit, dass er viel Enthusiasmus in *Handgeschnitzte Särge* steckte. Dafür sein Epos hintanstellte. Zwischen den Zeilen meinte ich herauszuhören, dass er mit *Erhörte Gebete* keine Fortschritte machte. Hat er nicht auch eine TV-Dokumentation über diese Mordserie mit den Schlangen gedreht?«

Capote gab sich nach seiner langwierigen Recherche für *Kaltblütig* öffentlich als erbitterter Gegner der Todesstrafe zu erkennen, obwohl er sich sonst mit politischen Statements zurückhielt. Er befasste sich danach noch in zwei Fernsehdokumentationen mit Mördern und Schwerstverbrechern und führte an die hundert Interviews mit jenen Kandidaten, die zum Beispiel im Hochsicherheitsstrakt von San Quentin ihrer Hinrichtung harrten, darunter so prominente Kriminelle wie Robert Beausoleil, der Hintermann der Manson Family, die Sharon Tate ermordete.[13] In

---

13 In seinem *Konversationsporträt* über Beausoleil erzählt ihm Capote, er sei dem JFK-Attentäter Lee Harvey Oswald Jahre vor dem Anschlag

seinem Nachlass füllen die Transkripte seiner langen Gespräche einige Schachteln. Die einzige Gemeinsamkeit, die er feststellte, sei gewesen, dass jeder Mörder, den er traf, tätowiert war.

»Wieso war er so fasziniert von Serienmördern, Anuschka?«

»Ich weiß nicht. In der Sekundärliteratur gibts die Deutung, dass er in Perry Smith, dem Mörder aus *Kaltblütig,* mit dem er biografische Etappen gemein hatte, seinen dunklen Zwilling erkannt habe – und begriff, hätte er als vernachlässigtes Kind nicht die Kurve aus dem Schattenreich gekriegt, wahrscheinlich genauso wie Perry auf der schiefen Bahn gelandet wäre. Hat er Ihnen darüber etwas preisgegeben?«

»Ich gebe Ihnen die einfachste, unraffinierteste Erklärung: Wahrscheinlich hängt es mit dem Sadomasochismus zusammen, der manchen Menschen eigen ist. Capote erschien mir bei diesem Mord enorm involviert, aber auf eine intellektuelle, selbstreflektierte Art und Weise.«

»Hat er Ihrer Einschätzung nach noch geschrieben oder eher nicht?«

»Es war die Zeit, wo er ständig auf eine Party wollte. Sie wissen ja von seinem Höhepunkt, dem Black and White Ball. Bestimmt führte er phasenweise ein zu hedonistisches Leben, in dem er mehr übers Schreiben redete als

zufällig in Moskau begegnet: Dessen »flackernder Blick« und »verhungerter Ausdruck im Gesicht« seien ihm im Gedächtnis geblieben.

wirklich schrieb. Er sagte mir mal, dass er oft in Motels schriebe: Denn er könne überall schreiben, gleich wo.«

»Besaß er grundsätzlich Selbstdisziplin?«

»Der Film über ihn suggeriert ja eine verhängnisvolle Wende: dass Capote jegliche Disziplin fahren ließ. Meine Erfahrung ist jedoch, jeder Schriftsteller von Bedeutung ist diszipliniert. Wahrscheinlich ist Disziplin das wichtigste Merkmal eines Schriftstellers.«

Ich erzähle Gordon Lish nach dieser Bemerkung nicht von meinem Brief zu Hause. Trotzdem muss ich an Capotes Aufruf zur Disziplin denken. 1968 konnte er es sich leisten, seinen viel jüngeren Cousin onkelhaft zur Selbstbeherr-schung zu mahnen – da hatte er seine schriftstellerische Contenance noch nicht eingebüßt. War er auf dem Ze-nit seines Schaffens. Er stand auf dem Boden der Tatsa-chen, das heißt, seines Tatsachenberichts; nach *Kaltblütig* konnte ihm scheinbar niemand etwas anhaben. Sein Best-sellererfolg ließ sich zweifelsohne als Wiedergutmachung nehmen, für die Demütigungen, die ihm bis dahin in Hülle und Fülle widerfahren waren. Würde ich mich heute wie-der für ein naturwissenschaftliches Studium entscheiden, wäre es eines in Richtung »Resilienzforschung«: Mich fes-selt der Gedanke, warum der eine zerbricht, ein anderer erstarkt bei einem Übermaß an Widrigkeiten. Und nun habe ich schon von zwei seiner späten Stützpfeiler – Kate Harrington und Lish – gehört, dass die Lebenslust bis zu-letzt zu Capote gehörte, wie die Triadische Interaktion zu Berberaffen (kleiner Scherz einer Verhaltensbiologin) … aber die Geschichte ist ja noch nicht zu Ende.

Unser Gespräch mäandert vom Reisen (»Begreife nicht, was das soll; ich finde, hat man den Grand Canyon gesehen, hat man alles gesehen«) über Harper Lee, die auf Geheiß von Capote Kontakt mit Lish aufgenommen hatte – »sie gab mir ein Manuskript, aber ich habe es wohl nicht gelesen, obwohl, Sie wissen ja, dass mein Sohn Atticus heißt wie die Figur in Lees Roman« – über seine von Kritikergeist ungetrübte Huldigung besagten Sohns, bei der in rührender Weise der liebende Vater aus Lish spricht – »Atticus is a real writer«. Im Galopp weiter zu Harold Brodkey, mit dem Lish lange sehr eng war. Trotzdem habe Brodkey, erzählt Lish ungerührt, 1993 im *New Yorker* über sein Dahinsiechen an Aids geschrieben: »Ich habe keine Angst vorm Sterben. Dann muss ich wenigstens Gordon Lish nie mehr sehen.« Bis zu den Gegenwartsautoren, denen nach Jahrzehnten ihrer Begleitung seine Gunst gehört (Don DeLillo, der kürzlich verstorbene Cormac McCarthy, Ben Marcus und Joy Williams), deren Grandiosität aber seiner Meinung nach bisher nicht ausreichend gewürdigt würde. Im Gegensatz zu Franzen & Co., die Lishs Ansprüchen an einen veritablen Schriftsteller nicht genügen: »Sie sind keine Künstler, nur professionelle Autoren«, und das trifft sich mit Capotes Ansage an seine Zunftkollegen: In einer Talkshow, mit Dorothy Parker und Norman Mailer zu Gast, sagte er mal über Lishs früheren Beatnik-Helden: »Oh, Jack Kerouac – das ist nicht Schreiben, das ist Tippen.« Lish hat für mich, zur Unterscheidung, seine eigene Wortschöpfung parat: Die Unverfälschten nennt er »Writer«, die Dichterdarsteller dagegen »Writener«.

»Wie würden Sie Ihren Literaturgeschmack beschreiben?«

»Diese Frage hat man mir noch nie gestellt.« (Meint er das ironisch? Er ist seit Hunderten von Jahren *der* angelsächsische Literaturpapst.) »Ich vermute, was mich am meisten fasziniert, ist eine beträchtliche, nein, höchste Intelligenz unter erheblichem Druck.«

Dann sagt er mir Unverständliches über »Extrudieren«, und erst beim Transkribieren und Nachschlagen geht mir auf, was er gemeint haben könnte. Beim Verfahren der Extrusion wird zähflüssiger Kunststoff unter hohem Druck durch eine formgebende Öffnung gepresst (so stehts in etwa bei Wikipedia). Ich reime mir diese Analogie von Lish so zusammen: Jede schriftstellerische Exzellenz muss in eine Form gebracht werden, gleichzeitig widersetzt sie sich dem Formungsdruck. Was über dem weißen Papier schwebt, muss seinen Weg aufs Papier finden – ins Material hinein, entgegen aller inneren Widerstände.

Zu meiner Freude enthüllt mir Lish ein weiteres Gespenst der Literatur: J. D. Salinger, dessen Romane und Erzählungen ich als Zwanzigjährige gefressen habe. Gordon Lish liebte Salingers Werke schon als Kind. Sie wühlten ihn auf, fegten über seine Jungenseele hinweg, was er hasste, trotzdem *glaubte* er ihm das alles, sagt er sich rückbesinnend.

»Nein, Salinger mochte ich wirklich. Er mochte mich nicht.«

»Woher wissen Sie das?«

»Ich war eine Weile in Palo Alto in ein Forschungsprojekt involviert, zu der Zeit, als Lyndon Johnson Präsident war, und in dem Rahmen hatte ich ihn um Mithilfe gebeten und ihm ein Telegramm geschrieben. Viele Monate später bekam ich einen Anruf, und der Operator sagte, es sei ein Mr. Salinger am Apparat. Ich dachte, das sei ein Gag oder der andere Salinger, Pierre, ein Politiker damals. Aber es war J. D. Salinger, und er sagte als Erstes, er habe nicht die Absicht, sich an dem Projekt zu beteiligen, sondern er rufe mich an, weil er sich Sorgen mache um meine emotionale Gesundheit – er vermute eine starke seelische Belastung bei mir. Und ich entgegnete, nein, nein, mir gehts prächtig, ich wollte Ihnen nur einen überzeugenden, kraftvollen Brief schreiben, um Sie zu dieser Sache zu bewegen. Dann quatschten wir zwanzig, dreißig Minuten über Ewigkeit, übers Vatersein – und ich kann mich erinnern, dass ich ihn darüber belehrt habe, wie man sich in dieser Hinsicht verhalten sollte, mit Kindern. Witzigerweise war meine jüngere Tochter mit Salingers Sohn, nebenbei einem irre großen Kerl, zur selben Zeit im Internat. Der wurde Schauspieler, und seine Schwester schrieb ein maliziöses, ein bösartiges Buch über ihre Familie, und dann hatte Salinger die absurdeste Affäre mit einer jungen Frau ohne jeglichen Charakter. Salinger war für seine Ausbeutung junger Menschen zu bewundern. Aber mein Eindruck bei unserem Telefonat war: Er war das alles und wollte es zugleich nicht sein. In Wahrheit war er ein zutiefst ernsthafter, ein zutiefst liebenswerter Mensch.«

»Anonym haben Sie im Auftrag des *Esquire* Mitte der Siebzigerjahre ein Stück geschrieben, mit dem Titel *For Rupert – with no promises*, und die Kulturkritik verdächtigte Salinger der Urheberschaft.«

»Ja, das habe ich in zwei Stunden runtergeschrieben.«

»Nicht schlecht. Sind Sie ein schneller Schreiber?«

»Wenn du jung bist, bist du automatisch schnell. Außerdem war ich immer blau beim Schreiben.«

»Ehrlich?«

»Ja, bis ich 1984 mit dem Saufen aufhörte. Vorher war ich immer voll.«

»Glauben Sie an den geborenen Schriftsteller oder die Autorin, die es in die Wiege gelegt bekommt?« (Hoffend, Lish hört die Nachtigall nicht trapsen.)

»Ich vertrete nicht die verbreitete Ansicht, dass man Schreiben lehren kann.«

»Was nutzen dann Ihre Schreibseminare?«

»Na ja, was meinen wir mit ›lehren‹? Ermutigen, leiten. Ich halte mich für einen recht anständigen Lehrer; ich kann ohne Pause zehneinhalb Stunden vor einer Klasse Dinge erzählen, die sie wahrscheinlich so noch nicht gehört haben und die sie für ihre Karriere verwerten können. Aber bei den großen Talenten war mein Part im Wesentlichen der, ihnen die Erlaubnis für das zu geben, was sie eh bereits taten. Wenn ich das Echte vor mir sehe, dann weiß ich's einfach. Ich denke, ein bestimmter Typ Schriftsteller richtet sich an seinen besonderen Erfahrungen in den allerersten, frühesten Lebensjahren aus.«

(Juchhu, meine These zu Capotes Schriftstellergenese! Truboy, der als altes Kind auf die Welt kam. Und als altes Kind von ihr ging.)

»Verlangte es Mut, nach Jahren als Literaturredakteur und Lektor seinen eigenen Roman vorzulegen?«

»Ich war ein kränkliches Kind, ich habe schon mit elf, zwölf Limericks verfasst. Mit Anfang zwanzig fing ich an, es ernst zu nehmen, schrieb zwei Romane, beide grauenhaft schlecht. Genauso meine Kurzgeschichten, alles, was ich schrieb, war grauenhaft. Bis ich in meinen Vierzigern vor allem schrieb, um mit Frauen anzubandeln, ihnen damit zu imponieren ...«

»Funktionierte es?«

»In gewisser Weise.«

»Ich habe vor unserem Gespräch Dinge über Sie gelesen, die mir vermitteln, dass Sie eher unzimperlich mit sich selbst sind. Zum Beispiel haben Sie sich als nahezu autistisch beschrieben, Menschen wenig zugetan. So kommen Sie mir überhaupt nicht vor. Oder ist das jetzt Altersmilde?«

»Nicht wirklich. Ich bin in einem Maße selbstbezogen, wie es gerade noch annehmbar ist. Trotzdem habe ich zweimal geheiratet, vier Kinder bekommen und hatte sehr innige Freundschaften, die meisten von ihnen zugleich romantische Unternehmungen. Aber wenn ich aus einer solchen rausgehe, bin ich nicht in der Lage zu sagen, wer ich in dieser Beziehung war.«

»Vielleicht ist der Fall, was Ihr so andersartiges Interesse an Menschen als das von Capote angeht, ähnlich gelagert wie bei meinem Mann: Der ist seit seiner Kindheit bücherbesessen, aber wenn er einen Freund getroffen hat und ich danach wissen will, wie gehts dem mit seiner Scheidung, dann antwortet mein Mann, das hab ich ihn gar nicht gefragt.«

»Ich bin grundsätzlich kein Mensch mit ernsthaftem Interesse. Ich tue so, als ob. Alles an mir ist eine Pose. Ich bin ein *Poser*. Ja, so ist es: die Wahrheit.«

»Nicht Koketterie?«

»Na ja, *irgendjemand irgendwo* musst du ja sein. Der alte Witz: Ein Mann kommt nach Hause und riecht Zigarrenrauch im Schlafzimmer seiner Frau. Er öffnet den Schlafzimmerschrank und sieht seinen besten Freund da drin eine Zigarre rauchen. Und sagt: ›Harry, was machst du denn hier?‹ Und Harry antwortet: ›Jeder muss schließlich irgendwo sein.‹«

Haha! Lish ist echt ne Marke.

»Ich meine es so, wie ich es sage: Man muss eine bestimmte Pose einnehmen. Sofern du nicht reich genug bist, nicht einzigartig genug, nicht klug genug, um der Pose als deiner Fügung zu entgehen. Und schließlich wirst du gut darin. Ich trage mehr oder weniger jeden Tag die gleichen Klamotten, winters wie sommers. Das ist alles Teil der Verkleidung. Teil meiner Kostümierung. Ich regiere mich selbst. Vieles von dem, was ich denke, dient nur dazu, andere davon abzulenken, mich so zu sehen, wie ich mir mich vorstelle. Ich bin viermal in meinem Leben hospitalisiert worden wegen meiner Psoriasis, und meine Mutter pflegte früher zu sagen, tragen wir ein wenig Rot auf das Bettchen des Babys auf, um den bösen Blick abzulenken. Ich glaube, ihr Bestreben damals ergibt Sinn. Ja, man lenkt ab, wenn man manipuliert. Es ist das, was Zauberer tun, nicht wahr?«

»Fühlen Sie sich als Schwindler?«

»Warte, habe ich im Laufe meines Daseins Frauen reingelegt? Nein, ich glaube nicht. Ich versuchte, sie zu bezaubern, aber nie in falscher Absicht. Und mein Ziel lag offenkundig da, Sex. In dieser Hinsicht habe ich mich nicht verstellt. Und die Frauen waren ebenfalls in dieses Spiel verwickelt, so läuft der Tanz zwischen Menschen nun mal. Aber interessiere ich mich als Person für eine Person, wenn diese Person kein Schriftsteller ist? Nein.«

»War Capote ein Blender, ein Schaumschläger?«

»Er lullte jeden ein, aber auf eine sehr reizende Art und Weise. Doch wäre er nicht auch ein *Showman* gewesen, hätte er sich wohl kaum in Talkshows gesetzt. Auch wie er sich kleidete, zeugte davon, dass er sich durchaus mit Vergnügen zur Schau stellte.«

»Es war auch ein Spiel, glaube ich. Er scheint stets für einen Flachs zu haben gewesen zu sein.«

»Ja, die Leuten wieherten, wenn sie ihn sahen; lachten sich krumm und schief. Ich wunderte mich manchmal über diese extremen Reaktionen. Für mich zündete er keine Lachsalven; ich fand ihn einfach eine höchst unterhaltsame Gesellschaft. Er war kein Spaßvogel, der eine Schnurre nach der anderen raushaute. Er wollte lediglich, dass du es genießt, mit ihm zusammen zu sein – und darin war er unübertroffen, wirklich genial.«

»Als er sich mit dem zweiten *Esquire*-Stück in den totalen Schlamassel manövriert hatte …«

»Er war eine Waise. Ein armer Junge. Ich schätze, er fühlte sich sein Leben lang als Outsider.«

(Meine Rede, und ebenfalls die von Kate.)

»Bereute er *La Côte Basque, 1965* veröffentlicht zu haben?«

»Er war nicht der Typ für Reue. Dafür genoss er das Leben zu sehr.«

»Trotz der selbst verursachten Bredouille?«

»Er wurde älter. Ich glaube, er hatte *a perfectly happy life* und nach wie vor sehr enge Freunde. Nein, ich halte ihn überhaupt nicht für einen unglücklichen Mann.«

»Immerhin hat er sich zu Tode gesoffen.«

»Das tat jeder in diesen Tagen. Ich trank, weil ich das als alltäglichen Härtetest für exzentrisch sein wollende Lektoren und Schriftsteller ansah. Es wurde damals eh viel mehr getrunken, Hausfrauen mixten sich und ihrem Mann einen oder zwei oder drei Drinks am frühen Nachmittag. Stockbesoffene Runden in Kneipen waren nix, worüber man die Stirn runzelte. Drogen waren dagegen kein Thema für mich.«

»Für Capote schon. Er nahm Kokain, zum Beispiel im Studio 54. Aber dort war er damit in bester Gesellschaft. Außerdem glaubte man damals noch – ein amerikanischer Arzt setzte diesen Unsinn in die Welt –, dass Kokain nicht abhängig mache, ungefährlich sei.«

»Im Studio 54 war ich nie, von solchen Schuppen hielt ich mich fern, wie von Kokain. Auch ohne bekam ich Schwierigkeiten mit dem Gesetz. Ein paar meiner Kollegen vom Knopf Verlag koksten damals. Ich bin alt genug, um zu konstatieren, dass New York heute eine ganz und gar andere Stadt ist als früher. Eine andere Welt. Ist es eine, die vor Kreativität birst? Nein! Aber vielleicht verstehe ich es nur nicht mehr. Mein Eindruck ist, das intellektuelle Leben überall hat sich von sich selbst verabschiedet.«

»Letzte Frage: Fühlen Sie sich Capote ein wenig nahe, was die öffentliche Verdammnis angeht? Sie wurden für Ihren angeblichen Missbrauch an Raymond Carvers Werk gegeißelt.«

»Ich kapiere, worauf Sie hinauswollen. Ich wurde missverstanden: Ich habe Carver nicht lektoriert. Ich habe Carver umgeschrieben. Das macht einen großen Unterschied. Übrigens habe ich noch etwas Unauffindbares für Sie: ein anderes Rätsel – ein Manuskript, das ebenfalls verschütt-gegangen ist ...«

Mein Herz setzt kurz aus, bis er weiterredet. Doch er fährt nicht mit Capote fort, sondern mit Brodkey. Der sei ebenfalls ein Autor, der für einen großen Roman berühmt wurde, den er trotz jahrzehntelanger Ankündigung in der beabsichtigten Fassung nie vorlegte: Arbeitstitel *Party of Animals*. Dreißig Jahre nach den ersten Entwürfen erschien der Roman dann doch noch, unter *The Runaway Soul*, sagt Lish, aber er hatte keine Ähnlichkeit mehr mit der phänomenalen Urversion, bei der ihm als einem der Erstleser einst die Spucke weggeblieben war. Diese Fassung sei untergegangen. Wo, frage er sich bis heute, aber er sei damals wieder mal gefeuert worden und habe die Entwicklung nicht weiterverfolgen können.

»Sie enthielt den Teil seines anfangs geplanten Romans, der als eigene Story *Unschuld* publiziert wurde. Eine Erzählung, in der sich Brodkey über mehr als zwanzig Seiten darüber auslässt, wie erpicht der Erzähler darauf ist, seiner Freundin mittels Cunnilingus ihren ersten Orgasmus zu verschaffen. Gerüchteweise heißt es, Brodkeys Witwe Ellen Schwamm – mit der ich sechs Monate eine Affäre hatte; ich stellte sie Brodkey vor –, sie bewahre dieses Manuskript auf, für ihre Enkelkinder oder so.«

»Wie schade.«

»Das ist das einzige literarische Mirakel, das mir hautnah untergekommen ist. Sie sollten die Witwe aufsuchen!«

Irgendwann später vielleicht. Ich habe schon etwas, dem ich nachjage wie der Teufel hinter der Seele.

»Vielen Dank! Jetzt belästige ich Sie nicht länger, ich habe nur noch eine Bitte an Sie: Würden Sie mir Ihr Buch signieren?«

»Das besitzen Sie?«

Dann schreibt er mir geschlagene zehn Minuten einen halben Roman für mich in seinen Roman, während ich mich, stumm danebenstehend, geniere. Warmherzige Zeilen (die ich erst nach unserem Goodbye zu lesen wage), an denen ich mich bis heute freue. Ansatzlos ergänzt er sie um zwei Filmtitel (*Gummo* von Harmony Korine und *Sátántangó* von Béla Tarr). Danach muss ich ihm versprechen, mir die Filme beizeiten anzuschauen (»Could you do me a favor and see these two very different films, Anuschka?«).

Als Ortsangabe notiert er in der Widmung: »zugedacht, igitt, bei, igitt, Starbucks«.

Drei Stunden hat er nonstop erzählt, und in seiner Rede hat sich sein Alter allenfalls daran bemerkbar gemacht, dass er zu jedem der von ihm Erwähnten die Todesumstände anführte (außer bei Capote) – Deathdropping statt Namedropping.

Dann deckt er unseren Tisch ab. Geht sogar extra zu einem zweiten, nicht vollen Mülleimer, um Becher und Flasche zu entsorgen, als gehöre das zum Job. Und bevor er, dieses herrlich unzeitgemäße Märchenmännlein – diese Kreuzung aus Rumpelstilzchen, Gestiefelter Kater und E.T. – in seinen Siebenmeilenstiefeln davonstapft, stopft er auf dem Weg zum Ausgang, ungelogen, mindestens drei Dutzend Süßstoff-Tütchen in seine vielen Taschen: o Calorie Sweetener.

Ich blicke ihm über den gesamten Block bis dahin nach, wo ich seine Höhle vermute. Lish wird kleiner und kleiner, was nur deshalb erwähnenswert ist, weil man bei seinem kleinen Wuchs unwillkürlich denkt: Kleiner gehts nimmer. Und um im Märchen zu bleiben, ich freue mich wie eine Schneekönigin, dank Capote dieses Faktotum erlebt zu haben.

GRUSS VOM POP-OLYMP
BOB COLACELLO

Unmittelbar vor meinem Treffen mit Bob Colacello gerate
ich in eine Gay Pride: eine getanzte Ode ans Leben. Um
mich ein Rambazamba, das wirkt, als hätten die Beteilig-
ten die beneidenswerte Gabe, die Einmaligkeit wie Viel-
falt des Daseins zu feiern. Sich merklich ergötzend an all
den menschlichen Ausdrucksformen, die wahrscheinlich
schon der Neandertaler in archaischem Freudentaumel für
sich zu kultivieren begann. Singen, Tanzen, Küssen. Die
wippende LGBTQ-Woge erscheint mir wie die Chiffre für
einen gekonnten Hedonismus, von dem ich mir gern eine
Scheibe abschneiden würde. Doch dann wird meine Über-
höhungsfantasie vom Blick auf den Stand mit kostenlosen
HIV-Tests getrübt. Im 21. Jahrhundert wäre es naiv aus-
zuklammern, dass der scheinbaren Selbstverständlichkeit
hier auf der Straße beharrliche Vorurteile über Jahrhun-
derte vorangegangen sind. Man darf nicht vergessen, dass
die Schwulen-und-Lesben-Bewegung ein jüngeres Phänomen ist. Über 123 Jahre lang galt in Deutschland noch
uneingeschränkt Paragraf 175, der Homo- und Bisexualität
kriminalisierte:

»Widernatürliche Unzucht, welche zwischen Personen
männlichen Geschlechts oder von Menschen mit Thie-

ren begangen wird, ist mit Gefängniß zu bestrafen; auch kann auf Verlust der bürgerlichen Ehrenrechte erkannt werden.«

Erst 1994 wurde der aus dem Kaiserreich stammende Paragraf endgültig aus dem deutschen Gesetzbuch gestrichen. In den USA schafften die letzten Bundesstaaten die Strafbarkeit homosexueller Handlungen erst zu Beginn des neuen Jahrtausends ab. Und in nicht wenigen Ländern droht bei sogenannter schwerer Homosexualität sogar heute noch die Todesstrafe.

Wenn sich etwas allmählich in unseren Breiten durchgesetzt hat, dann wohl eher Toleranz statt Akzeptanz. Sicher, in urbanen Kreisen würden all die liberal Denkenden im Brustton der Überzeugung sagen, ob jemand hetero- oder homosexuell ist, das spiele für sie keine Rolle.

Eine sehr weltoffene Freundin von mir besitzt viele schwule Freunde und hat das immer als Bereicherung ihres Menschen- wie Männerbildes gesehen. Aber als ihr Sohn sein Coming-out hatte, haderte sie damit. Aber nicht aus Bigotterie, sondern in bester mütterlicher Fürsorge: weil sie ihren Sohn zukünftigen Diskrimierungen ausgesetzt sah. Und sich selbst der Angst, ihn als Mutter davor nicht bewahren zu können.

Mir fällt ein, wie Capotes bloßes Erscheinen vor Jahrzehnten manch erbarmungslose Reaktion auslöste. Nicht nur reine Missbilligung spiegelte sich wiederholt in den Gesichtern, denen Capote begegnete, oftmals blankes Entsetzen.

Über eine Dekade nach seinem Tod, 1997, veröffentlichte George Plimpton, Herausgeber der legendären Literaturzeitschrift *The Paris Review*, Stimmen von Freunden und Feinden Capotes in Form einer »Oral History«[14]. Ein Chor aus lauter Klatschbasen und -vettern. Capote hätte das Resultat bestimmt geliebt, hatte er doch mal gesagt, *all literature is gossip.*

Darin erzählt Norman Mailer eine Episode, die eindrücklich davon zeugt, wie viel Ablehnung Truman als offenkundig junger Schwuler überall wieder erfuhr. 1958 hatten sie gemeinsam einen Pub in Brooklyn besucht, in dem sich nachmittags um vier »ungefähr 50 ziemlich grantige Iren« volllaufen ließen. Mailer schildert Capotes Wirkung auf die Arbeiter an ihrem Feierabend effektvoll:

»Truman trug ein kleines Gabardine-Cape. Er schlenderte hinein und sah aus wie ein wunderhübscher kleiner tuntiger Prinz. Plötzlich überkam mich der Gedanke: ›O Gott, was habe ich nur getan! Ich habe Truman in diese Hochburg angetrunkener, schlecht gelaunter Männlichkeit geschleppt!‹ Ich ging hinter ihm her, als hätte ich nichts weiter mit ihm zu tun. Und Truman glitt einfach durch die Menge hindurch. Alle Augen – es war wie in einer Filmszene – richteten sich automatisch auf ihn, mit einem Ausdruck, der besagte: ›Jetzt habe ich wirklich alles gesehen.‹ Offensichtlich war Truman daran gewöhnt. Er setzte sich und trank etwas, und wir unterhielten uns etwa eine Stunde lang. Niemand belästigte uns. Es dauerte 30 Minuten, bis mein Adrenalinspiegel wieder normal war. Ich hatte erwartet, dass man uns anpöbelt und ich in eine Schlägerei geraten würde. Mein ganzer Organismus war voller Adrenalin. Ich hatte mir unnötige Sorgen gemacht. Hinterher dachte ich: ›Wenn ich dieser Mann wäre, könnte ich es

---

14 Unlängst kompilierte der frühere Michelle-Obama-Berater im Weißen Haus, Ebs Burnough, aus Plimptons Tonbändern zu seinen Buchinterviews eine spannende Dokumentation: *The Capote Tapes.*

nicht aushalten und würde an einer Überdosis Adrenalin sterben.‹ Es beeindruckte mich sehr, welche Anstrengung ihn dieses Leben kosten musste. Anders zu sein und anders zu leben ist ungeheuer strapaziös.«

Anders zu sein, anders zu leben. Unvorstellbar, was das für eine Provokation sein kann für jene, die sich innerhalb des Kreises wähnen dürfen. Zugleich erlaubt einem die Freiheit, von allem und allen stets abgeschnitten zu sein, einen vollkommen eigenen Weg zu gehen und sich wie ein zwangloser Voyeur vom Rand des Geschehens an den Auswüchsen sogenannter Auserwählter zu delektieren.

Auch Bob Colacello hat den Blick des Zaungasts auf eingeschworene Cliquen kultivieren können. Mit siebzig heute einer der jüngsten Weggefährten Capotes. Er war Anfang zwanzig, als Capote in seinen beziehungsweise in Warhols Dunstkreis geriet. Colacello führte zwölf Jahre lang Warhols *Interview*-Magazin, und als das New Yorker Establishment Capote mit verheerender Endgültigkeit den Rücken gekehrt hatte, sprang Warhol, der alte Fan, mit seinem Hofstaat in die frei werdende Lücke.

Und obwohl Capote zwischendrin alles andere als gut in Schuss war, ließ er es mit Warhols Entourage noch mal ordentlich krachen. Zwei-, dreimal pro Woche im Studio 54. Wobei man dazusagen muss, dass dieses Prachtexemplar von Club – seit 1977 Synonym für unübertrefflichen Exzess: Dampf und Dampfablassen – nicht einmal drei Jahre lang die hellsten und die dunkelsten Seiten menschlichen Treibens ausleuchtete.

Kate Harrington sagte mir, Capote habe Colacello nicht als engeren Freund betrachtet, sondern als jemanden, der stets dabei war. In nächster Nähe zu gleich zwei großen Künstlern des Pop-Jahrzehnts: Capote *und* Warhol.

Colacello gilt als Warhol-Intimus, er schrieb über ihn das Buch *Holy Terror: Andy Warhol Close up*. Hat seit jeher ständig viel zu tun – er schreibt an seiner Fortsetzungsbiografie über Nancy und Ronald Reagan – und eigentlich keine Nerven für eine dahergeflogene Gottesanbeterin wie mich.

Wie der Zufall spielt, stimmte er trotzdem zu, nachdem ein Freund von mir ein gutes Wort für mich eingelegt hatte. Der Vater des Freundes war mit Colacellos Vater geschäftlich verbunden, und seine Wertschätzung für ihn bewog Colacello, mich während der trubeligen gesellschaftlichen Sommersaison zu empfangen.

Oje, hat er es sich in der Zwischenzeit wieder anders überlegt? Der Doorman in seinem Apartmenthaus an der 73. Straße/Ecke Madison Avenue klingelt ihn von der Lobby aus dreimal an und schüttelt bedauernd den Kopf: niemand zu Hause. Dann, jippie, geht Colacello ran. Als er mir die Tür öffnet, erkenne ich den Mann – irgendwo zwischen Hornbrillen-Biedermann und freundlichem Hush Puppy – nicht gleich. Er ist schmaler, kleiner als auf den Fotos, sogar sein Mund hat weniger aufgeworfene Lippen – der oft aussieht wie ein Flunsch, als fühle er sich vom Leben beleidigt.

Auch seine Wohnung wirkt bescheidener als erwartet, besonders für einen, der seit vielen Jahrzehnten permanent Party macht, mit lauter Leuten, die superreich sind.

Viel Zeit habe er leider nicht, schickt er voraus, er sei auf dem Sprung nach East Hampton, um sich dort in »Reagan-Land«, wie er sagt, zum Schreiben zurückzuziehen. Und auf den Straßen raus aus der Stadt herrsche unter Garantie schlimmster Feierabendverkehr.

Dennoch wartet er mit einer geschmeidigen Professionalität auf: antwortet höflich und gescheit. Ich spiele meinen Türöffner-Trumpf, bestelle Grüße meines Freundes und frage Colacello nach seinen Verbindungen zur Schweiz. Vorweg las ich von seiner Freundschaft mit dem einflussreichen Kunsthändler und Sammler Thomas Ammann, der während seiner Lehrjahre in der Galerie Bruno Bischofberger Warhol kennenlernte. Künftig förderte er dessen Werk mit Ausstellungen in seiner eigenen Galerie Thomas Ammann Fine Art. Ammann starb 1993 mit nur dreiundvierzig Jahren an den Folgen seiner HIV-Infektion; auf seiner Gedenkveranstaltung im Guggenheim war Bob Colacello einer der Trauerredner, neben Bianca Jagger, Francesco Clemente und Robert Wilson.[15]

»Dummerweise habe ich Ihre Ausstellung neulich in Vito Schnabels Galerie in St. Moritz verpasst. Sie sind regelmäßig in der Schweiz, stimmts?«

»Früher war ich zweimal im Jahr in Gstaad, in Thomas' Chalet, für ein oder zwei Wochen. Als Thomas starb, zog Doris, seine Schwester, nach St. Moritz, ins alte Haus des Schahs, in die Villa Suvretta[16].«

15 Die Zürcher Stiftung Thomas und Doris Ammann ließ 2022 Warhols ikonisches Werk *Shot Sage Blue Marilyn* für 150 Millionen Dollar versteigern. Dazu weitere hundert Kunstwerke für noch einmal so viele Millionen, die Hilfsprojekten für Kinder zugutekamen.
16 Laut Boulevard-Meldungen wurde die 19-Zimmer-Residenz zu Beginn der Nullerjahre für 34 Millionen Franken verkauft. Außer dem Schah von Persien war dort auch mal ein anderer Potentat zu Hause, Silvio Berlusconi, der vielleicht davon profitierte, dass dieser ein Nebengebäude für 25 Polizisten hatte bauen lassen. Wer reich *und* machtgierig ist, hat bekanntlich nicht nur Freunde.

Fängt ja exquisit an.

»Fahren Sie Ski? Capote soll ein begeisterter Skiläufer gewesen sein.«

»Wusste ich gar nicht. Nur dass er in den Sechzigern ein Chalet in Verbier hatte. Aber ich? Nein, ich hasse Skifahren.«

»Capote war oft mehrere Wochen am Stück dort, mit Hund und Jack Dunphy.«

»Der langjährige Lebensgefährte, den ich nie getroffen habe. Vielleicht weil Dunphy damals mehr in der Schweiz war als in New York.«

»Wann haben Sie Capote kennengelernt, 1975?«

»Oh nein, früher. Um 1970, als ich anfing, Filmkritiken zu schreiben.«

»Ich las, dass Ihre Eloge zu Warhols Film *Trash* der Startschuss für Ihre zwölf Jahre in Warhols Factory wurde. Sie sollen ihn als ein ›großartiges römisch-katholisches Meisterwerk‹ bejubelt haben. Und damit Warhols Interesse geweckt haben. Innerhalb von sechs Monaten wurden Sie zum Chefredakteur seines frisch gegründeten *Interview*-Magazins befördert.«

»Als ich dort richtig loslegte, Anfang 1971 – da traf ich Truman. Er war einer der Ersten, mit dem mich Andy bekannt machte.«

»Haben Sie Ihre erste Begegnung mit Capote noch in Erinnerung?«

»Ich glaube, Andy und ich gingen zu Mick Jaggers Party seines dreißigsten Geburtstags. Auf dem Weg dahin lasen wir Lee Radziwill und Truman Capote auf. Oder vielleicht habe ich Truman auch in Montauk 1972 das erste Mal erlebt, in dem Haus, das Andy kurz zuvor mit Paul Morrissey gekauft hatte. Mit Gästezimmer, und Lee und Truman sind hin und wieder übers Wochenende rausgekommen. Ja, dort trafen wir uns alle immer mal; gelegentlich war auch Andys guter Kumpel Lester Persky dabei.«

»Ein Filmproduzent, nicht wahr?«

»Ja, der ebenfalls mit Truman eng war. Lester schmiss Partys am laufenden Band, mit halb Hollywood unter den Gästen. Er besaß ein Penthouse in der Nähe East 58th Street, gleich neben der Brücke. Truman war sicher auch oft dort zu Gast, aber ich sah ihn mit Lester häufiger in Sagaponack, in seinem Haus. Ich erinnere mich, dass wir alle einfach am Pool saßen und eine gute Zeit hatten. Und Truman sehr lustige Geschichten erzählte. Er war ein begnadeter Erzähler.«

»Nicht nur auf dem Papier.«

»Immer und überall! Er hat viel erfunden, ich meine, geflunkert – er übertrieb, schmückte die Dinge so aus, dass es beste Unterhaltung wurde. Ich weiß nicht, ob Truman selbst das sagte: Reden ist der Feind des Schreibens.«

»Was sich in seinem Fall leider bewahrheitete.«

»Ja, in den Siebzigerjahren schrieb er nicht mehr wirklich. Er sagte zwar, er arbeite an *Erhörte Gebete*, aber niemand bekam es zu sehen. Erst als wir *Wüste* und *La Côte Basque, 1965* im *Esquire* abgedruckt sahen, mussten wir etwas Abbitte leisten. Offensichtlich war er am Schreiben.«

»Lester Persky, der Filmproduzent, sagte in George Plimptons Oral-History-Band, Capote hätte ihm das vollständige Manuskript gegeben, damit er es in seinen Safe legt. Nur ist der ja leider tot und in der Sache nicht mehr vernehmbar.«

»Die gesamten *Erhörten Gebete*?«

»Ja.«

»Glaube ich nicht. Was soll Lester damit angestellt haben?«

»Nach Capotes Tod fragte man ihn nach dem Manuskript, und er sagte, er könne es nicht mehr finden.«

»Wenn Lester es in der Tat hatte, dann hätte er besser darauf aufpassen müssen. Wie soll es denn aus seinem Safe verschwunden sein?«

»Seltsam, ja.«

»Ja, seltsam.«

»Die Geschichtenvariante von Joanne Carson kennen Sie bestimmt, dass das Manuskript in irgendeinem Schließfach sei. Und es gefunden würde, wenn die Zeit dafür reif sei ...«

»Vielleicht waren beide betrunken oder high, oder Truman spielte Spielchen mit Joanne. Dazu kommt mir spontan eine Theorie in den Sinn: Wahrscheinlich fühlte sich Truman sehr schuldig und hat deshalb diese falsche Fährte gelegt. Ich bin überzeugt, er war voller Schuldgefühle, weil er das Schreiben eingestellt hatte – aber auch, weil er solche Garstigkeiten über gute Freunde geschrieben hatte.«

»Sie vermuten, er bereute die *Esquire*-Publikation?«

»Ja, es hat ihn vernichtet. Es war wohl eine Gemengelage; er brauchte Geld, deswegen publizierte er das Kapitel vorab. Hätte er das gesamte Buch veröffentlicht und wäre die Figur, für die Bill Paley das reale Vorbild war, anders dahergekommen – man hätte als Leser Verständnis für diesen Charakter entwickelt. Wissen Sie, Paley startete als jüdischer Junge aus eher ärmlichen Verhältnissen – oder vielleicht der unteren Mittelklasse – und baute den TV-Sender CBS auf. Eine steile Karriere, aber das hieß nicht, dass er bei den WASPs als ihresgleichen akzeptiert worden ist.«

Die Abkürzung für White Anglo-Saxon Protestant: der Begriff für die protestantische weiße Oberschicht der USA.

»Zu dieser Zeit wurden die WASPs noch gar nicht wirklich WASP benannt; sie waren Protestanten der Upper Class, die mit Katholiken nichts am Hut hatten. Der Ku-Klux-Clan war nicht nur im Süden in den Zwanziger-, Dreißigerjahren sehr anti-katholisch eingestellt. Als Al Smith 1928 für die Präsidentenwahl kandidierte, war er der erste katholische Kandidat einer großen Partei. Es hieß damals, der Papst sei daran, einen Tunnel durch den Atlantik zu graben, bis zum Weißen Haus … Hätte Truman den Hintergrund von Bill Paleys Aufstieg erzählt, wäre dessen Motiv, sich für seine Demütigung als Jude an dieser Schicht zu rächen, verständlich geworden. So aber warf Truman Bill Paley im Kapitel zum Fraß vor: indem der mit der hässlichen protestantischen Frau des Governors Sex hat und am Ende als Trottel dasteht, der das Menstruationsblut auf dem ehelichen Bettlaken herauszuschrubben versucht, bevor seine Frau – Babe – sein Fremdgehen entdeckt.«

»Die Paleys sprachen danach nicht mehr mit Capote; er war nicht mal zur Beerdigung seiner ehemals besten Freundin drei Jahre später eingeladen.«

»Als Trumans Kapitel erschien, war Babe schon todkrank. Ich kannte sie nicht, aber ich weiß, dass er dachte, er würde Babe vor Bill in Schutz nehmen. Truman hat sich immer weit mehr mit den Frauen in diesen Ehen identifiziert. Ich glaube, seine Entschuldigung vor sich selbst, ihre Geheimnisse ausgeplaudert zu haben, war: *Well,* ich habs für Babe getan – damit sie kapiert, was für ein Drecksack Bill zu ihr ist. Und dann reagierte sie darauf vollkommen anders, als Truman erwartet hatte.«

»Seinem Biografen Gerald Clarke sagte Capote, Babe Paley habe ihr Zerwürfnis vorausgeahnt. Sie soll zu ihm viel früher einmal gesagt haben: ›Es gibt nur einen Menschen auf der Welt, der mich verletzen könnte, und das bist du, Truman. Nicht Bill, sondern du bist der einzige Mensch, der mir wirklich wehtun könnte.‹«

»… sie fühlte sich von Truman zutiefst verwundet. Ich kenne das Problem selbst, weil ich über meine Freunde immer wieder als Journalist und Biograf geschrieben habe. Aber die Einzigen, die danach richtig wütend auf mich waren, sind welche, die ich nie als meine Freunde betrachtete. Fran Lebowitz rief mich nach Erscheinen meines Buchs an und sagte, Bob, du hast die Wahrheit über jeden erzählt, aber du warst nicht fies dabei. Ich glaube, Truman wäre dazu genauso in der Lage gewesen. Nur wenn du so viel trinkst, kokst und ständig Marihuana rauchst, kommt dir dein Urteilsvermögen abhanden. Ich halte *Erhörte Gebete* nicht für Trumans Glanzleistung.«

»Das Buch ist boshaft, aber herrlich boshaft, finde ich, voll amüsanter Giftigkeit geschrieben. Zum Beispiel die Stelle, wo er dem Schah nachsagt, der Bestbestückte zu sein … würde mich interessieren, ob das der Wahrheit entsprach.«

»Farah Diba ist eine Freundin von mir. Aber ja, zumindest bei einer von Trumans vielen ungeheuerlichen Geschichten aus seinem Repertoire erfuhr ich zu meiner Beruhigung, dass sie sich tatsächlich so ereignet hatte. Truman begann so, jedes Mal: ›Habe ich euch je erzählt, wie ich Elvis traf?‹ – ›Nicht dass ich wüsste, Truman.‹ – ›*Well,* ich war in Las Vegas und sollte Elvis in seinem Hotel-Penthouse Grand treffen. Ich fahre zur 42. Etage hoch, und da finde ich Elvis mit 15 Hillbillys aus Tennessee und einer sehr reichen, sehr bekannten Amerikanerin, ratet mal, wer?‹ Und wir antworteten: ›Keine Ahnung.‹ Darauf Truman: ›Doris Duke!‹«

»Sagt mir nichts, ich kenne nur Doris Day.«

»Sie war eine Millionenerbin – aus der American Tobacco Dynasty. Irgendwann später mal war ich mit Doris Duke mittagessen, und ich sagte zu ihr ›Doris, mir brennt die Frage unter den Nägeln, ob die folgende Geschichte von Truman Capote wahr ist.‹ Erzählte sie ihr. Und sie sagte: ›It's absolutely true.‹«

»Solange seine Lügen unterhaltsam waren, war es da nicht gleich, wie wahr sie waren?«

»Na ja, der Unterhaltungscharakter war dadurch viel größer, denn Doris Duke und Elvis Presley und 15 Hinterwäldler auf einem Fleck, das ergibt aus amerikanischer Perspektive in der Summe etwas, was einiges über Elvis und einiges über Doris aussagt.«

»Sie sagten eben, Sie waren beruhigt, dass die Story von Truman nicht erlogen war.«

»Truman war kein schlechter Mensch, ganz sicher nicht. Er war sehr, sehr sensibel, wie die meisten extrem kreativen Charaktere. *He can be so funny!*« (Schon wieder! Schon der Dritte, der unmerklich ins Präsens gleitet, während er mir von ihm erzählt.)

»Und von sich selbst besoffen?«

»Nicht im Geringsten. Er war weder egoistisch noch schwierig. Du kannst gar nicht eine solch durchschlagende soziale Wirkung erzielen – wie sie Truman erzielte, und zwar bei egal welchem Menschenschlag, jung, alt, Working oder Upper Class – er fand bei jedem großen Anklang –, wenn du jemand bist ohne einen spendierfreudigen Geist. Er liebte sein Publikum.«

»Er brachte zu jeder Party etwas mit.«

»Genau, zu jeder Party, auch zu jedem Tisch, an dem nur drei Gestalten saßen. Er war voller Neugier auf Menschen. Ich bin auch so neugierig. Dann ist es sozusagen eine natürliche Begleiterscheinung, dass du gemocht wirst. Mit dieser Eigenschaft von Truman kann ich mich identifizieren: Ohne dich sonderlich anzustrengen, wirst du beliebt. Mir flößte meine Großmutter früh ein, denk dran, es geht nicht nur darum, was du zu anderen sagst, sondern darum, wie du es sagst.«

»Ein galliger Ton kommt nicht gut an, nicht mal bei brisantem Inhalt.«

»Ja, das mag man nicht, selbst wenn man erst mal hahaha macht. Weil sofort der Gedanke folgt: Oh Gott, ist das die Art und Weise, wie er auch über mich lästert, bin ich erst einmal zur Tür raus?«

»Truman wurde von seiner Neugierde stets auf den Beobachtungsposten getrieben, oder?«

»Eindeutig. Truman war sehr liebenswert, aber auch ein kleiner Unruhestifter. *Women's Wear Daily* nannte ihn ›The Tiny Terror‹. Aber vielleicht weil er von so kleiner Statur war, schien er nie ernsthaft bedrohlich. Und er liebte es zu tanzen.«

»Es gibt ein hinreißendes Foto von Ihnen und Capote, wo Sie beide miteinander händchenhaltend tanzen.«

»Ja, Truman sagte immer, ›ich tanze ausschließlich mit Bob‹. Klassisch, aber auch zu Discomusik. Warhol veröffentlichte das Foto, und als es mein Vater in der Zeitung sah, raste er vor Wut. Ich entgegnete meinem Dad, immerhin habe ich beim Tanzen geführt.«

»Machte Capote sein Schwulsein zum Thema?«

»Er führte kein exclusively gay life. Er hatte schwule Freunde wie Lester und Andy, aber er war so viel mehr als nur schwul. Darauf war Andy eifersüchtig, er wollte das auch sein: der einzige Schwule, der von der heterosexuellen Gesellschaft anerkannt wird. Bei den Dinnerpartys, bei den Paleys oder seinem Verleger Bennett Cerf, unter denen war er wahrscheinlich der einzige Schwule. Obwohl in diesen exzentrischen Kreisen, speziell im europäischen Jetset, nicht wenige bisexuell waren. Oder schwul *und* verheiratet. Es war ein dekadentes Milieu, im guten Sinne.«

»Heute wird man fast nostalgisch, wenn man an die ausschweifenden Siebziger- und Achtzigerjahre denkt, an solch fantastische Frivolität: So vieles schien möglich. Die Aufbruchsstimmung einer ganzen Gesellschaft hat sich längst verflüchtigt, obwohl die Achtundsechziger ja nicht ohne Grund rebelliert haben, sondern weil sie die Nase voll hatten von der engstirnigen, kleingeistigen Besitzstandswahrung der Elterngeneration.«

»Ja, die Ideale der Achtundsechziger – die sexuelle Befreiung, die Emanzipation der Frau, die Schwulenbewegung – entstanden im Aufbegehren gegen den amerikanischen Puritanismus. Unsere Revolte fand auf dem Tanzboden statt. Wir wollten unseren Spaß auf Teufel komm raus und gleichzeitig die Kategorien von Macht und Ohnmacht lustvoll auf den Kopf stellen.«

»Im Studio 54 tanzte Mikhail Baryshnikov mit Liza Minelli, John Travolta mit Sylvester Stallone, Elton John mit Divine. Aber so unerbittlich der Türsteher regierte, er ließ, zugunsten der ausgeklügelten Mischung, auch den amüsierwilligen Bauarbeiter rein. Capote war offenbar so hin und weg von der Clubatmosphäre, dass er sagte: ›Ich bin in sehr vielen Nachtlokalen gewesen, aber das ist das beste, das ich je gesehen habe. Das ist das Nachtlokal der Zukunft. Es geht sehr demokratisch zu. Jungen mit Jungen, Mädchen mit Mädchen, Mädchen mit Jungen, Schwarze und Weiße, Kapitalisten und Marxisten, Chinesen und was es sonst noch gibt – alles eine große Mixtur!‹«

»Stammgäste wie Bianca und Mick Jagger, Cher, Diane von Fürstenberg oder Diana Ross kamen genau wegen dieser Gästemischung. Sie fühlten sich in der Masse nie unwohl, niemand glotzte sie blöd an. Jeder hier war ein Star. Man lebte in diesem alten Theatersaal die Parole, die sich Amerika erkämpft hatte: keine Angst vor dem Andersartigen zu haben. Hier drin spürte man hautnah, wie fulminant das Leben sein kann, sobald man unterschiedliche Ideologien, Klassen, Identitäten außen vor lässt, wenigstens für eine Nacht.«

»Ohne jetzt spießig-puritanisch sein zu wollen: Mancher hat den Exzess teuer bezahlt.«

»Ich war zu der Zeit noch nicht mal dreißig, viele sogar jünger als ich. Aber Truman war damals in seinen Fünfzigern. Das Studio 54 wurde sein Wohnzimmer, am liebsten war er auf der DJ-Balustrade, von wo er alles überblicken konnte, aber niemand ihn sah. Allerdings saßen wir auch oft auf dem Fußboden im VIP-Verlies, ein dreckiger Keller mit Gitterstäben – unterhalb des Tanzsaals. Eines Nachts hing ich da bei einer Flasche geklautem Schneider-Wodka mit Truman und einem jungen Briten herum, Hugo Guinness, dessen Schwester in der Factory arbeitete. Auf einmal taucht Yves Saint Laurent in unserer Grotte auf, weil er in New York sein neues Parfum Opium lancierte. Roy Halston springt auf und fällt Saint Laurent um den Hals. Der größte Modemacher Amerikas und der größte Modemacher Europas – *mon cheri* hier, *mon cheri* da. Und Truman raunt Hugo zu: ›Du bist eben Zeuge geworden von einem der großartigsten Augenblicke der Modegeschichte. Zumindest, wenn dich die Modegeschichte überhaupt irgendwie schert.‹ Und der Moment war wirklich perfekt.«

»Welche Spuren hinterließen die exzessiven Nächte bei Capote?«

»Er hatte oft so viel Wodka und Drogen intus, dass man ihn raustragen musste. Trotzdem behauptete er weiter, er bemühe sich, gesund zu leben. Mir sagte er zum Beispiel: ›Ich werde ab jetzt jeden Tag schwimmen gehen, das ganze Jahr über, im York Plaza Pool.‹«

»Und ließ er seinen Worten Taten folgen?«

»Truman und ich hatten uns zum Schwimmen verabredet. Ich war etwa zehn Minuten zu spät, und Truman sagte, wo hast du gesteckt? Du bist zu spät, ich bin schon hundert Bahnen geschwommen. – Ich fragte misstrauisch: Du bist schon hundert Bahnen geschwommen? Okay, dann schwimm wenigstens noch ein paar Bahnen mit mir. – Er: in Ordnung, ein, zwei schwimme ich noch. Und er paddelte wie ein Hündchen im Wasser, während er Klatsch und Tratsch erzählte, im Stil, dieses Biest … und so fort. Ich brüllte vor Lachen, das weiß ich noch, weil es in diesen Indoorpools so hallt.«

»Ich habe in dem *Interview*-Artikel 1979 von Capotes Schwimmaktionen gelesen. Darin behauptete er, jeden Tag mehrere Stunden im Wechsel eine halbe Stunde zu schreiben und eine Viertelstunde zu schwimmen. Damals war es sogar glaubhaft, weil er gerade aus der Entzugsklinik kam und frohen Mutes. Im Zeitraum 1978 bis 1980 war er trotz seiner Krankheiten produktiv; Ihr *Interview*-Magazin konnte eine Reihe von Stücken publizieren. Wenn ich das so sagen darf, mir ging in dem einen Gespräch Warhol arg auf den Geist: Er stellte Capote penetrant törichte Fragen, zm Beispiel über sein Verhältnis zu Jack Dunphy, nachdem Capote betonte, dass er – mit einer Ausnahme, ich vermute, er meinte John O'Shea – mit all seinen Liebhabern zugleich eng befreundet war und ist. Capote lässt Warhol an der Stelle am langen Arm verhungern. Zu Recht, finde ich.«

»Ja, Andy konnte sehr hartgesotten sein und steckte seine Nase gern in Dinge, die ihn nichts angingen. Als Truman und ich damals aus dem Schwimmbad kamen, hatte ich etwa diesen Freund, den Andy nicht billigte – bloß war das die Regel, denn Andy wollte, dass niemand von uns bei der Factory einen Freund oder eine Freundin hatte. Wir sollten ausschließlich ihm treu ergeben sein.«

»Erwartete Capote ähnliche Hingabe?«

»Nein, Truman mochte die Tatsache, dass ich einen Freund hatte, und wenn wir uns zum Lunch verabredeten, sagte er, bring doch Cameron mit, wenn du magst.«

»Er war nicht eifersüchtig?«

»Gar nicht, er wollte keine Entourage wie Andy, der das liebte. Andy war im menschlichen Umgang unsicher, heute vermutet man, er könnte Asperger gehabt haben. Weil er so unbeholfen mit Menschen umging, brauchte er mich oder Hughes oder Vincent als Puffer. Andy war schüchtern, Truman nicht im Geringsten. Truman war furchtlos. Er konnte in einen Raum spazieren und den sofort zu seinem alleinigen Revier machen. Wenn Andy zur Gastgeberin sagte, es ist großartig, in den USA zu leben; dann sagte ich zu ihr: Andy sagte mir eben, er liebe Ihr Apartment, und Ihr Sohn sei so attraktiv und Ihre Tochter so intelligent ...«

»Wie ein Übersetzer.«

»Ja, über Andy scherze ich gelegentlich, dass mein Job bei ihm war: zu übersetzen, vom Englischen ins Englische. Truman war ...«

»... das Gegenteil.«

»Truman war ein Romantiker, Andy ein Zyniker. In der Tiefe seines Herzens war auch Andy romantisch, aber er wollte eine Maschine sein, keine Gefühle haben. Er sagte mir, du glaubst an die Liebe, Bob. Werde reich und berühmt, dann kannst du jeden haben. Und ich erwiderte ihm, Andy, du bist reich und berühmt, und es scheint gar nicht so zu laufen, wie du sagst.«

»Capote schrieb in *Erhörte Gebete*: ›Just being rich isn't enough.‹«

»Ja, für Andy dagegen war es ein Lebensziel.«

»Und hielten Sie an Ihrem Freund Cameron fest, obwohl Warhol Ihnen diesen madig machen wollte?«

»Nach unserem kleinen Schwimmen setzte mich Truman ins Taxi an der First Avenue und sagte in seiner *little loud voice*, während mich der Taxifahrer komisch musterte: ›Hör nicht auf Andy! Er hat nicht den leisesten Schimmer davon, was Liebe ist.‹ Das markiert den ganzen Unterschied zwischen Truman und Andy in einem einzigen Satz.«

»Warhol soll Ihnen vorgeschlagen haben, sich in Bob Cola umzubenennen, weil das mehr nach Pop klänge. War Warhol ein Kontrollfreak?«

»Unbedingt! Er ließ sich nie gehen, aber liebte es, andere in ihrer Zügellosigkeit und Verderbtheit zu filmen oder auf Tonband aufzunehmen. Er wollte alles mitkriegen, kein fremdes Laster verpassen.«

»Er soll Brigid Berlin auf Capote angesetzt haben: ihm betrunken Geheimnisse zu entlocken und heimlich mit dem Rekorder aufzuzeichnen.«

»Brigid hatte Auszüge von *Erhörte Gebete* von Truman zu sehen bekommen, und auf dieses Buch warteten alle begierig. Deshalb kam Andy auf diese Finte.«

»Ich hätte Brigid Berlin sehr gern dazu befragt.«

»In den Jahren vor ihrem Tod war sie fast invalide, oft in einem jämmerlichen Zustand. Sie hatte eine Vorstufe zu einem Lungenemphysem. Es war hart für sie, sich auch nur aus dem Bett zu erheben. Und auch wenn ich es nicht sicher weiß, glaube ich, dass sie wieder trank.«

»Ich wäre hin und weg gewesen, hätte ich sie für eine Viertelstunde besuchen dürfen.«

»Sie und Truman rückten sehr zusammen, in seinen letzten Jahren. Er bat sie sogar, beim Schreiben einfach neben ihm zu sitzen. Aufzupassen, dass er schreibt.«

»Brigid Berlin entschied sich, nicht den üblichen Weg der Erbin einzuschlagen, und wurde eine der ikonischen Gestalten in Warhols Filmen. Ich nehme an, Sie wählten ebenfalls mit Bedacht Ihre Position: das Milieu, dem Berlin entstammte, mit journalistischem Abstand zu beobachten?«

»Ich schätze, ich gehöre zu der kleinen Handvoll Journalisten, die von den höchsten Kreisen wirklich akzeptiert wird. Als Journalist musst du nah an sie rankommen und dich dann aber am Rand postieren, in einiger Entfernung.«

»Wie fühlte sich Capote unter den Superreichen, als Insider oder Outsider?«

»Man ist immer beides. Hinsichtlich des Geldes kannst du gar nicht auf einer Ebene mit ihnen sein. Ich war bei einem Essen, wo ein Gast feststellte, jeder am Tisch besitzt ein Privatflugzeug. Und ich sagte, oh ja, außer mir. Worauf sie sich bemüßigt fühlten, mich wissen zu lassen: Wir alle lieben es, dich bei uns an Bord zu haben. – Trotzdem bleiben es ihre Flugzeuge, nicht meine.«

»Es gibt die Ansicht, Capote habe sich an der Upper Class mit dem *Esquire*-Vorabdruck rächen wollen. Ist das auch Ihre Meinung?«

»Ich glaube, Truman hielt wie ich Neid für eine der am wenigsten attraktiven menschlichen Emotionen. Ich kann mir eher vorstellen, dass Bill Paley mal verächtliche Bemerkungen gemacht hat ihm gegenüber, vielleicht etwas Homophobes von sich gab, und Truman dachte, dich krieg ich schon noch.«

»Glauben Sie, die Rachegefühle brodelten in Capote über einen langen Zeitraum?«

»Die wurden meiner Meinung nach von seinen Süchten befeuert. Dann kann so ein alter Groll schwelen und schwelen und schwelen.«

Im *Rolling Stone*-Magazin erschien 1973 folgender Bericht: Der Journalist war mit Capote auf der Straße unterwegs, und alle paar Meter kamen Junge und Alte auf Capote zu, quasselten auf ihn ein oder zollten ihm einfach ihre Bewunderung. Ob ihn diese ständige Belagerung durch Fremde gar nicht nerve, fragt ihn der Reporter, er sei so zugewandt und freundlich, wie lästig auch immer sich die Leute gebärden.

Und Capote sagt: »Solche Leute unfreundlich zurückzuweisen, das hat etwas Vernichtendes. Wenn dir jemand seine Gunst entgegenbringt, und du behandeltst ihn wie einen Durchgedrehten ... ich verachte Ablehnung in jeder Form. Zurückweisung kann ein gewaltiges Trauma auslösen. Was kann grausamer sein, als jemanden abzulehnen?«

Der Reporter fragt ihn daraufhin, woher diese heftige Emotion rührt. Und Capote antwortet, vielleicht stamme sie aus seiner Kindheit, in der er nie sicheren Boden unter den Füßen gehabt habe und von einem Haushalt in den nächsten verklappt wurde.

»Ich kann mich erinnern, dass Truman es den Paleys und all denen, die ihn hatten fallen lassen, heimzahlen wollte: mit einer Riesensause, einer Party, die selbst seinen Black and White Ball in den Schatten stellen sollte. Zu der er den europäischen Hochadel einladen würde und alle möglichen Stars aus dem Studio 54 – hauptsächlich ergötzte er sich an dem Gedanken, wen von den offiziellen Gesellschaftsgrößen er mit seiner Gästeliste Missachtung zollen würde. Leider muss ich jetzt wirklich abzischen, ich habe ein Buch zu schreiben. Nächstes Mal, wenn Sie mit Ihrem Kamerateam wiederkommen …«

»Es gibt keins, mein Team besteht aus mir, Stift und Block.«

»Verzeihung, dann habe ich das zusammengewürfelt. Ich dachte …, aber ich unterhalte mich wirklich gern noch ein zweites Mal ausführlich mit Ihnen, wenn ich mein Buch fertig habe.«

Gesagt, getan, und aus der Tür. Vor Colacellos Haus fällt mir Capotes handschriftliche Notiz aus einer seiner späten Kladden in seinem Nachlass ein, an den Rand eines Entwurfs von *Erhörte Gebete* geschrieben: »To be captured: the price of being beautiful.« Ein Zitat der Dichterin Marianne Moore. »Gefangen genommen werden: der Preis dafür, schön zu sein.«

Tropische Fische unternehmen weite Reisen, nur um schließlich in einem Aquarium zu landen. Und ich frage mich, ob Capote sich, in einer Anwandlung von Selbsthass oder bloß Verzweiflung, als einen solchen Tropenfisch sah. Der nach einer aufsehenerregenden Reise – währenddessen von kleineren Fischen für seine Exotik bewundert – in der Falle geendet war. Vielleicht sogar sehenden Auges in sein Verderben schwamm. Durch ein Meer von Lügen, in dem auch die Lügen über sich selbst schwammen. Nur um am Ende seines Wellenritts festzustellen, dass er begafft worden war, statt je wirklich gesehen.

OBSERVATIONS
THE UNLOVED BOY

Wer den Geist eines Verstorbenen spüren möchte, geht zum Friedhof; dafür sind Friedhöfe da. Der einzige Verlust, den ich bisher innerhalb meiner Familie beklagen muss, ist mein Vater. Wir haben uns gegen ein Grab entschieden, und dafür, die Erinnerung an ihn ohne Stein lebendig zu halten.

Die New York Public Library ist kein Totenacker. Das pure Gegenteil: ein wahrer Hort der Beseeltheit, wo Abertausende Bücher die unterschiedlichsten Verfasserinnen und Verfasser wiederauferstehen lassen. So wird auch Truman Capote hier auf schönste Weise lebendig, seine Energie neu fühlbar. Und deswegen drängt es mich an diesen Ort, bis zum dritten Stock, hinein in den *Brooke Russell Astor Reading Room for Rare Books and Manuscripts* – in den eigentlichen Heiligen Gral, der mit einer Gruft zum Glück bloß die niedrige Temperatur gemein hat.

Hierher war Capotes Nachlass von drei Männern geschafft worden: von seinem Lektor Joseph Fox, seinem Biografen Gerald Clarke und seinem Anwalt Alan U. Schwartz, der von Capote bereits zu Lebzeiten auserkoren worden war, die Rechte an seinem Werk zu verwalten und dessen physische Formen nach seinem Tod der New York

Public Library zu übergeben. (Ein kleinerer Teil seiner Manuskripte, den ich bei einem Kurzbesuch in Washington sichtete, befindet sich in der Library of Congress.)

Bei Gott, ich schwörs, als ich die New York Public Library von der 55. Straße aus betrete, schwebt eine weiße Vogelfeder sanft auf die Marmorstiegen des Eingangs hinunter. Nur um meinetwillen – und sonnenklar! in einem selbstironischen Gestus – inszeniere ich meinen Einzug in die heiligen Hallen als Kopfkino: als schritte ich eine Showtreppe empor.

Das Rüstzeug für meine Archivarbeit habe ich im Rucksack: eine 1-a-Lupe (Vergrößerungsfaktor 2.8); meine schärfste Lesebrille – und weil ich mich von vorherigen Besuchen an die Schlotterkälte im Rare Books Department erinnerte – packte ich dicke Kniestrümpfe und ein Paschminatuch hinein, obwohl die Hitze draußen schon aus den Rillen der Gullydeckel dampft.

Mein wichtigstes Zubehör aber ist das Mini-ipad, das mir in Sekundenschnelle angibt – und aufs kleinste Wort genau –, welcher Satz in Capotes handschriftlichen Manuskripten in einem seiner Bücher publiziert worden ist. Beziehungsweise viel entscheidender: welcher Satz eben nicht. Auf dieses kleine Ding mit großer Wirkung – aufs Digitale überhaupt – stimmte ich schon bei der Entdeckung seiner High-School-Geschichten ein Loblied an.

Nicht zu vergessen in meinem Gepäck: das übliche Schweizer Bestechungsbakschisch, eine Box Sprüngli-Pralinen für Tal, die junge Bibliothekarin, ohne die ich nichts gestemmt bekäme. Per Mail hat sie mir zugesichert, alles für mich vorzubereiten. Nein, eigentlich nicht; praktisch hieß das nur, man würde mir die gewünschten der 39 Kartons auf einen Rollwagen stellen, damit ich sie ausgiebig durchforsten kann. Das ist nicht nichts, aber auch noch nicht viel. Die Papiere darin sind lose sortiert, teilweise mit »unidentifiziert« beschriftet; einige scheinen wie im plötzlichen Tumult in eine Mappe bugsiert worden zu sein.

Womit man beim springenden Punkt ist. In meiner frisch erworbenen amerikanischen Erstausgabe von *Answered Prayers* beginnt Joseph Fox seine Editorische Notiz so: »1966 was a wonderful year for Truman.« Am 5. Januar 1966 nämlich, auf dem Sims seines größten Erfolgs *Kaltblütig*, unterzeichnete Capote bei Random House den Vertrag für sein nächstes Buch *Erhörte Gebete*: über »the small World of the very Rich – part aristocratic, part Café society – of Europe and the East Coast of the United States«. Vorschuss: 25 000 Dollar, vereinbarte Manuskriptabgabe: 1. Januar 1968.

Wie wir wissen, wurde daraus nichts. Folgerichtig berichtet Fox – als der Roman schlussendlich fragmentarisch erschien – von der Mühe, die sie sich zu dritt nach Capotes Tod machten, allem von literarischem Wert habhaft zu werden. Jede Schublade in seinem UN-Plaza-Apartment durchkämmten die drei, bei der gemeinsamen Anstrengung angespornt von der Verheißung, sein vollständiges Manuskript zu finden.

Fehlanzeige: »Almost none of the letters, diaries or journals he mentions has ever been found«, in dieser mageren Zeile hielt Fox ihre enttäuschten Erwartungen fest.

Damit hatte das Trio nicht gerechnet, denn Capote sei »a pack rat« gewesen – ein Sammler, der noch das kleinste Zettelchen über mehrere Jahrzehnte hortete: »Er hob praktisch alles auf«, schreibt Fox.

Wenn dem nun so ist, will ich dem Nagetier gern als Wühlmaus meine letzte Ehre erweisen. Und während Bob

Colacello gemutmaßt hatte, Truman habe Kindheitsrelikte im Vorbewusstsein seines nahenden Ruhms ewig aufbewahrt, hatte Charlotte für mich gestern Abend in der Küche ihre Erklärung seiner Sammelwut parat: »Capote war zu sentimental, um etwas wegzuwerfen.«

Hoffentlich würde sich ihre Küchenpsychologie als goldrichtig herausstellen.

Baldigst kann ich aus eigener Anschauung bestätigen, dass sich in den Kartons uraltes Zeug häuft, unter anderen Überresten: Schnipsel, Visitenkarten, Babyfotos von ihm, ein silbernes Zigarettenetui mit Gravur, gepresste Strohblumen, sepiabraune Vergangenheit.

Bei einem Zettel schnappe ich nach Luft. Eine Zeitungsmeldung, aus dem »Vermischten« gerissen, datiert auf den 27. Februar 1959. Die Headline lautet: »Unloved Boy Found Life as Machine«, die Überzeile »Too Painful to be Human«. Geschildert wird der Fall eines Neunjährigen, der in der Wahnvorstellung gefangen war, eine Maschine zu sein. Er hatte sich mit Drähten an imaginäre Stromquellen und Motoren angeschlossen, um sich dadurch mit Elektrizität aufzuladen und in eine Maschine zu transformieren. Der nach wie vor bekannte, heute gleichwohl umstrittene Kinderpsychiater Bruno Bettelheim von der Universität Chicago habe sich inzwischen seiner angenommen, stand im Artikel, er untersuche Joeys bizarre Auswüchse von »Autismus«.

Als ich daraufhin den »Unloved Boy Found Life as Machine« google (dem Bibliothekswifi sei Dank!), wird auch mein Hirn ein wenig anders verdrahtet: Bettelheim nämlich publizierte nach diesem Populärartikel später in einem Fachblatt, ebenfalls 1959, einen Aufsatz, in dem er verblüfft äußerte, Joey habe nicht nur sich selbst, sondern auch das wissenschaftliche Team (vorübergehend) von der Illusion überzeugt, er sei ein technischer Apparat. So täuschend echt hätten seine mechanischen Bewegungen auf Außenstehende gewirkt.

Hypnotisch bannt mich Bettelheims Interpretation für die kindliche Störung: Ein normales Kind ist von seiner Fantasiewelt nicht besessen, sondern fantasiert sich zum Beispiel in eine Figur mit magischen Kräften, kann aber in die Realität zurückkehren. Wogegen gestörte Kinder die Rückreise nicht immer antreten könnten. Sie würden Gefangene ihrer inneren Welt der Täuschungen und Fantasien bleiben. Eine Schizophrenie dieser Art, konstatiert Bettelheim, resultiere oft aus elterlicher Ablehnung, manchmal verbunden mit ambivalenter Liebe. Joeys Mutter habe ihren Sohn nicht einfach nur ignoriert, sie sei eine »Kühlschrankmutter« (das ist sein Terminus dafür). Ihre Zurückweisung sei schon vor Joeys Geburt vollzogen worden. »Ich wollte ihn weder sehen noch stillen«, zitiert Bettelheim aus seinen Gesprächen mit den Eltern. Von klein auf sei Joey nie berührt worden; sie hätten weder mit Joey gekuschelt noch gespielt, und als er zu sprechen anfing, habe er mit sich selbst geredet. Da seine Existenz von seiner Mutter nie zur Kenntnis genommen wurde, schlussfolgerte der Entwicklungspsychologe, hätte Joey »zwanghafte Abwehrmechanismen« entwickelt – unter anderem glaubte er sich nur imstande, »durch aufwendige Rohrleitungssysteme aus Strohhalmen« trinken zu können.

»Joeys pathologisches Verhalten schien uns der äußere Ausdruck einer überwältigenden Anstrengung zu sein, als Person nahezu nichtexistent zu bleiben«, schreibt Bettelheim. Und: »Joey hatte diese Maschine geschaffen, um seinen Körper und Geist zu steuern, weil es zu schmerzhaft war, ein Mensch zu sein.«

Ferner strich er heraus, dass nicht Joey die Maschine erschaffen habe, sondern Mutter und Vater ihn durch ihre mechanische Behandlung zu einer Maschine deformiert hätten. In Joeys Entwicklung sei der normale Wachstumsprozess dadurch quasi rückwärts abgelaufen. Sein ärztliches Fazit aber sei eines des Erfolgs: Joey habe am Ende eines langwierigen Prozesses aufgehört, ein mechanischer Junge zu sein, und sei ein menschliches Kind geworden. »Dieses neugeborene Kind war jedoch 12 Jahre alt.«

Welch Wahnsinn. Weshalb hatte ich Joey bei Truman gefunden? Hatte Capote daran fasziniert, was mich faszinierte: was Mütter, die die Existenz ihrer Söhne beharrlich zu leugnen versuchten, damit im schlimmsten Fall anrichten konnten? Brachten Kühlschränke so die nächste Generation Kühlschrank hervor?

Laut Bindungsforschung entwickelt sich ein Kind gesund, wenn es sich in den ersten drei Lebensjahren behütet, geliebt, akzeptiert fühlt. Es ein Urvertrauen aufbauen kann. Bettelheims Überzeugung zielte auf den Erziehungsauftrag, dass Eltern niemals ein Kind nach *ihren* Wünschen formen sollten. Stattdessen dem Kind zu helfen, eine Persönlichkeit zu werden, die es selbst sein möchte und die es sein kann.

In seinem Buch *Kinder brauchen Märchen* stellt er die These auf, dass traditionelle Märchen dem Kind die Möglichkeit geben, innere Konflikte, die es während seiner seelischen und geistigen Entwicklung erlebt, zu erfassen und in der Fantasie auszuleben – und zu lösen.

Capotes Mutter hatte all das ihrem Sohn verunmöglichen wollen. Glücklicherweise konnte sie nicht verhindern, dass Truman sich seine Rettungsanker in der eigenen Fantasie setzte und, wenn man so will, darüber sein eigener Seelsorger wurde.

Bringt man den Erziehungskontext mit dem Geschimpfe auf Capote als jämmerlicher Proust-Epigone zusammen, sind die biografischen Parallelen auffallend, dass nämlich auch Marcels Mutter von der psychoanalytisch beeinflussten Literaturwissenschaft eine erhebliche Rolle für dessen Werk zugeschrieben wird. Wie für seine Homosexualität, die manch Forscher in Prousts Anhänglichkeit und mütterlicher Verherrlichung begründet sieht. Der war ein Muttersöhnchen, von ihr zeitlebens »kleiner Wolf« gerufen, der sich nie abnabelte.

Bilder wandeln sich nicht selten im Schneckentempo, und Verzerrungen bleiben über erstaunlich lange Zeiträume in Köpfen bestehen – womöglich sind vierzig Jahre seit Capotes Tod nicht genug Vorleben, um solche Befangenheiten aus dem Blick auf ihn zu scheuchen?

Und immer wieder ein Messen mit doppelten Maßstäben, Feingetue, moralisches Gehabe. Vor Kürzerem erst wurden Briefe von Proust gefunden, laut derer er verdeckt positive Rezensionen zu seinen eigenen Büchern verfasste und den führenden Zeitungen Geld zufließen ließ, sofern sie diese auf ihren ersten Seiten abdruckten. In einer Eloge auf *In Swanns Welt* aus seinem mehrteiligen Roman *Auf der Suche nach der verlorenen Zeit* verglich er sich gar mit Charles Dickens und urteilte über sein eigenes Werk, dieses sei ein »kleines Meisterwerk«.

Als das – ein großes! Meisterwerk – ist es längst anerkannt, aber vergessen der Fakt, dass es Anfang des 19. Jahrhunderts von mehreren Verlagen in Folge abgelehnt worden war. Sogar der Verleger, der sich schließlich überwunden hatte, es zu publizieren, nannte das Buch »unlesbar«.

Ich mag mich irren, aber für die Nachwelt hat sich zwischen Prousts Zeilen wenigstens nicht seine Homosexualität in Zaubertinte eingeschrieben. In *McCall's* (im Impressum steht »First Magazine for Women« und eine Auflage von 8 500 000 Exemplaren), in dem im November 1967 die erste, famose Geschichte Capotes nach *Kaltblütig* vorab erschien, wird diese Story *Der Thanksgiving-Gast* nicht nur von einem in die Tiefe gehenden Gloria-Steinem-Interview mit ihm umrankt: Das Blatt enthält auch eine Ratgeber-Kolumne von Dr. Theodore Isaac Rubin, betitelt *A Psychiatrist's Notebook*. Die ist unerwartet aufschlussreich, weil sie die Antwort auf eine Leserfrage zu »Homosexual Fears and Homosexuality« ist – eine Frage, die laut Zeitschrift von der unter amerikanischen Männern weitverbreiteten Angst zeuge, schwul zu sein.

Kann es wirklich sein, dass der Psychiater noch 1967 nach bester medizinischer Expertise antwortete, Homosexualität gründe in jedem Fall in schwer gestörten Familienverhältnissen? Für Dr. Rubin war sie ein »Symptom« frühkindlicher Labilität; am irrsten aus heutiger Sicht aber finde ich den Absatz, in dem er diejenigen homosexuellen Menschen lobend heraushebt, die über die »außergewöhnliche Motivation« verfügten, sich aus eigener Kraft in Heterosexuelle zu verwandeln. Wer könnte es bei diesem Zeitgeist Trumans Mutter verdenken, dass sie mit dem Schwulsein ihres Sohnes haderte?

In den nächsten Wochen schwanke ich zwischen Zweifel und Überschwang. Mal reitet mich der Fan-Übermut, es könnte Brauchbares in einer Kiste vor sich hin schimmeln – als Indiz gilt mir zum Beispiel, dass Capote auch *Summer Crossing* seinem Lektor zu einem präzisen Termin versprach, zum Jahresende 1949, und ihm letztlich nur ein paar erste Seiten aushändigte – und das Manuskript dann 2004 wiedergefunden wurde. (Nachdem *Andere Stimmen, andere Räume* ihn zum umworbensten Debütautor der USA werden ließ, fragte keiner mehr nach seinem eigentlichen Erstwerk.)

Dann wieder ähnelt mein Abgang aus dem Astor's Room dem von Inspector Columbo. Auf meinen Lippen dessen detektivischer Türöffnersatz: »Ich habe noch eine Frage.« (Bloß dass ich die außer an mich an niemanden adressieren kann.)

Achten Sie auf Ihre Wertsachen, dieses Warnschild will ich in der Bibliothek unbedingt für mich umdeuten, mit dem Richtungspfeil: Achte auf *seine* Wertsachen. Sehen, was Fox & Co. übersehen haben könnten.

Die Sprache verschlägts mir, als ich an einem Julitag unter seinen handschriftlichen Notizen etwas entdecke, worüber er »Hooray For Hollywood« gekliert hat. Warte, hatte nicht eins der verschollenen Kapitel Hollywood als Schauplatz?

Inzwischen bin ich geübt darin, Capotes fitzelige Handschrift zu entziffern; schwierig wird es dennoch bei jenen Wörtern, die ich gar nicht in meinem englischen Wortschatz habe. Aber den Witz, den die Passage birgt, verstehe ich. Ebenfalls dämmert mir, dass nicht die Filmhochburg in Los Angeles gemeint ist, sondern ein New Yorker Nachtclub namens Hollywood. Und in diesem Schuppen, schreibt Capote, kommen die Vergnügungssüchtigen nächtens zusammen, angerauscht auf schweren Motorrädern oder per Subway aus Brooklyn und der Bronx. Oder in einem weißen Rolls-Royce wie der szenebekannte Mr. Snow: »a black big-time pin-up type«, der seinem Namen alle Ehre macht – angetan mit einem bodenlangen schneeweißen Hermelinmantel, den er nie abzulegen scheint, einem gigantischen weißen Fedora-Filzhut und weißen Seidenstrümpfen in weißen Lackpumps.

»Also, he has light diamond rings, one for every finger – <u>thumbs</u> excepted. The only Hollywood personnage possibly more stunning than Mr. Snow is his frequent ›date‹, a tall red-headed transvestite Mr. Snow always introduces as ›– and you know my lovely young friend here, Miss Sugar Kane?‹ The startling thing about her is that she's the only transvestite I've ever seen who, along with her short and chic gold bugle-bend dresses, sports a big red handlebar mustache and a crisp van Dyck beard.

The first time I went to Hollywood I ran into Salvador Dalí; he told me he was so fascinated by Mr. Snow and Miss Sugar Kane that he intended painting a portrait of them:

›Very realistic. Just as they are.‹ I should think so: just as they *are* beats surrealism all below.«[17]

17 Außerdem trägt er helle Diamantringe, einen für jeden Finger – mit Ausnahme der *Daumen*. Die einzige Hollywood-Persönlichkeit, die noch umwerfender ist als Mr. Snow, ist seine häufige ›Verabredung‹, ein hochgewachsener rothaariger Transvestit, den Mr. Snow immer mit ›– und Sie kennen meine reizende junge Freundin hier, Miss Sugar Kane? vorstellt. Das Erstaunliche an ihr ist, dass sie der einzige Transvestit ist, den ich je gesehen habe, der neben seinen kurzen und schicken goldenen schnallengegürteten Kleidern auch einen großen roten Schnurrbart und einen knackigen Van-Dyck-Bart trägt.
Als ich das erste Mal in Hollywood war, traf ich Salvador Dalí; er erzählte mir, dass er von Mr. Snow und Miss Sugar Kane so fasziniert war, dass er ein Porträt von ihnen malen wolle: ›Sehr realistisch. Genau so, wie sie sind.‹ Ich denke: Ja, so, wie sie *sind*, das stellt alles Surrealistische in den Schatten.«

An diesem Abend, nach etlichen übers Papier gebeugten Stunden, springe ich förmlich durch den wunderschönen Bibliothekssaal mit seiner raren Grandezza. Derart beschwingt und leichtfüßig, als hätte ich soeben mit Capote, dem leidenschaftlichen wie begabten Schlittschuhläufer, höchstpersönlich ein paar Pirouetten auf dem Eis gedreht: die Wangen von heiterer Anstrengung gerötet, das Herz lauter und schneller pochend und ein merkwürdiges Kribbeln unter der Kopfhaut, bei dem Gedanken, ja!, diese handgeschriebenen Seiten in dieser Schachtel, die könnten es sein: der Schlüssel zum Ganzen.

Sie bestärken mich in dem Gefühl, eine Capote-Geschichte staple sich in die nächste, wie bei einer Matroschka, in deren innerstem Kern sich das vielleicht immer selbe Seelchen verbirgt. Und es an mir ist, nachzuschauen, wie viele Püppchen wirklich in der Holzpuppe stecken.

Dem Frust der Vermutung, nie nichts vollends dechiffrieren zu können, steht die wundervolle Aussicht gegenüber: 39 Kisten. 39 Möglichkeiten, weiterzustöbern.

FACHMANN FÜR (SEIN) LEBEN
GERALD CLARKE

Lebe ich auf dem Mond?

Nachdem mich Gerald Clarke an der Greyhound-Station in Bridgehampton eingesammelt hat und wir über die lange Auffahrt zu seinem zwei Hektar großen Gelände fahren, klärt er mich in beiläufiger Eleganz über seine Nachbarschaft auf: zur Linken James Salter, der Schriftsteller, zur Rechten, Madonna, eine Sängerin – vielleicht haben Sie mal von ihr gehört?

Und während ich mich schon peinlich darüber erregen will, dass Amerikaner anscheinend glauben, in Europa würde man am Zeitgeschehen der großen weiten Welt keinerlei Anteil nehmen, entsinne ich mich, dass Verallgemeinerungen in den USA manchmal eine bestechende Präzision an sich haben, und sowieso, wer bin ich denn für Gerald Clarke? Eine Schweizer Journalistin, die er aus Kollegialität an seiner Erinnerung an Truman Capote teilhaben lässt: Als Reporterin bin ich auf den Reporter Clarke gestoßen, weil er als *der* Sachverständige für Truman Capote gilt. Und völlig zu Recht; so gut wie alles, was ich über Truman Capote weiß, weiß ich durch ihn.

Deswegen würde ich mich zu wichtig nehmen, wenn ich seine Bemerkung persönlich auffasse – wichtiger als er sich, denn ich habe ihn kennengelernt als einen Mann, der kein Aufhebens um die eigene Leistung macht. Bin hier, um abermals von seinem enormen Herrschaftswissen zu profitieren – am liebsten über das hinaus, was in seiner beeindruckenden Biografie steht –; und auf einer tieferen Ebene beschäftigt mich die Frage, was er aus seiner langen Beschäftigung mit Capote für sich als Mensch gezogen hat: Schaut man über den eigenen Nabel hinweg dezidiert auf einen fremden Lebenslauf, befruchtet das den eigenen?

Als er die Stränge seiner langwierigen Recherche zu einem dicken, dichten Zopf verflocht, was hat Clarke da über sich erfahren? Oder ist es zu viel ins Biografentum geheimnist, herauskriegen zu wollen, inwiefern sich Clarke anhand seines Studienobjekts eine Gebrauchsanleitung fürs eigene Leben mitgeschrieben hat? Womöglich ja ex negativo, falls er zu den Menschen zählt, die bereit sind, auch aus fremden Fehlern zu lernen.

Trotzdem ist und bleibt eine Biografie im Kern wohl eine dienende Tätigkeit; es liegt in der Natur der Sache, dass der Gegenstand selbst der hingebungsvollsten Recherche stärker leuchten soll als derjenige, der die Ausbeute eines Lebens zu Papier gebracht hat. Und die dafür erforderliche schreiberische Demut trifft sich, sofern ich es bisher mitbekommen habe, mit Clarkes Wesen. Für jede seiner Biografien hat er ein Leben mit der liebevollen Sorgfalt und Akkuratesse eines journalistischen Feinmechanikers abgewägt, als wären dessen Bedingungen und Umstände einzelne Schrauben, die er zu einem stabilen Stellwerk zusammenzumontieren hat. Seine Zugewandtheit gegenüber seinem Objekt – das er als handelndes Subjekt begreift – findet sich auf seiner Website in der Quintessenz gebündelt:

»For me the story is everything – für mich ist die Geschichte alles. Ich fühle mich zu den großen Dramen begabter Menschen hingezogen, zu ihren Höhen und Tiefen. Truman Capote war eine solche Person, und mein anschließendes großes Objekt, Judy Garland, ebenfalls.

In einigen entscheidenden Punkten ähnelten sich Truman und Judy. Beide hatten destruktive Mütter und durchlitten fürchterliche Kindheiten. Beide hatten sehr früh Erfolg. Beide bereiteten Millionen Menschen Freude. Und beide erlagen schließlich, nachdem sie den gleichen erschreckenden Lebenszirkel abgereist hatten, den Dämonen, die seit ihrer Kindheit über ihnen schwebten. Die meisten sagen, die beiden seien tragische Figuren gewesen. Ich sage genau das Gegenteil: Sie triumphierten. Jahrelang setzten sie immer auf volles Risiko. Wie viele Menschen hätten mit solch schweren Anfangsbürden in die Welt ziehen und ebenso viel erreichen können? Natürlich sind sie zu jung gestorben. Aber bedenken Sie, was sie in der Zeit, die ihnen gegeben war, erreichten!«

Anfangs stolperte Gerald Clarke eher in sein langes Capote-Lebenskapitel hinein: plante lediglich einen Capote-Artikel zu schreiben, ein Porträt innerhalb einer Serie über Gegenwartsautoren. Als Edelfeder bei *Esquire* und *Time Magazine* hatte er bereits seinen Ehrgeiz bewiesen, erzählerische Wahrhaftigkeit mit der Kompetenz des ausgezeichneten Rechercheurs zu vereinen – dann aber muss das Vorhaben ausgeufert sein. Zehn ganze Jahre befasste er sich ausschließlich mit Truman Capote.

Führte mit ihm über hundert Stunden intensive Gespräche. Darüber hinaus befragte er alle möglichen Leute aus Capotes direktem oder indirektem Umfeld, auf mehreren Kontinenten: Verwandte, Liebhaber, Freund und

Feind. Dennoch meinte Clarke, 1984, als Capote starb, nicht genügend Material zusammenzuhaben – und nahm sich weitere vier Jahre Zeit, um sein geballtes Wissen in *Truman Capote. Eine Biografie* niederzuschreiben. Heraus kam eine epische Erzählung, die über 13 Wochen auf der *New York Times*-Bestsellerliste stand. Die seitdem *das* Standardwerk über Capote ist, aber auch Vorlage wurde, etwa für Bennett Millers Film *Capote*.

Daher erinnert mich mein Besuch auf Clarkes stattlichem Anwesen auf Long Island nicht nur an das Berufsethos, mit dem sich unsereins mal aufgemacht hat, auch daran, dass man journalistisches Know-how in den fetten Jahren des Zeitungswesens noch kapitalisieren konnte, falls man es intelligent anstellte. Sein Garten ist ein Park, mit kleinem See und einem Rasen, der, wie mit der Nagelschere geschnitten, jeden britischen Großgrundbesitzer vor Neid erbleichen ließe. Die fünfhundert Quadratmeter Wohnfläche seiner Residenz im luxuriösen Landhausstil teilt sich Clarke mit seinem langjährigen Lebensgefährten; das perfekt gepflegte, dennoch unprotzig wirkende Haus nötigt mir ein inneres Raunen ab. Locker läuft es den Gegenwartspalästen der Multimillionäre oder Milliardäre in East oder South Hampton, die ich bei meinem letzten Aufenthalt hier sah, den Rang ab. Deren gigantische Strandburgen sind konfektionierte architektonische Flachware, obschon auf astronomischem Preisniveau. Selbst aus der Ferne vermögen diese »Zweitwohnsitze« allein über ihre schiere Größe zu blenden; in ihren kalten Betten vermute ich einige kalte Herzen. So verwunderte es mich damals kaum, dreimal an einem einzigen Strandtag einen Hubschrauber über dem Himmel des Atlantiks zu erspähen – mit einem im Flugwind flatternden Banner, auf dem

Net-a-Porter das scheinbar dringliche Versprechen abgab: »Same Day Delivery To The Hamptons«. Lebensnotwendige Güter, dieser Begriff meint offenbar überall auf der Welt etwas sehr anderes.

Ich war schon mal bei Clarke zu Hause, 2014, in dem Jahr, in dem ich Capotes Teenagergeschichten ausbuddelte. Weiß noch, dass wir uns einig waren über die literarische Qualität seines Frühwerks, wie auch darüber, dass es die Lunte legt für sein späteres Werk. Miteinander hatten wir darüber geschmunzelt, dass Capote zwar seit der High School davon überzeugt war, ein Jahrhundertschriftsteller zu sein oder wenigstens einer zu werden – und doch bei seiner verbalen Selbstvergrößerung jeweils denselben Rechtschreibfehler machte: Jedes Mal wieder schrieb er »genuis« statt »genius«.

Clarkes warmherziger Respekt für Capote ist stets zu spüren. Kein Wunder, dass der ihn in einem Brief an einen Freund als »sehr guten Autor und sehr freundlichen Menschen« beschrieb und als Interviewer empfahl. Demgegenüber er über ihn, Truman, reden dürfe, wie ihm der Schnabel gewachsen sei: »Du und Bill werdet ihn mögen. Erzähl ihm, was immer Du willst! Gott weiß, alle anderen tuns auch.«[18]

Letztes Mal fuhr Clarke mit mir eigens bei dessen früherem Zuhause vorbei, das der nur ein paar Meilen östlich, in Sagaponack, keine hundert Meter vom Meer entfernt, mit viel Bedacht eingerichtet hatte. Capote liebte es, auf

18 Capotes Lebensphilosophie filtriert zum Halbsatz: der Akzeptanz gegenüber menschlichen Verfehlungen, den eigenen und denen aller anderen. Die einzige Sünde die Heuchelei: ein falscher Fuffziger zu sein.

Auktionen nach schönen oder zumindest schön kuriosen Dingen Ausschau zu halten – und seine Fundstücke eklektisch, nach seinem eigenen Geschmack und Humor, zu besonderen Arrangements zu gruppieren.

Im Gedächtnis geblieben ist mir die Landschaft als eine dieser raren Gegenden, wo man der Illusion verfällt, hier könne kein Unheil geschehen. So etwas wie Frieden wohnen.

Capotes Haus bestand aus zwei kleineren Häusern, zwei Rückzugsorten, die vielleicht das Geheimnis des Liebespaars Truman Capote und Jack Dunphy ausmachten: für ihr über 35 Jahre unverbrüchliches Verhältnis aus Nähe und Distanz. Beide Häuschen hatte Truman Anfang der Sechzigerjahre Jack geschenkt, weil der sich mit 49 Jahren soliden Boden, amtliches Eigentum, unter den Füßen gewünscht hatte. Womöglich wurde Trumans Geschenk von dem beidseitigen Minnedienst überwölbt, dass eine Beziehung umso belastbarer wird, wenn ihr Fundament auf zwei Säulen mit etwas Abstand zueinander baut. Jack, der selbst Romanautor war, aber ein wenig bekannter,[19] wich Truman jedenfalls bis zum bitteren Schluss nie vollends von der Seite – neben der Angst war er Capotes beständigste Lebensbegleitung –, und das, obwohl ihre Naturelle höchst entgegengesetzte waren. Jack tendierte zum Eremiten, während Capote auf hundert Hochzeiten gleichzeitig tanzen wollte. Wohl darum ergänzten sie sich. Jack war ihm Fels in der Brandung, und auch wenn er gelegentlich auf Trumans verrückte Volten fluchte, hörte er nicht auf,

19 Dunphy erzählte Clarke von ihrem Lebensgefühl in den ersten Jahren miteinander: »Wir hatten das Gefühl, wenn wir aufhören zu schreiben, sterben wir.«

ihn vor der Gischt bei zu heftigem Wellengang beschützen zu wollen.

Clarke erzählt mir von ihrer Beziehung lebendig, gleichzeitig mit einer fast schweizerisch anmutenden Diskretion. Bei aller Hingabe kommt er mir nie wie ein ordinärer Fan vor, eher wie ein Insektenforscher, der seinem sehr speziellen Käferlein nach und nach mehr Zuneigung entgegengebracht hat, ohne diese deshalb ausbuchstabieren zu müssen.

Damit ich nicht allzu kümmerlich danebenstehe, zähle ich Clarke auf, mit wem ich bereits in Kontakt bin. Zum Beispiel mit Dotson Rader, einem Bekannten von Capote aus den letzten Jahren, außer mir anscheinend der Einzige, der überzeugt ist, dass das komplette Manuskript von *Erhörte Gebete* eines Tages auftauchen wird – und sei es nur, weil sich irgendeiner davon einen Haufen Schotter verspreche. Rader wollte nicht mit mir reden, aber schrieb mir, er selbst habe Hunderte von Seiten gesehen und halte es für eine Mär, dass Capote zum Schluss am Boden zerstört gewesen sei und das Manuskript deshalb vernichtet hätte. Da ich allerdings glaube, dass Clarke annimmt, Rader und mir hätte eines der größten Rätsel der Literaturgeschichte die Sinne vernebelt, lenke ich rasch mit der Erwähnung von Kate Harrington und Bob Colacello ab. Zu Kate äußert er sich nicht (ich hatte sie auch so verstanden, dass sie einander gar nicht kennen); Colacellos Name dagegen sagt ihm was.

»Colacello kannte Truman, glaube ich, nicht besonders gut. Es gibt viele, die denken, sie seien enge Freunde gewesen, anyway, Colacello is a smart boy.« (Heißt wohl unterm Strich, Bob war wirklich bei jeder Party dabei.)

Auch andere Treffen hätte ich angepeilt, zum Beispiel mit Myron Clement und Joe Petrocik, jenem schwulen Ehepaar, das mit Capote und Kate Harrington in seinen letzten Lebensjahren Thanksgiving feierte – und, in Kates Abwesenheit, auch manches Fest mit härteren Zugaben als einem Truthahn. Ein Polaroid, das dies nahelegt, fand ich in Capotes privaten Bibliotheksunterlagen. Noch von Zürich aus hatte ich Clement an die Strippe gekriegt, aber der hatte meine Bitte um ein (kürzeres) Gespräch abgewehrt, mit der Begründung, es koste ihn jedes Mal zu viele Stunden, über Truman zu sprechen – niemand könne kurz und knapp von ihm berichten. Inzwischen waren beide tot, ohne dass ich die Chance bekam, sie zu befragen. Dafür hatte mein Journalistenfreund Thomas Hüetlin das Vergnügen, sich ihre Capote-Geschichten anzuhören.

Demnach trafen Myron Clement und Joe Petrocik Capote zum ersten Mal Ende der Siebzigerjahre am Strand von Sagaponack, als der nach seiner Bulldogge Maggie Ausschau hielt. »That was the beginning of a long, long friendship.« Thomas ließen sie sogar in das von ihnen extra eingerichtete »Truman-Schlafzimmer« in ihrem Haus schauen, wo der seinen Rausch ausschlief, wenn er nicht mehr in der Lage war, noch die paar Meilen von Sag Harbor zu seinem eigenen Haus in Sagaponack zu fahren.

Thomas ist mindestens so ein glühender Verehrer von Capotes Werk wie ich – daher freute ich mich immer neidlos, dass ihm eine Ortsbegehung glückte. (Zumal er sie generös mit mir und der *Spiegel*-Gemeinde teilte). Ihm erzählten sie auch, wie sie Capote vor sich selbst zu schützen versuchten: Sie versteckten seinen Wodka – er schmuggelte die Flaschen danach schnell wieder zurück – oder brachten ihn in die Klinik nach Southampton, sobald er

trunken kollabierte. »Ich trinke, um es überhaupt auszuhalten«, hätte er sich vor ihnen für seine Totalausfälle gerechtfertigt.

Und doch scheint Capote immer noch gewusst zu
haben, was er tat, auch wenn es aussah, als würde er die
nächste Eskalationsstufe des Suchtkranken scheinbar um-
nachtet besteigen. Fuhren sie etwa zu dritt von Manhattan nach Long Island, von Stadt- zu Landsitz, dann zitierte
Truman aus seinem Werk in permanenter Entstehung.
Angeblich sogar aus einem der verschollenen Kapitel, jenem mit dem Titel *Eine schwere Beleidigung des Gehirns*.
Petrocik sagte zu Thomas, es habe von einer *Harper's Bazaar*-Literaturkritikerin gehandelt, die im achten Stock eines New Yorker Apartmenthauses mit einem männlichen
Escort in Los Angeles telefoniert. Sie tauschen den neus-
ten Klatsch aus, haben Telefonsex, und am Ende springt
die Frau aus dem Fenster, auf dem nackten Leib nur einen
Burberry-Trench.

So sehr Thomas mit seinen Exklusivinformationen
bei mir Eindruck schindet – bei Clarke kann man damit
selbstverständlich keinen Staat machen. Joe und Myron,
diese vermeintlich besten Freunde von Capote, kommen
bei ihm auf keinen grünen Zweig. Tatsächlich scheint er
mit der Unzuverlässigkeit von deren Gedächtnis richtigzu-
liegen, im Netz finden sich widersprüchliche Aussagen der
beiden. Mal wollte sich der eine daran erinnert haben, dass
er das Manuskript auf einer Autofahrt *lesen* durfte; dann
wieder bezichtigte er sich selbst der falschen Erinnerung
und gab zu, nur Einzelnes aus den vermissten Kapiteln von
Capote gesagt bekommen zu haben.

»Für wie wahr halten Sie deren Aussagen, Gerald?«

»Myron war in seinen Neunzigern, Joe in seinen Achtzigern, als sie sich immer mal wieder vor Presseleuten über Truman ausließen, aber das müsste einen noch nicht davon abhalten, ihnen Glauben zu schenken. Ich habe schon Hundertjährige interviewt, die völlig klar im Kopf waren. In unserer Lokalpostille stand vor ein paar Jahren, dass Myron Jack Dunphys rotes Cabrio in ein Schaufenster in Sag Harbor kutschiert hatte – er hatte das Gas- mit dem Bremspedal verwechselt –, und beide behaupteten in den Zeitungen unverdrossen, der Ford Mustang mit dem Nummernschild »Capote« sei Trumans Auto gewesen. In Wahrheit war es aber der von Jack Dunphy.«

Starfucker – Leute, die sich dicketun mit vorgegaukelter Nähe zu einem Star – sind Clarke ein Graus. Die Wichtigtuerei echter oder unechter Capote-Freunde ist ihm nicht nur ein Dorn im Auge, sondern wesensfremd: Er schmückte sich nie mit Capotes Bekanntschaft. Lieber stellte er seine Tiefenbohrungen immerdar in den Dienst der Sache, die Capote-Erforschung, und anstatt bis heute einen auf guter Kumpel zu machen, zieht er sich auf die Objektivität zurück, die mit der Biografen-Funktion einhergeht.

»Stimmt wenigstens, dass Sie den beiden den Mustang übereigneten, nach Jack Dunphys Tod 1992?«

»Jack war ein wirklich feiner Mensch. Er hatte Truman beerbt. Vor seinem eigenen Tod war ich noch von Jack selber zu seinem Testamentsvollstrecker ernannt worden. Aber ja, um auf Ihre Frage zu kommen: Als Jack starb, gab ich seinen Wagen an die zwei, weil ich davon ausging, dass sie daran Freude haben würden.«

»Also genossen Sie nicht nur die Sympathie und das Vertrauen von Capote, auch das seines Lebensgefährten.«

»Ich bin mit meinem Partner auch seit Jahrzehnten zusammen; ich konnte Jacks Kummer nachempfinden, als Truman starb. Daher führte ich sie nach dem Tod erneut zusammen: Ich verstreute Jacks Asche und einen Teil von Trumans Asche über dem Crooked Pond – einem See zwischen Sag Harbor und Bridgehampton. Ein Gedenkstein mit je einem Zitat aus Jacks Buch und Trumans Debütroman wurde aufgestellt.[20] Wir können später vorbeifahren, wenn Sie möchten.«

»Ich bat auch Gloria Vanderbilt und Lee Radziwill um ein Gespräch in New York. Zu spät, auch sie starben leider bald darauf.«

»Sie logen alle beide wie gedruckt! Für mein Buch damals sprach ich nur mit Vanderbilts Mann – sie hätte ich nicht ausgehalten. *What a bitch she was.* Ihr Sohn Anderson Cooper ist übrigens ein berühmter CNN-Anchorman.«

»Über ihn hatte ich die Verbindung zu ihr gesucht.«

»Sie hätten ihnen ohnehin kein Wort glauben dürfen. Lee Radziwill stellte sich noch unlängst in einem *Vanity Fair*-Ar-

---

20   Für die Inschrift wählte Clarke eine Zeile aus Dunphys Erinnerungen an Truman nach dessen Tod, aus seinem Buch *Dear Genius*: »Ich trauerte so, wie die Erde im tiefsten Winter um den Frühling zu trauern scheint, doch ich verspürte keine Angst, denn nichts, sagte ich mir, konnte uns unsere Tage des Glücks und der Ruhe wegnehmen.« Capotes Debütroman entnahm er die Worte: »Das Gehirn mag Rat annehmen, aber nicht das Herz. Und da Liebe keinen Ort hat, kennt sie keine Grenzen.«

tikel so dar, als seien Truman und sie allerbeste Freunde gewesen. Dabei hassten sie sich!« (Clarkes Stimme hebt sich empört.)

»Ernsthaft?«

»Sie sagten das beide sogar vor Publikum. Ich las all ihre Briefe.«

Clarkes »Labor of Love« für Capote mündete 2004 in ein zweites Buch, dessen gesammelte Briefkorrespondenz, *Too Brief a Treat: The Letters of Truman Capote*. Er widmete es »To Truman and Jack, who remained true in sunshine and in shadow«.

Darin findet sich ein Brief von Capote an Cecil Beaton aus dem Jahr 1962, seine erste Erwähnung von Radziwill: »Had lunch one day with a new friend Princess Lee (My God, how jealous she is of Jackie: I never knew); understand her marriage is all but finito.«[21]

Lee Radziwill, das hatte mir bereits Colacello farbig ausgeführt, war nie irgendwer. Sie war die ebenso verwöhnte wie schöne Schwester von Jacqueline Kennedy, aus dem stinkreichen Bouvier-Clan, aber *more bohemian* als die vordergründig brave First Lady der Vereinigten Staaten. Sie war eng mit Andy Warhol und bis zuletzt auch eine Freundin von Colacello gewesen. Man müsse sie in kürzeren Abständen zum Lunch ausführen, mit Aufmerk-

---

21 Clarke versah als Herausgeber diesen Brief mit der Fußnote, Radziwill hätte seinen polnischen Prinzentitel als Engländer offiziell gar nicht führen dürfen, seine Frau entsprechend ebenfalls nicht.

samkeiten verwöhnen, damit sie sich nicht empfindlich zurückgesetzt fühle. Colacello hatte mir auch schon seine Meinung kundgetan zu jener Anekdote über Gore Vidals Rauswurf aus dem Weißen Haus, die Truman in einem Interview mit *Playgirl* 1979 weitergetratscht hatte. Weshalb Vidal Capote wegen Verleumdung auf eine Million Dollar verklagte. Die eine Hälfte stimmte, hatte Colacello mir bestätigt: Gore hätte an besagtem Abend zu viel getrunken und im Suff die Schleifen auf dem Rücken der First Lady aufzuknoten versucht. Worauf der Präsident Vidal an die frische Luft setzen ließ. Doch hätte der *Playgirl*-Journalist daraus gemacht, dass JFK Vidal mit körperlicher Gewalt vor die Tür spedierte – also diesen Teil Truman in den Mund gelegt. Lee hätte, so Colacello, deshalb zu Truman gesagt, du wirst mich nicht dazu kriegen, etwas vor Gericht zu bezeugen, was nie gesagt wurde. Und Capote habe vor Wut geschäumt, als Lee ihn über die Klippe stieß, und deswegen so gegen Jackie ausgeteilt.

Für Clarke hat Lee Radziwills damaliges Verhalten gegenüber Truman bis heute Wallungswert. Ihn entrüstet – bestimmt weil er als homosexueller Mann in seiner Jugend selbst Schmähungen ausgesetzt war –, wie sehr sie ihren angeblichen Freund insgeheim als »Schwuchtel« verachtete. Bei einem Telefonat mit der Klatschkolumnistin Liz Smith hatte sie gesagt: Das seien doch bloß zwei alte Tunten, die sich da bekriegen. *Two old fags.*

»Oh, they are just fags!« Clarke ahmt ihren gezierten Tonfall nach. »Dabei hatte Truman so viel für Lee getan und das über so viele Jahre! Sie sah sehr gut aus, hatte jedoch keinen Funken Schauspieltalent – weshalb sie nach der Theaterpremiere hämische Kritiken erntete.«

Als ihn sein Säbelrasseln mit Gore Vidal eine Stange Geld zu kosten begann, war es offensichtlich mit jeder Langmut zu Ende. Capote verzieh Lee die sexistische Kategorisierung nie; sagte sich, Rache ist Blutwurst, und dachte sich eine Revanche aus, die sich gewaschen hatte. »Wenn die bezaubernde, göttliche und sensible Prinzessin Radziwill eine so niedrige Meinung von Homosexuellen hat«, zitiert ihn Clarke in seiner Biografie, »warum hat sie dann gerade mich in den letzten zwanzig Jahren als Vertrauensmann gebraucht?«

Vielleicht dachte sich Capote Anfang der Achtzigerjahre nach dem Skandal um *La Côte Basque, 1965*: Ist der Ruf erst ruiniert, lebt es sich ganz ungeniert. Auf alle Fälle arrangierte er sich einen Auftritt in Stanley Siegels Talkshow, wo er sich haargenau so gebärdete wie Lee, die Gesellschaft generell, eine »beleidigte Schwuchtel« damals sah: als böses altes Weib, boshaft durch und durch.

Zu Moderator Siegel sagte er in einem breiten Südstaatlerakzent: »Ich werde dir was über Tunten, insbesondere über Südstaaten-Tunten erzählen. Wir sind hinterfotzig. Eine Südstaatler-Tunte ist hinterfotziger als die hinterfotzigste Klapperschlange, die dir je untergekommen ist.«

Und um zu bezeugen, dass eine Tunte wie er das Maul nun mal einfach nicht halten könne, holte er in seinem vorab geprobten »Verrückte-Tunte-Akt« mit großer Keule aus und verriet einem Millionenpublikum in seiner Schmährede auf Lee, von welch übermächtigem Neid auf ihre große Schwester diese zerfressen sei. Er verhielt sich im Klischee, übertrieb es grauenhaft, um es ad absurdum zu führen.[22]

---

22 Aus heutiger Sicht widerfuhr ihm damals als Mann ein Sexismus, der in der Regel Frauen vorbehalten ist.

Wie aufs Stichwort – »die hinterfotzigste Klapperschlange« – steht Clarke auf und legt mir eine echte Trouvaille in den Schoß: eine von Capotes collagierten Schlangenboxen!

Mannomann, was würde ich für so eine geben; fast möchte ich sie tätscheln.

Andreas Brown, Besitzer von Manhattans Buchladen Gotham Book Mart, erzählte, Capote sei etwa ein Jahr vor seinem Tod zu ihm ins Geschäft gekommen und habe ihm Folgendes anvertraut: »Da ist etwas, was ich in meinem *secret little hideaway* mache, Kunstobjekte, in der Tradition von Joseph Cornell. Es ist mein Geheimprojekt, nicht mal Jack Dunphy weiß davon.« Brown deutete die Schlangenmotive in Capotes kleinen Kunstwerken als Schutzzauber, den Capote sich nach dem krank machenden Biss der Mokassinschlange als Achtjähriger selbst verordnet hatte. Mit Capote hatte er im ersten Stock seines Ladens eine Ausstellung organisieren wollen.

Auch hierbei kam der Tod dazwischen. Im Frühjahr 1985 entschied Brown, die Boxen als Capotes unerwartetes Vermächtnis zu präsentieren. Alle drei Dutzend wurden bei der Vernissage verkauft; engen Freunden wie Clarke wurde je eine als Andenken geschenkt.

Ab und zu taucht seitdem eine in einer Versteigerung auf – wo sie für Tausende Dollar weggehen –, neben anderen Capote-Devotionalien wie handschriftlichen Manuskripten, Postkarten; selbst Bankschecks oder Vertragsurkunden wurden schon im Internet verhökert.

Clarke bittet mich jetzt an seinen Pool, unter eine Pergola, wo uns zwei flachgesichtige Miniaturhunde der tibetanischen Rasse Shih Tzu um die Beine flitzen: Raven, pechschwarz wie sein Name, und Missy. Das Setting stimmt ziemlich gut mit dem inzwischen legendären vor einem halben Jahrhundert überein. An einem Pool nämlich, sogar an einem Julitag wie diesem, spielte sich die Szene ab, um deren minutiös getaktete mündliche Version ich Gerald Clarke nun beinahe anbettle, obwohl ich sie nach mehrfacher Lektüre seines Buchs beinahe auswendig kenne.

»Truman trieb auf einer Luftmatratze im Pool von Gloria Vanderbilts Haus, in Southampton. Sie war mit ihrem Mann in Europa. Ich[23] lag in einem Liegestuhl am Beckenrand und blätterte in dem Kapitel, das Truman mit *La Côte Basque, 1965* überschrieben hatte. Als ich es gelesen hatte, fragte ich ihn nach den realen Vorbildern für die Figuren, die ich nicht gleich erkannt hatte. Und sagte danach zu ihm: Truman, damit wirst du dir keine Freunde machen. Und er antwortete schläfrig, ach wo, sie erkennens nicht. Die sind zu tumb. Sie werden nicht wissen, wer gemeint ist. Aber er täuschte sich, und ich glaube, er wusste das damals schon und ging bewusst darüber hinweg.«

Sonst hätte alles vielleicht anders geendet. *Er* anders geendet.

Einige Tage zuvor hatte ich in der New York Public Library Capotes handschriftliches Manuskript von *La Côte Basque, 1965* Seite für Seite unter die Lupe genommen

---

23 Dieses »Ich« ist insofern eine Fußnote wert, weil Clarke in seiner Biografie nicht enthüllte, dass er derjenige gewesen ist, der von Capote auserwählt worden war, *Erhörte Gebete* an Gloria Vanderbilts Pool zu lesen.

und mit freudigem Beben festgestellt, dass da etwas ganz anderes nach einer Bemerkung von P. B. Jones – »Aber wenn die Polizei die Wahrheit wusste ...« – stand als im veröffentlichten Buch: in jener Szene, in welcher Lady Ina Coolbirth den Auftritt von Ann Hopkins im Restaurant zum Anlass nimmt, P. B. Jones einen furiosen Sensationsbericht zu liefern. Sie erzählt ihm, dass die Rothaarige in Trauerschwarz, die beim Mittagessen im La Côte Basque an der East 55th Street den spirituellen Beistand eines katholischen Priesters sucht, in Wahrheit gar keinen Trost, sondern einen Beichtvater nötig habe – weil sie ihren Gatten ermordet hätte. (Auch wenn sie vor der Polizei aussagte, sie hätte ihren Mann für einen Einbrecher gehalten und sich nur verteidigen wollen.) Pikanterweise und aus allerlei Umständen, die Lady Ina nicht müde ist, genießerisch darzulegen, hätte Ann Hopkins ausgerechnet ihre Schwiegermutter nach ihrem Mord als Mitwisserin auserkoren. Sogar mit Erfolg, denn diese besaß so viel Einfluss, dass die Staatsanwaltschaft die Tatermittlungen stillschweigend einstellte.

In der Urfassung, die ich aus einer Bibliothekskiste fischte, bezichtigt Lady Ina ihren Zuhörer P. B. Jones der Naivität: »Du, ein Freund von Kate McCloud, glaubst noch an Gerechtigkeit!« Woraufhin er für sich einsichtig kommentiert: »Und das stimmte, Gerechtigkeit war ein rares Gut auf dem Planeten, den Kate McCloud und Company bewohnten.«

Als Capote dies in einer frühen Fassung von *Erhörte Gebete* hinschrieb, schwebte ihm eine hellsichtige Abrechnung mit der New Yorker Oberschicht vor, aber er sah in keinster Weise ab, was er damit auf dem Planeten, den Kate McCloud und ihre realen Kumpane und Komplizinnen bewohnten, auslösen würde: darunter einiges, was sich seiner Kontrolle entzog.

»Er soll gelegentlich wie ein verstoßenes Kind gewimmert haben, er sei niemals das Schmusetier für Superreiche gewesen, sondern immer und andauernd ein Schriftsteller.«

»Ja, er hat sich immer als Schriftsteller begriffen und sich deswegen die Beobachtungen, die er in ihrer Welt machte, über Jahrzehnte in Notizbüchern vermerkt – um später für *Erhörte Gebete* davon zehren zu können. Insofern hatte er wohl kein schlechtes Gewissen. Im Gegenteil, er schrieb es auch, um seinen Freundinnen in der Upper Class, die ihm immer wieder ihr Leid über ihre Ehemänner geklagt hatten, eine gewisse Gerechtigkeit widerfahren zu lassen. Deshalb verstand er nicht, warum sie ihm die kalte Schulter zeigten.«

»Er verfolgte seit 1958 die Idee von einem Epos, das ausschließlich auf wahren Begebenheiten fußen sollte: Mit *Erhörte Gebete* wollte er die Oberschicht nackt zeigen. In einem Brief schrieb er, die Idee dazu umfange ihn wie ein ›verrückter Wind‹. War sein Black-and-White-Ball, jede gemeinsame Reise mit deren Privatflugzeugen und Jachten für ihn hauptsächlich die erforderliche Recherche, um letztlich aufschreiben zu können, wo die Fäden von Macht, Sex, Politik, Kultur und Exzess zusammenlaufen?«

»Natürlich liebte Truman das ganze Brimborium, das große Spektakel, er liebte das Leben. Er sagte mal, müsste er sich zwischen Quatschen und Schreiben entscheiden, würde er das Reden vorziehen. Er wusste um seine Einzigartigkeit und genoss es ungeheuer, wenn ihm die Leute an den Lippen hingen. Und die genossen es ja ebenfalls über sehr lange Perioden, und auch deswegen fühlte er sich sicher nicht schuldig.«

»Dann kommt in den Reaktionen auch eine Doppelmoral zum Ausdruck: ihm vorzuwerfen, er habe sie wie ein schmieriger Sozialkontaktschmarotzer immer nur ausgenutzt, und ihn gleichzeitig als ihren Pausenclown vor sich rumhampeln zu lassen, weil ihre Tage trotz aller Champagnerbäder sonst ungeheuer fad gewesen wären.«

»Man ließ ihn umgehend spüren, dass er nie einer von ihnen war, lediglich ein unterhaltsamer Homosexueller mit hoher Mädchenstimme, der einige Jahre für ihre gute Unterhaltung gesorgt hatte. Das mochte er zwar brillant gemacht haben, aber na und? Nach *La Côte Basque, 1965* demonstrierten sie ihm, dass er nichts bei ihnen verloren hatte; Bill Paley tat das besonders kaltschnäuzig: Als Truman danach bei den Paleys anrief, um Babe zu sprechen und sich mit ihr auszusöhnen, redete Bill während des Telefonats nur von ›meine Frau‹ und erklärte, sie sei sehr krank – als kenne Truman Babe gar nicht. Als hätte es ihre Freundschaft nie gegeben.«

»Über Nacht wurde er zur Persona non grata?«

»Oh ja, bis dahin war es Mode gewesen, Truman zu lieben, und auf einmal wurde es zum schicken Ostküstensport, Truman zu hassen, auch unter den Leuten, die gar nicht vorkamen. Der normalsterbliche Leser hatte sowieso nicht die leiseste Ahnung, wer sich hinter den Protagonisten im Kapitel verbarg. Erst durch deren wütendes Aufjaulen wurde es ein Riesenthema, und die Leserschaft schwenkte darauf vermutlich ein, um sich mit der High Society ein wenig gemein fühlen zu können.«

Hand aufs Herz, Babe Paley und seine anderen »Schwäne« *müssen* sich von Capote benutzt gefühlt haben: hinterlistig betrogen. Sie hatten ihm ihre intimsten Sorgen und Ängste anvertraut – und als sie *Côte Basque, 1965* lasen, fiel es ihnen wie Schuppen von den Augen: Der Schriftsteller in ihm hatte über Jahrzehnte insgeheim mitstenografiert, ihre Leben ausspioniert, um sie irgendwann dem Volk zum Fraß vorzuwerfen. Jede enge Freundin musste zum Schluss kommen: Er hätte auch seine Großmutter verkauft, bloß um mit einer Geschichte voll saftiger Details zu glänzen.

Doch auch er fühlte sich durch sie ohne Erbarmen beschmutzt, all sein Können war ihnen nichts wert gewesen, nie. Urplötzlich war ihm nach ihren Reaktionen aufgegangen, dass er als Schriftsteller stets verkannt worden war. Er gar nicht für seine Texte geliebt wurde – nur das possierliche, hübsch dressierte Tierchen hatte geben sollen.

Sein eigener Irrtum schien für ihn zur narzisstischen Kränkung geworden zu sein. So zumindest wirkte es auf ihn: Getränkt in der bornierten Selbstgerechtigkeit derjenigen, die mit goldenem Löffel im Mund geboren waren, hatten ihn seine Freunde wie einen dreist kläffenden Straßenköter rabiat in die Schranken gewiesen. Allenthalben nahm auf einmal jeder in ihren Kreisen Text-Charakter-Gleichsetzungen zwischen dem fiktiven Charakter P. B. Jones und seinem Erschaffer Truman Capote vor; man unterstellte ihm die Undankbarkeit eines Emporkömmlings, den keinerlei künstlerische, nur menschlich niederste Motive zu diesem Text bewogen hatten. Wobei Capote daran alles andere als unschuldig war, denn der sich bei einem Escortservice verhurende Jones schrieb in den Nächten im YMCA einen Roman namens *Erhörte Gebete* …

»Ich habe das Gefühl, Capote war von Anfang an klar, dass er niemals *irgendwo* dazugehörte, und er auch deshalb nie ernsthaft Anstalten machte, zur Café Society dazugehören zu wollen. Andererseits kann man wirklich so unabhängig bleiben und von solcher Machtfülle und geballtem Wohlstand nicht wenigstens ein bisschen beeindruckt sein?«

»Der Wohlstand der Mittelschicht kümmerte Truman nicht im Geringsten. ›Man muss entweder sehr reich oder sehr arm sein. Es gibt absolut keinen Geschmack dazwischen‹, fand er. Aber auch bei den sehr, sehr Reichen glaubte er nur sehr wenig Geschmack zu erkennen. Seine absolute Religion dagegen war Stil – darum faszinierten ihn jene Frauen, seine ›Schwäne‹, so lange, die sich ihren hohen Status über einen eigenwilligen Glamour und oft sogar im Alleingang erworben hatten, ohne angeborene Privilegien auf ihren Weg mitbekommen zu haben.«

»One never says a quarter of what one knows. Otherwise, all would collapse. How little one says, and they are all screaming.« [24]

Diesen Satz borgte sich Capote von Albert Camus (seinem angeblichen One-Night-Stand). Ich fand ihn in der

---

24 Man sagt nie mehr als ein Viertel von dem, was man weiß. Sonst würde alles zusammenbrechen. Man sagt so wenig, und schon fangen sie an zu kreischen.

New York Public Library auf dieselbe Seite seines Notizbuchs gekrickelt, wo er auch das Zitat von Marianne Moore notiert hatte, über die schillernd schönen, tropischen Fische, die am Ende im Aquarium enden. Beider Worte plante er als Motti seinen *Erhörten Gebeten* voranzustellen.

In einem anderen Notizbuch finde ich eine Art Projektbeschreibung: darauf die Stichwörter *Length: Approx. 75000 words. Title: Answered Prayers. Subtitle: A dark comedy about the very rich.*

Aber er hatte die Rechnung ohne den Wirt gemacht: gedacht, er würde damit durchkommen. Seine Groteske über die feine Gesellschaft wäre so unbestechlich scharf und seine Tarnkappe so drollig und einzigartig, dass die anderen an der Tafel – zu besoffen von sich selbst und ihrer Macht – ihm arglos immer weiter applaudieren würden.

Hätte er einen großen Wunsch frei, antwortete er in einem Interview nach längerem Zögern, dann würde er sich einen Zaubertrank wünschen, der ihn zum *Invisible Man* machte. Nach dem ersten Schluck würde er herumspazieren, alles beobachten, was die Menschen so machten und redeten – und nach einer Weile würde er den Rest trinken, um wieder sichtbar zu werden. Nach *La Côte Basque, 1965* blieb er für Babe & Co. unsichtbar. Da konnte er trinken, so viel er wollte.

In *Andere Stimmen, andere Räume* liest der 13-jährige Held Joel in einem Band mit schottischen Sagen von einem »Mann, der unklugerweise einen Zaubertrank gebraut hatte, welcher ihn in die Lage versetzte, die Gedanken anderer Menschen zu lesen und tief in ihre Seelen zu schauen; das Böse, was er dort erblickte, und sein Entsetzen darüber verwandelten seine Augen in offene Wunden: so blieb es bis an sein Lebensende«.

Bei Capote selbst klaffte auf ewig eine offene Wunde, von seiner Mutter zu Beginn geschlagen, die ebenfalls »bis an sein Lebensende« nicht verschorfen würde.

Sein erster Lektor Bob Linscott sagte 1948 über Truman in einem Interview: »Als Künstler, als Handwerker ist er sich selbst völlig sicher. Als Mensch hat er ein großes Bedürfnis, geliebt und dieser Liebe ständig versichert zu werden. Wie alle sensiblen Menschen empfindet er die Welt als feindselig und furchterregend. Truman hat alle Wundmale des Genies. Ich bin überzeugt, dass ein Genie Wundmale haben muss. Es muss verwundet sein.«

F. Scott Fitzgerald – dessen *Großer Gatsby* laut Capote ein »fast vollkommener Kurzroman« ist – publizierte 1936 im *Esquire* den Essay *Der Knacks*, in dem er postulierte: »Natürlich ist alles Leben ein Prozess des Zusammenbrechens«.[25] Weiter heißt es darin:

»In a real dark night of the soul it is always three o'clock in the morning.«[26]

Und wie Capote Jahrzehnte später mit seiner *Esquire*-Publikation machte sich Fitzgerald dadurch ebenfalls den einen oder anderen zum Gegner seines Schreibens. Kollege Hemingway etwa warf Fitzgerald danach »öffentliches Jammern« vor.

Vielleicht geht die Gemeinsamkeit zwischen Capote und Fitzgerald noch darüber hinaus – und beide mögen am Tiefpunkt ihrer Karrieren festgestellt haben, worin der eigentliche Lackmustest für einen Schriftsteller besteht.

---

25 Gilles Deleuze, der französische Philosoph, adaptierte Fitzgeralds Begriff crack-up, um anschließend auf seine Weise den Todestrieb zu interpretieren.
26 In einer wirklich dunklen Nacht der Seele ist es immer drei Uhr morgens.

»Die wahre Prüfung einer erstklassigen Intelligenz ist die Fähigkeit, zwei gegensätzliche Ideen im Kopf zu behalten und weiter zu funktionieren«, so Fitzgerald.« Auf Capote angewendet, er insistierte darauf, als Schriftsteller Mensch zu bleiben und als Mensch Schriftsteller. Wie darauf, in dieser Ambivalenz weiter existieren zu können. Es wäre ja auch bescheuert, sich einer Wahl auszusetzen, anstatt würdevoll mehrere Identitäten unter einen Hut zwingen zu wollen. Zumal wir alle multiple Persönlichkeiten sind. In diesem Zusammenhang mag aber auch das Wort eines Schweizer Autorenkollegen Friedrich Dürrenmatt passen: »Eine Geschichte ist dann zu Ende gedacht, wenn sie ihre schlimmstmögliche Wendung genommen hat.«

Und *Erhörte Gebete* könnte zu Ende gedacht gewesen sein, als Capote sich von dem erfolgsverwöhnten Mann in mittleren Jahren in das abgelehnte Kind zurückverwandelt hatte, das bedürftiger denn je nach Liebe und Anerkennung war.

»Warten Sie, ich bin gleich wieder da, ich hole etwas«, Clarke steht auf und verschwindet in seinem Haus. Ich weiß, dass die Tonbänder seiner Gespräche mit Capote, die ihm das Bergwerk für sein Buch waren, bis heute in Clarkes Archiv liegen. Aber er steigt für etwas anderes in seinen Keller, für ein Memo von Capote an sich selbst. Darauf verglich er die Struktur, die ihm bei *Erhörte Gebete* vorschwebte, mit dem Schuss aus einem Revolver: *Unverdorbene Ungeheuer* solle der Handgriff sein, der die Kapitel zusammenhalte, *Eine schwere Beleidigung des Gehirns* der Abzug, mit dem die Geschichte in Gang gesetzt würde, *Yachten und dergleichen* der Lauf, durch den die Kugel hindurchschieße, und das letzte Kapitel *Pater*

Flanagans koschere N*****-Schwulen-Pinte die Patrone selbst.

Ein kleines Zettelchen nur, das Clarke für mich zutage gefördert hat – aber ich kann nicht anders, als in der Rückschau zu denken, dass Capote darauf *sein* Gebet notiert hat, in dem Glauben oder Unglauben, es würde eines Tages doch noch erhört werden.

Er hatte über die Dramaturgie seines Racheakts nachdenken können, wie perfide oder ruchlos auch immer – der Schuss ging nach hinten los.

Ohne Trara, nüchtern gesehen: Capote war ein Alkoholiker wie jeder andere arme Schlucker sonst wo auf der Welt. Musste ich dann davon ausgehen, dass in seinem Suchtbegleitprogramm der Soundtrack des Lügners mitlief? Eines Säufers, der sich und andere belog? Sich selbst glauben machte, jederzeit mit dem Saufen aufhören zu können? Schließlich ist es keine Seltenheit, dass wir Betrüger und Betrogener in einer Person sind, etwas wissen und gleichzeitig nicht wissen. Und die Süchte werden ihren naturgemäßen Tribut an seinem Realitätssinn gefordert haben. Mit jedem Aufenthalt in einer Klinik versuchte sich Capote erneut auf die Schiene zu setzen – seine Rückfälle und die Einsamkeit des Abhängigen müssen ihm das letzte Quäntchen Energie aus Leib und Seele gesaugt haben: für Leben und Schreiben.

Also ausnahmsweise unsentimental auf den Fall geguckt, Detective, was haben wir?

Soweit wir alle bisher wissen, hat er es nicht mehr geschafft, die Kugel je abzufeuern. Dreimal zwar drückte er im *Esquire* ab, mit einem wahnsinnigen Knall und Rückstoß – danach aber kam nichts mehr. Nicht mal ein Rohrkrepierer. Und doch ist *Erhörte Gebete* selbst unvollendet zu einem der großen Mythen der amerikanischen Literatur geworden, und das verdankt es der tödlichen Schlagkraft des Kapitels *La Côte Basque, 1965*. Immerhin, wenn Literatur, seine Literatur, die zerstörerische Wucht einer Bombe haben kann, auch ohne dafür die ursprünglich geplante Waffe zu zücken, wäre es dann nicht falsch, sich jeden detektivischen Bienenfleiß zu sparen und *nicht* nach einem Mehr von *Erhörte Gebete* zu suchen?

Clarke, bilde ich mir ein, sieht mich hin und wieder ein bisschen mitleidig von der Seite an, mit einem halb belustigten, halb wissenden Lächeln. Habe ich jegliche Neutralität eingebüßt?

»Missy, no, no!«, ruft er, als sein Hündchen nach einem Mittagsschläfchen im Schatten am Beckenrand des Pools schnüffelt. Und als es gehorcht: »Good girl!« In dieser Minute tritt sein Lebensgefährte seit über vierzig Jahren, Lawrence, ein Anwalt, in den Garten und fragt besorgt, was, wenn Missy ins Wasser falle?

So konkret ich Clarke über Capote löchern darf, sein Privatleben bleibt im Ungefähren, und selbst als er über die früh ausgeprägt homophobe Stimmung in den USA spricht, klingt es, als spräche er über einen entfernten guten Bekannten, dem das widerfahren ist. Obwohl es mir bis jetzt nur als Unterströmung auffiel, enthält jede Gesprächseinheit eine gewisse Reserve seinerseits, wie die eines Notstromakkus, den man besser in petto behält, wer weiß, was kommt. Und wie freigebig Clarke mir auch erzählt, er wirkt auf mich dabei stets eine Spur in sich gekehrt. Vielleicht meint das ja die Phrase »Er ruht in sich«; vielleicht ist das die Grundkomponente eines autarken Charakters: sich selbst voll und ganz zu genügen und dennoch eine unbändige Neugier auf andere zu Charaktere behalten.

»Hat er *Erhörte Gebete* Ihrer Ansicht nach fertig geschrieben oder nicht?«

»Er hat mir über Plot und Struktur des Buchs viel erzählt, aber ich wollte ihn nicht zu sehr auspressen und fragte nicht näher danach. Nur das eine verhängnisvolle Kapitel gab er mir zum Lesen. Sein Fehler war, öfter von einem Roman nach Proustschem Vorbild zu sprechen. Das sollte man nicht tun, wenn man nicht will, dass einen die Leute auslachen. Es war auch deshalb töricht, weil Truman seine eigene Stimme hatte – es wäre so oder so immer ein echter Capote-Roman geworden. Zu viel über sein Werk, während es entsteht, zu reden ist meiner Erfahrung nach ungünstig …«

»Weil man sein Pulver verschießt, bevor man richtig losböllern kann?«

»Du spuckst es aus, und es entgleitet dir in mancher Hinsicht als Autor. Aber das Herumposaunen fügte sich in Trumans Persönlichkeit – und vielleicht hätte er das angestrebte epische Format in der Tat erreicht.«

»Sie sagten ›hätte‹? Also meinen Sie, er hat es keineswegs mehr erreicht?«

»Na ja, die Wahrheit herauszukriegen ist äußerst schwierig. Ich fürchte jedoch, da war nie etwas. Er hat es nicht mehr vermocht. *Erhörte Gebete* bleibt ein Fragment voller sichtbarer, aber unerfüllter Verheißungen.«

»Angeblich hat Capote Lester Persky eine Kopie des vollständigen Manuskripts übergeben, der sollte es in seinem Safe für ihn aufbewahren.«

»Ich glaube Lester Persky nicht, genauso wenig, wie ich Joanne Carson glaubte. Sie verstand von Trumans schriftstellerischer Arbeit so viel wie meine Hunde.«

»In Plimptons Oral-History-Band kommt auch Alan U. Schwartz zu Wort, der sich Mitte der Neunzigerjahre, nach Capotes Tod, daran erinnerte, einen Schlüssel von Joanne Carson erhalten zu haben. Und der ist garantiert kein Lügner.«

»Selbstverständlich nicht, aber Alan ist auch kein Schriftsteller – und vielleicht hat er von Truman Passagen zu sehen bekommen, die nur Notizen waren. So ein Epos ist unwahrscheinlich anspruchsvoll zu konzipieren, und auch wenn ich die drei posthum veröffentlichten Kapitel als literarisch wertvoll erachte, kann ich mir vorstellen, dass er seine langjährigen Beobachtungen, Anekdoten und Dialoge nicht mehr zu einem narrativen Guss zusammengießen konnte. Sein letztes Werk umspannte einen Zeitraum von dreißig Jahren, spielte auf zwei Kontinenten, Europa und Amerika, und hatte als handelndes Personal eine Unmenge realer Personen, die auf dem Thron der Welt saßen und die Geschicke der Subalternen lenkten.«

»Glauben Sie, er hat es vernichtet, weil es seinen hohen Ansprüchen nicht genügte?«

»Nein, zerstört hat er es nicht. Er kam mit dem Manuskript wohl wegen seiner Krankheiten nicht vom Fleck. Wollte zum Schluss auch nicht mehr wirklich. War aber zu stolz, sich seine Niederlage einzugestehen. Man muss bedenken, *Auf der Suche nach der verlorenen Zeit* ist tausend Seiten dick, *Andere Stimmen* ist mit seinen rund zweihundert Seiten die längste reine Erzählung von Truman. Okay, *Kaltblütig* ist dicker, und eines seiner Wunder liegt in der gelungenen Struktur – die Letzten, die ihn lebend sahen –, aber dieses Buch ist eine Kategorie für sich. Und selbst wenn die Struktur einwandfrei sitzt, exakt kann man nie wissen, was für ein Buch herauskommt, da spielen auch Zufälle hinein.«

»Ich habe in seinen Unterlagen Texte gefunden, die mir recht eindeutig zu *Erhörte Gebete* zu gehören scheinen. Zum Beispiel eine Szene, die zum Kapitel *Und Audrey Wilder sang* gehören könnte.«

»Für mein Buch sprach ich damals mit Billy Wilder, nicht mit seiner Frau Audrey, aber es war damals ein geflügeltes Wort, dass einer High-Society-Party das Licht ausging, wenn Audrey Wilder zu schmettern begann.«

»Oder schämte er sich vielleicht nach dem Skandalkapitel dafür, mit P. B. Jones verwechselt werden zu können?«

»P. B. ist nicht Trumans Ebenbild, viel eher sein amoralischer Zwilling, der auf die schiefe Bahn gerät – und Truman wusste, dass das auch sein Verhängnis hätte werden können, bei seinen familiären Bedingungen. Er sagte mir: ›P. B. ist nicht ich, aber andererseits ist er auch nicht *nicht* ich. Seine Herkunft ist ganz anders als die meine, aber ich kann mich psychologisch damit identifizieren. Ich bin nicht P. B., aber ich kenne ihn sehr gut.‹«

»Na, so anders ist dessen Herkunft doch gar nicht: P. B. Jones gibt vor, ein Ausreißer aus einem Waisenhaus von Nonnen zu sein, vor dessen Tür er als Säugling ohne Angaben zur Person abgelegt wurde. Als Findelkind kennt er nicht mal sein Geburtsdatum, geschweige denn seine Eltern. Kate Harrington bezeichnete mir gegenüber Capote als ›orphan at his heart‹. Und Perry, der, wenn man will, ebenfalls Capotes verbrecherischer Zwillingsbruder war – über ihn heißt es in *Kaltblütig*, er sei ein ›verhasstes, hasserfülltes kleines Halbblut‹ gewesen, das in einem katholischen Waisenhaus aufwuchs, mit sadistischen Nonnen, die ihn, den Bettnässer, verprügelten. Für mich klingen Perry, P. B. und Truman nach Drillingen.«

In seinem Porträt (und er schrieb zwei über sie!) von Marilyn Monroe, dem bildhübschen Kind,[27] verglich Capote die Ikone mit einer zwölfjährigen Waisin. Ihre Mischung aus Verletzlichkeit und *Star Quality* begeisterte ihn; vielleicht machte auch ihre permanente Anstrengung, sich selbst hinter all den fremden Projektionen nicht ganz verloren zu gehen, ihn zum Freund. Während er jene Schauspielerinnen und Schauspieler nicht ausstehen konnte, die einerseits nach außen mehr sein wollten, als ihre Persönlichkeiten hergaben, andererseits einverstanden waren, sofern sie als Knetmasse fremder Regisseursgehirne berühmt werden würden.

---

27 Das hielt er für sein bestes Prominentenporträt, besser als sein Porträt von Marlon Brando.

Wie viel holte Capote, auch wenn er erst seine allerletzten Texte in *Musik für Chamäleons* als eindeutig autobiografisch kennzeichnete, vom wahren Leben in sein Schreiben? Welche Verrenkungen von inneren und äußeren Wahrheiten sind darin verborgen? Ein Schriftsteller kupfert Existenzen nicht ab, er tupft sie vielleicht nach, ohne dass ein Malen-nach-Zahlen-Bild herauskommen soll.

In seiner Briefsammlung schreibt Clarke von der hohen Selbstdisziplin, die Capote, dem es immer um die höchstmögliche Brillanz des Handwerks gegangen sei, unaufhörlich an den Tag legte. Auch kleinere Stücke für Magazine rotzte er nie einfach herunter, bloß für ein volles Portemonnaie; jeder Text musste vor ihm bestehen können, bevor er ihn einer Redaktion einreichte. Clarke beharrt in einem seiner Einschübe in *Too Brief a Treat* darauf, dass sich Capote das Wesentliche, sein künstlerisches Urteilsvermögen, bis zuletzt bewahren konnte. Darin heißt es: »Trotz seiner vielen Probleme schrieb Capote kontinuierlich, und er schrieb gut. Ob betrunken oder stocknüchtern, er kannte immer den Unterschied zwischen schlechtem Schreiben, gutem Schreiben und superbem Schreiben, und er ließ niemals jemanden einen Satz sehen, der seinen eigenen wolkenkratzerhohen Ansprüchen nicht gerecht wurde.«

»In Ihrer Biografie schreiben Sie, dass Capote zu Joanne Carson am Tag seines Todes sagte, sie solle den Krankenwagen nicht rufen: ›Ich bin so furchtbar müde. Wenn du mich gernhast, dann tu gar nichts. Lass mich einfach gehen. Ich weiß genau, was ich tue. Ich habe beschlossen, nach China zu gehen, wo es keine Telefone und keine Post gibt.‹«

»Das bezog sich darauf, dass er mit fünf oder sechs Jahren felsenfest geglaubt hatte, mit seinem grasgrünen Spielzeugflugzeug abheben zu können – und dann damit bis nach China, in sein Fantasieland, zu fliegen. Er trat mit aller Wucht in die Pedale, natürlich vergebens. Und machte sich damals vor den anderen Kindern in Monroeville und vor sich selbst lächerlich.«

»Das klang, als ich es las, zunächst traurig für mich, aber dann fiel mir die schräge Szene aus *Erhörte Gebete* ein, in der Denny Fouts im Drogendämmer *Pater Flanagans koschere N*****-Schwulen-Pinte* als letztes Paradies preist – als Müllrampe für diejenigen, die in unserer Gesellschaft als Abschaum angesehen werden: wo sich finaler Frieden in einem niederlässt, weil man Verdammter unter Verdammten ist. Und mir kam die Assoziation zu Azurest – vielleicht weil Carson gegenüber Plimpton gesagt hatte, diesen fiktiven Ort hätte Capote auf Long Island angesiedelt. In jenem Wohnviertel hier auf Long Island, das Sie am Rande Ihres Buchs erwähnen.«

»Fahren Sie hin, es ist gleich außerhalb von Sag Harbor, und gucken Sie es sich an. Dort wohnt vor allem die schwarze Middle Class, da stehen traditionell die Häuser afroamerikanischer Anwalts- oder Ärztefamilien.«

»Das heißt, Azurest ist quasi der Sehnsuchtsort des afroamerikanischen Teils der hiesigen Gesellschaft: gleich unter Gleichen sein.«

»Jedenfalls bin ich sicher, dass Truman diese Gegend ein Begriff war.«

Jeder Autorentext ist eine Momentaufnahme, ein Schnappschuss der augenblicklichen Verfasstheit. Über kurz oder lang wird er dadurch zum Gegenbeweis von Beständigkeit: Nichts währt. Eine dieser Momentaufnahmen in Clarkes Buch erscheint mir entsetzlich trostlos. Da gesteht Capote ihm an einem Sommernachmittag 1983 nach einigen Drinks: *Erhörte Gebete* zu schreiben sei, »als erklimme man einen sehr hohen Sprungturm und blicke auf das kleinwinzige, briefmarkengroße Becken hinunter. Die Leiter wieder hinabzuklettern wäre Selbstmord. Das Einzige, was einem übrig bleibt, ist, den Sprung mit Haltung zu wagen.«

»Gerald, darf ich Sie mit einer letzten Frage piesacken? Was hatte es mit seiner Stimme auf sich? Es gibt niemanden, der sie nicht erwähnt.«

»Truman hatte tatsächlich eine lustige Art zu sprechen: Er sprach wie ein Kind, als hätte er die Chance gehabt, sich dem Stimmbruch zu verweigern. Ich besuchte damals seine Lehrerin, und sie erzählte mir, er habe als Erwachsener die Stimme besessen, die er schon als Neunjähriger hatte.«

»Wusste er, wie seine Stimme den Leuten aufstieß?«

»Oh ja, nur zu gut! Man machte sich darüber lustig.«

Dann, als wäre er mir gegenüber nicht schon großzügig genug gewesen, führt mich Gerald Clarke zum Mittagessen aus. Wohin? Ehrensache, ins Bobby Van's, jenes Restaurant in den Hamptons, wo Capote Stammgast war. Dort setzen wir uns an den Tisch, der stets allein für Truman reserviert war, obwohl an ihm acht Personen Platz gehabt hätten – aber das lässt Gerald Clarke aussehen wie eine nicht weiter erwähnenswerte günstige Fügung. Wir essen zwar nicht stumm, gar nicht, wir plaudern angeregt übers Allgemeine wie Spezielle, über die Buchbranche hie und da des Ozeans, übers Schubladendenken des Feuilletons, bis hin zu Harry Potter und die vermaledeite Opioidkrise, aber wir haben stillschweigend aufgehört, über Capote zu reden. Und während sich unser gemeinsamer Julitag zu Ende neigt, wird mir klar, Clarkes fortwährende Großzügigkeit wurzelt auch in dem Wunsch, Truman, der ihm über der Recherche vom Gegenüber zum Freund wurde, einen überlebenslangen Gefallen zu erweisen: über den Tod hinaus zu zeigen, dass er wirklich einzigartiger als einzigartig war.

Abends kutschiert mich Clarke erneut zum Greyhound-Stop, und als ich einsteige, *back to New York City*, zu dem Sehnsuchtsort all derer, die sich kurzerhand neu erfinden wollen, stelle ich mir die Menschen vor, die mit Leib und Seele danach trachten, alten Einengungen und vorgestanzten Schablonen zu entfliehen, weil sie ihr Selbst nicht länger verleugnen wollen. Im Bus denke ich darüber nach, welche Schimären Capotes Werk durchdringen und wie goldrichtig Clarke mit seiner Deutung liegt, dass Holly Golightly die Reinkarnation von Little Miss Bobbit ist – und die wiederum ihre Reinkarnation in der Heldin Kate McCloud aus *Erhörte Gebete* erlebt hätte, wenn sie sie denn erlebt hätte.

Es scheint so viele Wiedergängerinnen zu geben, ja, Wiedergänger*innen*, denn meist sind es Mädchen oder sehr junge Frauen, halbwüchsige Tomboys, in denen ich ihn gespiegelt sehe. Holly, Miss Bobbit, Idabel, Miriam, Louise, Hilda, Grady, wie immer sie heißen, es sind einige, die in sich Truman bergen: dieses dünnhäutige Zwitterwesen zwischen weiblich und männlich, jung und alt, ungestüm und überreif, das sich mit zart gespitztem Bleistift gegen eine feindliche Welt zu wappnen versuchte.

Irgendwie schließt sich der Kreis allmählich, und selbst auf unscheinbareren Sätzen wie denen über Lola, den Rabenvogel, und Truman und Jacks Mitbewohnerin auf Sizilien[28] – »a mad, marvelous creature«, wie er seinem Freund Andrew Lyndon 1952 erklärt –, flackern neue helle Lichtspitzen. In seinem Vorwort zu *Die Hunde bellen* schreibt Capote 1973 über seine Lola-Geschichte: »Sie war ursprünglich als eine Art Therapie gegen die quälende Erinnerung an einen verlorenen Freund gedacht. Eine amerikanische Zeitschrift erwarb zwar die Rechte daran, doch dem Herausgeber gefiel sie später nicht mehr. Er verstünde nicht, sagte er, worum es darin eigentlich ginge, außerdem sei alles zu düster und negativ. Ich kann ihm zwar nicht zustimmen, dennoch begreife ich, was er meint. Instinktiv muss er hinter der sentimentalen Begebenheit das eigentliche Thema erkannt haben: Wie es nämlich demjenigen ergeht, der seine begrenzte Rolle im Leben, den Spiegel, den ihm die anderen vorhalten, entweder nicht sieht oder akzeptiert. Das kann ein Vogel sein, der sich für

---

28 Soweit es für mich zu recherchieren war, stammt das bislang unpublizierte Schwarz-Weiß-Foto auf dem *Truboy*-Einband aus Taormina, von seinem ersten Aufenthalt dort. Es ist Capotes privatem Fotoalbum in seinem Bibliotheksnachlass entnommen. Sehr wahrscheinlich knipste ihn Jack Dunphy während ihres Sommers 1950 in dem sizilianischen Städtchen, wo der 25-jährige Truman an den letzten Metern von *Lokalkolorit* saß. Beziehungsweise: lag, wie man sieht.

einen Hund hält,[29] ein Van Gogh,[30] der glaubt, er sei ein Maler, eine Emily Dickinson, die sich als Dichterin versteht. Allerdings hätte ohne solche Fehleinschätzung, ohne diese enorme Glaubensleistung kein Kiel je den Schlaf der Meere gestört, hätte der Mensch im ewigen Eis keine einzige Spur hinterlassen.«

Verknappt zur Leitplanke: einsehen, dass man ein Rädchen im großen Getriebe bleibt, sich trotzdem nicht kleinmachen. Seine Zeit nicht damit verschwenden, sich aufzuplustern, sondern dafür nutzen, seinen eigenen Kompass zu finden. Vor dem inneren Auge das Verhängnis, das einträte, sobald man etwas, jemand anderes sein will, als man ist.

   »Nichts zu verbergen ist die größte Herausforderung im Leben«, lautet eine Losung von Marina Abramovic. Gewahr bleiben, nie nichts von sich zu verstecken, weder als Mensch noch als Künstlerin. Damit sich, mit Glück, zum Schluss hin eine eigene Alchemie ergibt: man der wurde, der man gewesen ist.

Die Tage darauf verbringe ich in der New York Public Library. Dabei bestätigt sich durch eine handschriftliche No-

---

29 Übrigens wird der Rabenvogel ein knappes Jahr, nachdem er sich bei Truman & Jack eingenistet hat, schnöde durchs Fenster hinausfliegen – und »den Weg heimwärts traurigerweise nicht mehr finden«.
30 Das kann man nur boshaft verstehen, Verehrung *seines* künstlerischen Tuns hin oder her.

tiz, was mir Gerald Clarke gerade erzählt hat: dass Capote für sein leichtfüßig durchs Leben – als sei das eine himmelblaue Urlaubskulisse – tänzelnde Geschöpf Holiday Golightly anfangs den Namen Connie Gustafson vorgesehen hatte. (Daneben finde ich außerdem, durchgestrichen, Constance Gustafson, aber wäre dieses Wesen unter anderem Namen ähnlich hinreißend gewesen?)

Wie ihr Schöpfer kennt Holly die andere Seite jedoch ebenso aus nächster Nähe: das, was sie das »rote Elend« nennt, eine sehr besondere Gemütsverfassung, mit keiner vergleichbar.

»Nein, das graue Elend ist, weil man zu dick wird oder es zu lange regnet. Man ist traurig, das ist alles. Aber das fiese rote ist schrecklich. Man fürchtet sich, und man schwitzt wie ein Schwein, aber man weiß nicht, wovor man sich fürchtet. Bloß, dass etwas Schlimmes passieren wird, aber man weiß nicht, was.«

Und wie Capote hat sie sich ihr Gegengift zu dieser im Unbestimmten wabernden Angst ersonnen, nämlich schleunigst ein Taxi zu rufen und sich zu Tiffany fahren zu lassen; ein Wundermittel, das wirkt, unabhängig davon, ob der Laden offen oder geschlossen ist.

Natürlich spare ich mir diese Ortsbegehung nicht, aber der Zauber, den Capote dem Juwelier eingeschrieben hat, ist verflogen: zu viele Touristen, die Hollys beziehungsweise Audreys wegen um die Vitrinen voller Klunker schleichen und jede Anmut in der Schwermut zunichtemachen. Dazu der gülden prunkene Trump Tower nebenan, ein Überschuss allgegenwärtiger Vulgarität. Vorerst habe ich genug gesehen, und ich kehre ja eh bald zurück.

In der Nacht vor meinem Abflug nach Los Angeles träume ich zum ersten Mal von Capote. Ich treffe ihn an einem Winterabend, als die Dämmerung beginnt, in einer kleinen Straße, um mich als Assistentin bei ihm zu bewerben. Den ganzen Tag über habe ich mir vor Aufregung in die Hosen gemacht, ständig auf die Uhr geguckt, damit ich auf alle Fälle pünktlich bin, aber dann ruft er mich kurz vor unserer Verabredung an und verschiebt sie um eine Stunde. Als er vor mir steht, im kurzen Trenchcoat wie auf einem Foto aus der Zeit, als er *Kaltblütig* veröffentlichte, ist meine Nervosität wie weggeblasen, es ist, als kennten wir uns. Als sei ich schon seit Langem eingestellt. Er fragt mich nicht nach meiner Qualifikation, ich soll mitkommen, er müsse ein paar Kleinigkeiten besorgen. Sein Gesicht ist das des vierzigjährigen Schriftstellers, der seinen Fuß über die Schwelle zum Erwachsenen setzt: schmal, still, ernster als erwartet. Er lässt mich seine Herzlichkeit und Zugewandtheit spüren, wir fühlen uns wohl miteinander. Was mich erstaunt, denn unser Verhältnis hat eine selbstverständliche Vertrautheit, mit der ich nie gerechnet habe.

Am Morgen suche ich die Stelle in *Andere Stimmen, andere Räume*, in der Capote Joels Vetter Randolph, den morbiden, augenscheinlich schwulen Dandy, sagen lässt: »… es ist leicht, dem Tageslicht zu entkommen, aber die Nacht ist unentrinnbar, und Träume sind der eiserne Käfig.« Dann fahre ich, noch etwas benommen, zum LaGuardia Airport.

DER LETZTE,
DER IHN LEBEND SAH
DON BACHARDY

Es mutet wie das Aquarell einer Künstlerexistenz an: das luftige, heitere Holzhaus auf der Anhöhe von Santa Monica, der weite Blick übers Meer, das wie ein Smaragd in der Schaufensterauslage funkelt, das flirrende goldgelbe Licht, das ins Atelier und Wohnzimmer flutet, diese besondere Sonne Kaliforniens, wie aus einem der Bilder von David Hockney, die an der Wand hängen; dazu die quirlige Gestalt von Don Bachardy, die so viel Autonomie und Liebenswürdigkeit ausstrahlt. Angesichts dessen schleicht sich ein schlechtes Gewissen in meinen Reporterinnenstoizismus: Verpasse ich vor lauter Truman nicht Bachardys Lebensleistungen, diese wunderbaren Zeichnungen, weil ich nur Augen für den einen habe? Don Bachardy ist doch sehr viel mehr als nur der gute Freund von Truman Capote über die Strecke eines halben Jahrhunderts.

Ihn zum Anhängsel eines berühmten Schriftstellers zu erklären wäre doppelt infam, wird er doch so schon andauernd im selben Atemzug mit Christopher Isherwood genannt, jenem Mann, der sich mit Werken wie den *Berlin Stories* (die unter anderem die Grundlage für den Liza-Minelli-Film *Cabaret* schufen) längst einen Namen gemacht hatte, als sich Chris & Don in ihre Liebe stürzten. Der kalifornische High-School-Student und der britische Intellektuelle lernten sich am Strand kennen, an dem Don mit seinem Bruder Ted entlangspazierte.

Ein halbes Jahr danach zogen sie zusammen, eines der ersten schwulen Paare, die aus ihrer Liebe kein Geheimnis machten, so sehr es ihrer Beziehung nach außen an Selbstverständlichkeit entbehrte, so enormen Mut es kostete, sie zu leben: Isherwood war fünfundvierzig, Bachardy achtzehn, als sie sich ineinander verliebten. Zwei sich liebende Männer, die Tatsache allein war 1954 schon genug Stein des Anstoßes – dreißig Jahre Altersabstand obendrauf machte den Skandal perfekt. Was sie nie voneinander abhalten konnte: über dreißig Jahre lang nicht.

Trotzdem, sich zu ihrer Liebe freimütig zu bekennen, ohne jegliche gesellschaftliche Camouflage, das waren sie sich selbst schuldig. In erster Linie waren sie sich und einander verpflichtet, und es kümmerte Don auch nicht im Entferntesten, dass Chris vor ihm, neben den vierhundert Männern, die er in seinen Tagebüchern verzeichnete, auch mit seinem Bruder Ted eine Affäre gehabt hatte. »Chris sagte, Ted habe die schönsten Beine, die er je gesehen hätte.«

Bald nährten sie sich gegenseitig auch als Künstler. An Christophers Seite wuchs Don zu einem sagenhaften Maler und Zeichner, der sich mit seinen Porträts hauptsächlich berühmter oder berühmt gewordener Zeitgenossinnen und -genossen mehr und mehr hervortat. Unterdessen landeten seine Werke im New Yorker Metropolitan Museum of Art oder in der Londoner National Portrait Gallery. Seinem verstorbenen Lebensgefährten ist er über den Tod hinaus treu ergeben geblieben; er verwaltet dessen schriftstellerischen Nachlass sowie seine David-Hockney-Sammlung, die weltweit größte Privatkollektion.

Hockney ist ein anderer bester Freund von ihnen beiden gewesen, und bis vor einer Weile noch schaute Hockney öfter vorbei, sagt Bachardy, aber jetzt mache ihn seine Taubheit zunehmend menschenscheu.

Gerade bereitet er eine Ausstellung seiner eigenen Porträts vor, frühe Arbeiten aus den Sechzigerjahren bis in die jüngste Gegenwart; diesmal nur von Frauen – bei Menschen seines Alters, in den Achtzigern, spricht man in diesen Fällen unverzüglich von Retrospektive. Und wer hat ihm nicht alles Modell gesessen: Fritz Lang, Igor Strawinsky, Fred Astaire, Marlene Dietrich, Jack Nicholson, Melanie Griffiths oder Henry Fonda, aber auch gegenwärtige Ikonen wie die schwangere Angelina Jolie, die sich sogar zweimal von ihm zeichnen ließ. (Er musste ihr versprechen, wie er mir später anvertrauen wird, keines der Bilder jemals Fremden zu zeigen.) Den Mann, von dem Bachardy heute sagt »Ich bin seine Schöpfung«, porträtierte er jeden Tag, als dieser mit achtzig bettlägerig wurde: und als Christopher Isherwood 1986, mit einundachtzig, starb, waren 440 Skizzen entstanden.

Er sei sehr *busy*, das hat seine Assistentin vorweggeschickt, er aber wird diesen Eindruck großzügig wegwedeln und mir den Glauben schenken, er hätte alle Zeit der Welt für mich an diesem strahlenden Augusttag reserviert. Bevor er mich mit seiner Vitalität, seiner wachen Lebendigkeit gefangen nimmt, tut es der sichtbare Umstand, welches Privileg es ist, bis ins hohe Alter hinein seiner Berufung nachgehen zu können. Vielleicht, denke ich, meint künstlerische Freiheit ja im Grunde das: die Selbstbestimmtheit des eigenes Handelns bis zuletzt nicht nur nicht aufgeben zu müssen, sie sogar lustvoll ausüben zu dürfen und zu können.

Auf den ersten Blick erinnert Bachardy mich an eine US-Ausgabe von Helmut Newton: das markante, gebräunte, beeindruckend gut gealterte Gesicht, seine unentwegt flinken Bewegungen; er trägt ein mittelblaues Jeanshemd und verwaschene Jeans, und nur seine, in blitzweißen amerikanischen Sportsocken steckenden Füße verweisen auf *Made in Germany*, Familie-Feuerstein-Höhlensandalen aus dem deutschen Schuhbusiness Birkenstock. Ungleich bemerkenswerter jedoch ist seine Stimme. Die setzt in einer Unzahl schnarrender *Ähs* wie ein Spazierstock auf dem Boden seiner Sätze auf, im Takt weniger Silben. Und immer wieder wird er während unserer Unterhaltung in ein rostiges Kichern ausbrechen – wie sein Freund Capote scheint er bis jetzt das Leben unaufhörlich am Schlafittchen packen zu wollen. Diese Gemeinsamkeit könnte dafür sorgen, weshalb ich bei ihm zu Hause – noch wesentlich deutlicher als bei Kate, Bob, Gordon, Gerald – das Gefühl bekommen werde, Truman sei während unseres Gesprächs bloß mal kurz zum Pinkeln aus dem Zimmer gegangen. Und gegen Ende meines Besuchs bei Bachardy werde ich verstehen: Trumans überdauernde Präsenz verdankt sich der Anwesenheit einer tiefen Freundschaft.

»Welches Bild haben Sie im Kopf von Ihrem Freund Truman?«

»Ich war frisch mit Chris zusammen, etwa ein gutes Jahr, als ich Truman zum ersten Mal traf. Ich war richtig aufgeregt, er war 1955 auf dem Höhepunkt seines Ruhms, und ich hatte vorher so viel über ihn gehört. Aber schon nach wenigen Minuten fühlte ich mich unglaublich wohl mit ihm, es war völlig entspannt, weil er solch ein Charmeur war. Er kam zum Lunch zu uns, Chris und ich wohnten damals noch im Canyon, und um vier Uhr nachmittags saß Truman immer noch bei uns. Er erzählte uns, er sei mit den Selznicks in L. A., um über Filmrechte an seinen Büchern zu verhandeln, und David Selznicks damalige Frau Jennifer Jones war eine meiner Lieblingsschauspielerinnen. Truman schlug vor, warum kommst du nicht nachher mit und lernst Jennifer kennen? Also fuhren wir zum Beverly Hills Hotel und warteten anderthalb Stunden auf sie, weil sie mit Kostüm- und Perückenproben beschäftigt war. Am selben Nachmittag lud uns Truman ebenso spontan zur Broadway-Premiere von seiner Kurzgeschichte *Ein Haus aus Blumen* ein. Chris fragte mich, und hast du Lust? Und ob ich die hatte! Wir flogen am selben Abend mit Truman nach New York.«

»Er wurde mir von anderen Interviewpartnern schon als ein höchst aufmerksamer Freund beschrieben.«

»Und wie, Truman liebte seine Freunde! Auf seine ausgesprochen wunderbare Gesellschaft war Verlass. Er war klein, aber ungemein liebenswert.«

»Ich habe in der New York Public Library seine handgeschriebene Gästeliste des Black and White Balls eingesehen; Ihr Name stand auch darauf. Waren Sie tatsächlich da?«

»Chris war natürlich auch eingeladen, aber ich ging allein. Mit eigens angefertigter Maske, mit der ich total glücklich

war, weil sie mich ziemlich romantisch aussehen ließ.«
Und wieder lacht er sein heiser verstopftes Pumpenlachen,
das seinen Mund zur frechen Schnute eines jungen Schlingels verzieht.

»Und warum ließ sich Christopher diese Supersause entgehen?«

»Auf so was hatte er nicht die geringste Lust, Trumans Society-Bagage interessierte ihn nicht die Bohne, er mochte
nicht mal New York.«

»War Truman beleidigt?«

»Kein Stück, aber auch kein bisschen erstaunt, er kannte
Chris zu genau, um Chris' Absage schon abzusehen. Chris
und Truman trafen sich über ihren gemeinsamen Verleger,
als Truman ganz am Anfang seiner Karriere war, und Chris
mochte ihn auf Anhieb.«

»Sie haben es – Sie hören vielleicht den Neid in meiner
Stimme – also nicht bereut, hingegangen zu sein?«

»Oh nein, auch ohne Nostalgie betrachtet, ist Jahrhundert-
Party als Bezeichnung nicht zu hoch gegriffen, wir hatten
in dieser Ballnacht wirklich alle einen Heidenspaß. Truman tanzte mit Lauren Bacall, im Saal tummelten sich die
unterschiedlichsten Leute – viele Celebritys, aber nicht
nur.«

»Viele unter den Gästen waren seit einer Ewigkeit Trumans Freundinnen und Freunde, oder?«

»Er war ein sehr treuer Freund. War er einmal dein Freund, dann konntest du dich für immer und ewig auf ihn verlassen. Er zog nie gemein oder gehässig über seine Freunde her – seine besten Freunde waren ja Frauen. Aber na klar, er liebte Klatsch über alles. Schon weil er ständig haufenweise vergnüglichsten Klatsch in seinem Kopf wälzte.«

Auch Don Bachardy muss echte Freundesqualitäten besitzen, wenn er Capotes öffentliche Lästereien über seine anderen langjährigen Freunde David Hockney und Gore Vidal verschweigt.

»Das mit dem allseitigen Vergnügen, wenn Capote richtig vom Leder zog, haben später einige seiner alten Freundinnen und Freunde anders gesehen. Auf dem Ball aber waren sie alle wohl noch ein Herz und eine Seele.«

»Truman hatte immer ein Händchen dafür, verschiedenste Menschen zusammenzuspannen, vor allem aber war er ein ausgewiesener Meister darin, seinen eigenen Spaß zu haben: Er hatte Spaß, weil er ums Verrecken seinen Spaß haben wollte. Dadurch war er der perfekte Gastgeber.«

»Für mich sieht es, ehrlich gesagt, auf einigen Festfotos ein wenig steif aus, sehr pompös ausgestattet, aber nicht unbedingt nach einer Party, wo man sich munter gehen ließ.«

»Das Ganze war verschwenderisch aufgezogen, das stimmt, aber nicht so, dass einem vor Bombast unbehaglich geworden wäre. Die Gästemischung war atemberaubend amüsant; nach dem eigentlichen Ball rauschten wir per Taxi ins

Nachtleben, ich saß in einem mit Anita Loos; sie war eine gute Freundin von uns, sie schrieb den Roman *Blondinen bevorzugt*, der auch verfilmt wurde.«

»Sahen Sie sich über all die Jahre regelmäßig?«

»Ja, aber Chris wollte ihn lieber allein sehen oder höchstens mit Jack, Trumans Partner, jedenfalls nicht in größerer Runde. Wann immer Truman nach Kalifornien kam, besuchte er uns, und wenn wir in New York waren, sahen wir ihn. Ich kann mich an kein einziges Treffen erinnern, bei dem ich Truman nicht ausgelassen erlebt habe. Ihm ging nie die Luft aus, und man konnte sicher sein, er würde all seine Energie dransetzen, ein Fest zu einem Erfolg zu machen. Was es dadurch auch garantiert wurde. Er hatte überhaupt einen immens ausgeprägten Willen.«

»Haben sich die beiden übers Schreiben ausgetauscht?«

»Nein, sie gehörten nicht zu der Sorte Schriftsteller, die darüber reden. Sie sagten schon mal etwas zu einem frisch erschienenen Werk des anderen, aber sparsam. Und Truman sprach sowieso eher wie sein eigener Werbechef über seine Arbeit – oder malte uns seine Zukunft, sobald sein neues Buch erschienen sei, in leuchtenden Farben aus.« Wieder schleift sein spezifisches Gackern seine Rede zärtlich rund.

»Wurde Truman nicht irgendwann blasiert, als er sich so viel mit der Hautevolee der Ostküste herumtrieb?«

»Gar nicht. Auch wenn er sehr stolz war auf seine Freundschaft mit Babe und Bill Paley. Ich habe Babe nur einmal auf der Straße erspäht, sie sah unfassbar glamourös aus, in blasses Hellgrau gewandet und mit ebenso blassgrauem, elegant frisiertem Haar. Bill Paley dagegen lernte ich kennen, weil wir mal zu viert, Christopher, Truman, Bill Paley und ich, von L. A. nach New York flogen. Es hing dichter Nebel über Burbank, als wir abfliegen sollten, und die Maschine hatte bereits Verspätung. Truman begann in der Abflughalle, wo es langsam nächtlich still wurde, zu schwadronieren, er habe so eine ungute Vorahnung, wie bei den letzten Malen, als sich Schreckliches ereignet hätte. Er sagte, es ist wie damals, als ich dem Untergang des Schiffs entkam, das sank und auf dem ich um ein Haar gewesen wäre. Jetzt hätte er exakt das gleiche unheilvolle Gefühl, dass wir sehenden Auges in den Untergang gehen würden. Da blaffte Paley ihn wie ein strenger Vater an: ›Truman, just stop it! Wir werden an Bord gehen, das ist bloß Badluck-talk. Außerdem würdest du es dir nicht verzeihen, wenn du uns allein ziehen ließest.‹ Und so hoben wir nach stundenlanger Verspätung nachts um zwei endlich ab, mitten in die Nebelwolken hinein.«

»Capote soll sehr abergläubisch gewesen sein.«

»Er tat zumindest, als wäre er es. Nur wenige Minuten nach dem Start, als man noch gar nicht aufstehen durfte, schlenderte er schon den Gang herunter, zu mir und Chris in die proppevolle Economy Class – er und Paley flogen First Class. Er hockte sich uns auf den Schoß, umarmte uns und sagte: ›Und, haben meine Engelchen Angst?‹«

»Ich finde erstaunlich, wie detailliert Sie sich an ihn erinnern.«

»Er war ein unvergesslicher Mensch für mich.«

»Erinnern Sie sich an ihn als leichtfüßig?«

»Wenn leichtfüßig, dann auf alle Fälle mit einer sehr ernsthaften Unterkellerung. Aber ich hätte seine Niedergeschlagenheit niemals bemerkt, wenn er mit uns nicht offen darüber gesprochen hätte. An seinem Verhalten war es für mich in keinster Weise festzustellen.«

»Man sah es ihm auch nicht an?«

»Vielleicht sah er nicht mehr nach seiner absoluten Höchstform aus, er war etwas schwerer geworden, aber nicht drastisch. Nein, sichtlich auseinander fiel er nicht, aber anscheinend verfiel sein Verstand, für uns unmerklich. Vielleicht war er etwas weniger lebhaft als in seinen besseren Tagen, aber Sie wären nie darauf gekommen, dass es ihm schlecht ging, nie! Und ich glaube, Jack Dunphy, den ich ebenfalls sehr mochte, verlieh Truman Bodenhaftung. Er war ein anderer Typ als Truman, zurückhaltend – und sehr verzeihend.«

»Seine Süchte beschleunigten seinen finalen Verfall, wohl außerdem, dass er Persona non grata geworden war.«

»Bei uns hat er nie den Eindruck erweckt, dass er sich fühlte, als habe man ihn kleingekriegt. Er tat, als schere ihn die eisige Zurückweisung gar nicht, und mir leuchtete das ein, denn Schriftsteller dieser Liga wissen um die persönliche Agenda aller möglichen Leute, und was die davon abhält, jemanden wie ihn als Künstler zu preisen.«

»Sie wussten damals aber schon, dass er alkoholkrank war, oder?«

»Ich hörte es immer mal wieder von irgendjemandem, aber ich konnte mir anfangs nicht vorstellen, dass das zutraf: Er hatte sich im Griff, kam mir immer viel zu diszipliniert und widerstandsfähig vor, um zuzulassen, dass die Sucht die Herrschaft über ihn gewinnen würde.«

»Hatten Sie Einblick, ob er die Disziplin aufbrachte, noch weiter an *Erhörte Gebete* zu schreiben?«

»In der Tat, ich bin überzeugt, dass er daran weiterarbeitete. Gegen Ende allerdings wurde nach und nach deutlicher, dass das Gerede darüber das Schreiben überwog ...« Auf einmal verharrt Bachardy inmitten des Satzes, sekundenlanges Stocken, als habe er den Faden verloren. Dann flüstert er: »Aber wir liebten Truman.«

»Schätzte Isherwood Capote vor allem als Mensch oder auch als Schriftsteller?«

»Sie respektierten einander sehr, Truman schätzte Chris als wertvolle Inspiration. Aber in erster Linie mochte Chris Truman als Mensch. Er mochte einige frühe Bücher von Truman, aber ich weiß, dass er *Kaltblütig* nicht so besonders fand. Truman war sehr angetan von dessen Schluss, Chris war anderer Meinung. Aber die Kritik äußerte Chris nur mir gegenüber, da schonte er Truman. Sie hätten ihre Freundschaft ohnehin nie von Beruflichem durchkreuzen lassen.«

»Weil er nicht mehr mithalten konnte?«

»Nein, deswegen nicht. Ich war zutiefst davon überzeugt, dass sein schriftstellerischer Ehrgeiz nie mit seinem Schreiben kollidieren könnte. Ich konnte mir bis zum Schluss nicht vorstellen, dass er sich opfern würde. Aber ich lag falsch. Wir erfuhren es von ihm selbst, er sagte uns ohne Umschweife, er sei Alkoholiker. Sagte uns an einem Sonntagabend, dass er bereits seit Freitag durchgetrunken habe. Er wirkte dennoch kein bisschen betrunken, er redete weder schleppend noch wirr wie ein Besoffener, sondern wie sonst artikuliert und prononciert. Ich konnte es daher nicht glauben, dass er das ganze Wochenende hindurch an der Flasche gehangen hatte.«

»Wann war das?«

»Das Jahr kriege ich nicht mehr zusammen, aber es war nicht allzu lange, bevor er starb. Ich denke, zuletzt hatte er den Glauben an sich selbst verloren. Chris und mir kam es so vor, als würde er sich, je mehr er darüber sprach, hauptsächlich selbst die Begeisterung über seine Arbeit einreden wollen. Und trotzdem, ich habe Truman nie als Menschen erlebt, dem alle Luft entwichen war.«

»Man erzählte mir, er hätte, untypisch für ihn, im August 1984 nur einen Hinflug nach L. A. gebucht, vermutlich weil er seinen baldigen Tod erahnte. Haben Sie ihn vorher noch mal gesehen?«

»Ja, wir sahen ihn am Tag vor seinem Tod, unmittelbar nach seiner Ankunft in L. A. Er machte überhaupt keinen angeschlagenen Eindruck, daher waren wir enorm geschockt über seinen Tod, er schien uns so überraschend. Joanne, die auch von uns eine enge Freundin war, gab uns Bescheid. Ich konnte es nicht fassen, bis ich ihn tot sah und mich vergewisserte, dass es wahr war.«

»Wenn Sie mit Joanne Carson gut bekannt waren, kennen Sie sicher seine letzten Sätze über den Schlüssel, den er deponiert haben soll, zu dem Schließfach mit dem vollständigen Manuskript?«

»Nein, davon weiß ich nichts. Aber man muss sagen, Truman erzählte gerne Lügen. Und ich vermute, sein vieles Gequatsche über sein Buch in den letzten Jahren enthielt einige Fantasiegeschichten.«

»Ihnen hat er nichts aus *Erhörte Gebete* vorgelesen?«

»Ich sah Truman so gut wie immer im Beisein von Chris, und dem hätte er nie vorgelesen. Nicht weil er Angst vor seinem Urteil hatte, mehr aus Respekt vor ihm, weil er ihn nicht in Bedrängnis bringen wollte, etwas dazu sagen zu müssen.«

»Den Ausspruch, den er gegenüber Joanne gemacht haben soll, haben Sie dann auch nie gehört: Die Kapitel werden gefunden, wenn sie gefunden werden wollen? Könnte das ein Rätsel sein, das er der Nachwelt aus Jux auftischen wollte?«

»Nicht abwegig, sondern recht typisch für ihn, er liebte Scherze dieser Art ... es kann deswegen ein Fantasiekonstrukt von ihm gewesen sein, genauso gut die Wahrheit, bei ihm ist das unmöglich zu wissen. Falls es ein Manuskript gibt, wird man es erst definitiv wissen, wenn es auftaucht.«

»Wie erlebten Sie seine Beerdigung?«

»Chris hielt auf Trumans Beerdigung in Beverly Hills die Trauerrede – ich müsste sie noch irgendwo haben, oder vielleicht ist sie auch im Nachlass von Chris in der Huntington Library. Er sprach sehr schön über Truman, es gab einige eloquente Redner, und es waren Unzählige gekommen, um von ihm Abschied zu nehmen. Ich denke, er wäre mit seiner Beerdigung ziemlich zufrieden gewesen.«

»Haben Sie Truman eigentlich gemalt?«

»Yeah, mindestens viermal! Alle Jahre wieder bat ich, ihn zeichnen zu dürfen«, Bachardy springt auf und bittet mich in sein Atelier, um mir die Zeichnungen von Capote zu zeigen. Wir laufen, Sonnenschein auf den Schultern, hinüber in sein lichtes Studio, und während er die erste Zeichnung von Truman, die er kurz nach dem Kunststudium machte, herauskramt, erzählt er mir, wie die Sitzung im Angesicht von Künstler zu Künstler ablief.

»Hier auf diesem Stuhl saß er mir Modell, wie all die vor und nach ihm.« Auch Trumans alte Clique saß nahezu komplett auf diesem Stuhl, Bob Colacello, Joanne Carson, Andy Warhol, Gloria Vanderbilt.

»Was muss ein gutes Modell für Sie mitbringen?«

»Ich kann jeden zeichnen, der still sitzt.«

»Vielleicht eine naive Frage, aber geht es Ihnen darum, das wahre Selbst zeichnerisch zu erhaschen?«

»Natürlich!«

»War es leicht, Truman zu zeichnen?«

»Ja, er saß brav und sehr ruhig da, aber das Ergebnis musste ihm unbedingt schmeicheln. Je mehr eine Skizze reifte, desto weniger mochte er es. Der erste Entwurf erfreute ihn dagegen jedes Mal. Warum? Weil es ein erster Entwurf war. Und wenn ich einen zweiten präziseren begann, konnte ich sicher sein, dass er ihn nicht mehr gut fand. Er hatte eine Vorstellung davon, wie er aussehen wollte. Seine Vision von sich sollte in dem Bild den Sieg erringen.«

»Mochte er der Wahrheit nicht ins Auge sehen?«

»Er erkannte die Wahrheit. Aber je realistischer sein Abbild wurde, desto mehr schwand sein Enthusiasmus. In Zusammenhang mit seinem Porträt zog er die Fantasie der Realität vor. Das ist jedoch nicht ungewöhnlich.«

»Er ließ eine Haartransplantation vornehmen und zwei Faceliftings.«

»Ja, er erzählte uns, dass er sich das Kinn hatte straffen lassen, aber ehrlich gesagt sah ich keinen großen Unterschied zu seinem alten.«

»Als Maler nehmen Sie ein Gesicht anders wahr, vermute ich: Was ist Ihnen als Künstler von Truman konkret in Erinnerung geblieben?«

»Ich zeichnete ihn zum ersten Mal, als ich frisch von der Kunsthochschule kam, und er tat mir den Gefallen, seine Hand ans Kinn zu legen ...«

»Damals noch ans alte, von Natur aus straffe.«

»Ja, aber ich habs aus einem anderen Grund im Gedächtnis behalten: In der Schule hatte ich gelernt, dass ein Bild immer nur so gut ist wie sein größter Mangel, und normalerweise sind die Hände der Schwachpunkt einer Zeichnung. Deswegen wollte ich mich in der Kunst des Händezeichnens schulen. Ich lernte akkurate Nahaufnahmen von Händen anzufertigen.«

»Und Trumans Hände, stimmten die für Sie?«

»Er hatte Hände mit schön langen Fingern, mit denen er offenbar selbst auch ziemlich zufrieden war. Vielleicht sogar ein klein wenig stolz.«

Inzwischen hat Bachardy die erste Truman-Zeichnung gefunden, und ich kann nicht umhin zu denken, was alles passiert ist, seitdem er hier auf diesem Höckerchen Platz genommen hatte.

Es heißt, dem Gedächtnis würden sich die schlimmen Erfahrungen stärker eingravieren als die guten; das Schöne verflüchtige sich bald, es hinterlasse undeutliche Spuren. Bachardy beweist mir das Gegenteil. Er erinnert sich durchwegs an den Goldjungen Truman, an sein scheinbar stetes Lachen in Gesicht und Herz, und nicht im Mindesten an einen feist werdenden, verlotterten Alkoholiker oder an einen zerfaserten Tablettenabhängigen, der nach und nach beginnt, das Leben sattzuhaben. Der Überdruss und Enttäuschung ausatmet. Obwohl er das Auge für diese Beobachtung des Düsteren doch gehabt haben muss, als bildender Künstler sogar ein ungleich schärferes. Natürlich, die Erinnerung ist und bleibt ein Luder, und trotzdem: Welches Bild ist wahr oder – falls es Abstufungen von Wahrheit gibt – wahrer?

Kann es sein, dass die Zuneigung den Blick verschleiert? Hängt über viele Jahre gewachsene Freundschaft wie eine Nebelkerze in der Atmosphäre und nimmt einem die Sicht? Bei den Menschen, die mir am nächsten stehen, habe ich manchmal das Gefühl, mein Blick auf sie verschwimmt so, als würde ich meine Nase zu nah an ein Schaufensterglas pressen. Für ein klares Urteil habe ich den Abstand verloren; andererseits hilft das dichte Davorstehen an der Scheibe dabei, gnädig zu sein, ein liebender Mensch. Außerdem erfahren wir ja im Laufe der Zeit, dass wir alle fluide Wesen sind, die immer nur eine Augenblickswahrheit fühlen, keine apodiktische, die ein Leben lang anhält. Vielleicht macht das die letzte Wahrheit so unerträglich.

Am selben Tag mache ich einen Abstecher zum Westwood Memorial Park, zu Capotes letzter Zuflucht. Erst wähne ich mich an der falschen Adresse, wo in dieser Einfamilienhaussiedlung im Schatten einiger Bürohochhäuser bitteschön soll hier ein Friedhof sein? Die Frau an der Kasse der Tiefgarage weist mir den Weg zu dem hineingeschnittenen Minirechteck, dafür mit dem saftigsten Rasen, den ich je betreten habe. Seine Urne verbirgt sich hinter einem unauffälligen Gedenkplättchen, das mit seinem Namen und darunter »1924 – 1984« in eine Mauer eingelassen ist. Eines von drei Messingschildchen, oben Capotes, in der Mitte eins mit der Inschrift »Beloved Friends«, unten Joanne Carson, 1931 – 2015.

Offenbar blieb Truman ihre Obsession bis zu ihrem Tod. Aber wer wäre ich, mich darüber lustig zu machen? Nichts weiter als ein Sommerliebchen.

Hier liegt die Crème de la Crème Hollywoods begraben, und mancher fühlte sich seinem Publikum auch tot noch verpflichtet; bei denen, die für ihren Humor berühmt wurden, ist der Grabspruch ein Witz. Jack Lemmon, Walter Matthau, Peter Falk, Dean Martin, Fanny Brice, Burt Lancaster, Audrey und Billy Wilder – ein Begleitzettel macht aus dem Rundgang eine Schnitzeljagd und fordert die Besucher auf, zu den Toten hinzuzufügen, wodurch sie sich einen Namen gemacht haben. Einige sind vergessen. Von Marilyns Grab mopse ich eine rote Rose und friemel sie in Trumans leere Vase – ohne Gewissensbisse, die beiden waren schließlich gute Freunde. Außerdem ist MMs Fangemeinde noch lebendiger als die der anderen Verstorbenen hier; ein üppiger Blumenstrauß welkt vor sich hin, aber irgendjemand hat ihr auch mit einer Art Flugzeugnecessaire inklusive Plastikkamm die letzte Ehre erweisen wollen. Was sie davon noch hat? Marilyn kam Truman wie ein verängstigtes Kind vor, und ihr Suizid überraschte ihn nicht; wer weiß, wie sehr *sie* sich durch ihrer beider Kinderangst mit ihm verbunden fühlte.

Jetzt, an diesem Augusttag vor meinem Hausbesuch in den Hollywood Hills frage ich mich, inwiefern Capote sich durch gespannte Erwartung am Leben hielt. Ob er während seiner Unterredungen mit Lawrence Grobel, den ich als Nächstes treffen werde, weiter darauf hoffte, dass sich nach all den Türen, die zugefallen waren, noch neue vor ihm öffnen würden.

Es mag Einbildung sein, aber ich glaube, dass Capote vielleicht für sich nicht unbedingt *die* Glücksformel fand, aber
doch die oder zumindest eine sehr wichtige Essenz für ein
gelungenes Leben ausgemacht hat: Neugier. Immer neugierig zu sein auf Menschen und Erfahrungen. Oder im
Umkehrschluss: nie mit der Absicht in Begegnungen hi-
neinzugehen, dadurch bloß ein vermeintliches Wissen über
jemanden bestätigt zu bekommen. Das wäre so viel öder gewesen, als mit offenem Visier durch die Welt zu gehen und
sich die Spielfreude des Kleinkinds zu bewahren. Einem
Baby sollte lediglich vorbehalten sein, an der Mutterbrust
einen satten Rülpser zu tun, während man als Erwachsener
immer eine Spur hungrig unterwegs zu bleiben hatte. (Wobei diese Haltung, wenn er sie denn hatte, bei ihm auch
der Zwangsläufigkeit gefolgt sein muss, dass seine Sehnsucht nach der Mutter nie gestillt wurde und dadurch Un-
ersättlichkeit seine Beziehungsfelder annektiert hatte.)

In seiner halbzerbombten Seele schwand die Lebens-
kraft erst, als er sich diese Neugierde versagen musste, weil
die Sucht sein Denken und Fühlen auszuhöhlen begann.
Im Januar 1979, als Capote vierundfünfzig Jahre alt war, erschien eine sonntägliche Plauderei zwischen Andy Warhol,

Bob Colacello und Truman Capote als Coverstory im *Interview*-Magazin. Das brachte mich auf diesen Gedanken:

»WARHOL: Da ist Zucker drin. Glaubst du, dass das Leben lebenswert ist?

CAPOTE: Ja, wenn du ein Ziel hast.

WARHOL: Glaubst du, es ist auch lebenswert, wenn man keins hat?

CAPOTE: Ja.

WARHOL: Ja? Warum?

CAPOTE: Solange du Neugier besitzt. Bist du nicht neugierig? Das alles in Guyana[31] ist so faszinierend. Ich denke, Norman Mailer sollte dort recherchieren und ein Buch darüber schreiben. Es ist das perfekte Thema für ihn. Er hatte schon lange keinen guten Stoff mehr. Er ist ein sehr schneller Schriftsteller. Er ist ein guter Schriftsteller. Ich bin gut, aber langsam.

COLACELLO: Was sind deiner Meinung nach Antriebe, die stark genug sind?

CAPOTE: Kreatives Schaffen. Ich persönlich glaube, du hast ein Problem, wenn du nicht kreativ bist. Wenn du kreativ bist, hast du ein doppelt so großes Problem.

---

31 Capote nimmt Bezug auf das Jonestown-Massaker, das sich im November zuvor in Guyana ereignet hatte: Sektenführer Jim Jones rief rund tausend seiner Anhänger zu einer Todeszeremonie auf; mehr als neunhundert Menschen starben bei dem Massensuizid, weil Jones den Frieden ihrer Dschungelgemeinschaft bedroht sah.
Er verweist hier auf Mailer, weil er mit *Kaltblütig* die Debatte um Journalismus als eine Form von Literatur angeschoben hatte. Die wurde weitergeführt, als sein Autorenkollege Tom Wolfe in einem *Esquire*-Essay 1972 behauptete, die erste Liga der Literaten hätte aufgehört, die Great American Novel anzustreben, weil die Realität jeder Imagination überlegen sei. Mailers Buch *Armies in the Night* über den Anti-Vietnamkrieg-Marsch vorm Pentagon 1967 trug den Untertitel *Geschichte als Roman, Roman als Geschichte* und setzte die Diskussion über die Vereinbarkeit von Reportage über wahre Begebenheiten und Fiktion damit fort.

WARHOL: Jeder ist kreativ.

CAPOTE: Auf die eine oder andere Weise. Die meisten Menschen entdecken ihre Kreativität nie. Es gibt eine Menge unbesungener Genies, die nicht einmal eine Ahnung von ihrem großen Talent haben.«

Als Lawrence Grobel Mitte Juni 1982 auf dem Weg ins La Petite Marmite gegenüber des UN-Plaza-Gebäudes war, zog er mit dem Reporterziel los, Capote, den er als Schriftsteller zutiefst bewunderte, aber an dessen Persona er gewisse moralische Zweifel hegte, fürs Fernsehen zu interviewen. Er war nervös. Capote, der schon vor einem Daiquiri saß, als Grobel eintrat, hatte den Zweck ihres Mittagessens vergessen.

Beim Betreten des Restaurants gelangt Grobel zum Eindruck: »Er sah nicht so aus, wie ich es erwartet hatte. Sein Gesicht war gedunsen, sein Haar schütter, seine Augen wie die einer Krähe. Er wirkte nicht zwergenhaft oder elfisch, wie er so oft beschrieben worden war, sondern verbreitete Kraft und Autorität.«

Als Grobel nach rund fünf Stunden geht, in denen ihm Capote unerhört freimütig begegnet, ist sein Ziel ehrgeiziger geworden: Von Capotes transparentem, geistreichem Wesen eingenommen, möchte er ihn abermals zu einem Interview treffen, bis er ihn nach diesem zweiten Gespräch, immer noch Hunderte ungestellte Fragen im Sinn, bitten wird, ihn über einen längeren Zeitraum besuchen zu dürfen, »für irgendein zukünftiges Projekt«. Damals denkt er, ich hab Zeit, meinetwegen kann es zwanzig Jahre dauern, Hauptsache, es wird ein tolles Stück draus.

Das letzte ihrer vier langen Gespräche, abgesehen von Telefonaten, führen sie im Oktober 1983 im Bobby Van's in

Bridgehampton. »Er wirkte gesünder als früher, und gegen Ende war er zu Späßen aufgelegt«, schreibt Grobel in seinem Interviewband *Ich bin schwul. Ich bin süchtig. Ich bin ein Genie*, den er nach Capotes Tod in Rekordzeit zusammenstellte, damit sein allererstes Buch (von inzwischen gut dreißig) schon ein paar Monate danach, im Februar 1985, auf den Markt kommen würde.

Das letzte Bild von Capote, das Grobels Netzhaut belichtet hat, entstand am 28. August 1984, drei Tage nach seinem Tod. Bei der Beerdigung in Los Angeles sieht er Capotes Sarg. Er legt seine Hand aufs Holz und haucht ein Goodbye, obwohl die Trauergemeinde just das Lied *Don't like Goodbyes* anstimmte. Grobel hat Capote sein Buch, heute ein Zeitdokument, gewidmet: »Für Truman, der seine Bleistifte spitzte und keine Angst hatte.«

Mir öffnet ein Seglertyp in Shorts. Auf den ersten Blick wirkt Grobel in seiner Hemdsärmeligkeit auf mich wie ein Musterexemplar von Amerikaner. Im Laufe unseres Gesprächs scheinen mir seine Sätze nach einem Effekt zu heischen, eine Spur zu laut oder irgendwie amerikanisch geräuschvoll. Er ist ein Relikt des Golden-Age-Magazinjournalismus: Manchmal war ihm für seine ellenlangen Interviewstrecken ein ganzes Jahr Recherchezeit vergönnt. Ein Interview im *Playboy* galt unter Celebritys noch als Ritterschlag. In seinem Arbeitszimmer hängen dicht an dicht die Fotos der Stars, die er interviewte. Robert De Niro etwa wurde ihm dabei zu mehr als nur einem guten Bekannten; Grobel ist auch seit »drei merkwürdigen Jahrzehnten« dicke mit Al Pacino, über den er ebenfalls ein Buch *Conversations with* schrieb. Wie eines über Marlon Brando, Barbra Streisand, Ava Gardner, die Hustons und Dutzende weitere. Seitdem gebührt Grobel der Titel, der Mozart unter den Interviewern zu sein.

Al Pacino, erzählt er mir, wurde zu seinem »besten Freund«, sein »Bruder«, auch wenn sie sich ab und an wie Brüder zofften. Nicht jeder Interviewte allerdings wollte ihm die Deutungsmacht zugestehen. Als Pacino ihn mal zu seiner Geburtstagsparty einlud, waren sie allesamt vom Hollywood-Olymp herabgestiegen: auch wieder Bob De Niro. Der war an diesem Abend gar nicht gut auf Grobel zu sprechen: Dein letztes Interview vor ein paar Wochen, schmollte er, lässt mich wie einen Schmock aussehen. Zwanzig Minuten, erzählt mir Grobel vor seiner Fototapete, stritten sie sich über die Bilder von Bob, die Larry laut Bob allein zu seinen eigenen Gunsten in die Welt gesetzt hätte, am Ende der Nacht gingen sie im Frieden auseinander.

»Bob De Niro stellte mir rigoros das Tonbandgerät ab, obwohl ich ihm da schon zugesichert hatte, das Gesagte *off the record* zu behandeln, nie zu zitieren. Bob aber sagte, es bleibt ja trotzdem auf dem Band.«

»Capote war ja auch ein entschiedener Gegner des Mitschneidens. Er ging so weit zu sagen, *Kaltblütig* wäre nie geworden, was es wurde, wenn seine Gesprächspartner von so einem Ding eingeschüchtert worden wären. Die hätten nur ausgepackt, weil er nicht einmal mitschrieb, sondern erst zu Hause alles memorierte und zu Protokoll brachte.«

»Oh ja, bei unserem ersten Interview machte er keinen Hehl daraus, den Rekorder zu hassen. Dabei hatte ich mir extra – ich fürchtete, er würde akustisch eh schwer zu ver-

stehen sein – von der Redaktion ein Super-Profiaufnahme-
gerät spendieren lassen. Aber er ließ es dann gelten, und
anders als Bob wollte er am Schluss nur seine Biestigkeit
über Jackie Kennedy nicht veröffentlicht sehen. Alles andere war ihm schnuppe.«

»Wieso eigentlich ausgerechnet Capote?«

»Wegen seiner atemberaubenden Bücher, seinem Bewusstsein für Sprache. Für ein Interview, das ich mit Brando führen wollte, las ich Capotes Porträt über ihn. Für mich ist
das ein Journalismus-Klassiker, dem ich nacheifern wollte.
Oder seine Eröffnungsszene in *Kaltblütig*, über die Prärie in
Kansas – ebenfalls so ein moderner Klassiker. Einst an sein
Werk herangeführt hat mich mein Englischprofessor am
College, übrigens auch an das von Isherwood. Der hatte
mir gesagt, lesen Sie das: Denn Capote lesen, das sei, als
ob man reines Bergwasser trinke – wogegen Jack Kerouac
lesen bedeutet, eine Coca-Cola zu kippen. Diese Empfehlung hat mir Capote zugänglich erscheinen lassen, sodass
ich seine Bücher innerhalb einer Woche verschlang – so
viele gibts ja auch nicht. War so froh um den Tipp, dass
ich mich sogar schon auf die Suche nach diesem Professor
gemacht habe, bisher vergebens. Wahrscheinlich ist er tot.
Jedenfalls war für mich immer etwas um Capote, was mich
von Anfang an anrührte: sein einzigartiger, so komplexer
Charakter, seine bezaubernde Unverblümtheit.«

In seinem Capote-Buch schildert Grobel, dass er im Mai
1984 in Hollywood ins Kino ging, um sich zwei Isherwood-
Verfilmungen anzuschauen – und sich zufällig Isherwood
und Bachardy in die Reihe vor ihn setzten. Er sprach die

beiden an, rasch kamen sie auf ihren gemeinsamen Bekannten zu sprechen, und Isherwood erzählte ihm, wie ungemein stark Truman sei, er hätte sogar mal Humphrey Bogart haushoch im Armdrücken besiegt. Als Grobel ihm daraufhin berichtete, Capote sei nach einem epileptischen Anfall derzeit sehr angegriffen, antwortete ihm Isherwood: »Aber man kann alt werden mit Epilepsie. Wissen Sie, Truman war ein sehr guter Schwimmer. Er war ja immer klein, aber er ist, wie das Sprichwort sagt, stämmig gebaut wie ein Ziegel-Scheißhaus.« Danach lachte Isherwood und fügte hinzu: »Ja, ich habe ihn sehr gern.«

Grobels Frau Hiromi, eine japanische Künstlerin, kommt herein, um uns eine Karaffe Wasser hinzustellen. Danach verschwindet sie so leise, wie sie aufgetaucht ist.

Er wittert die von ihr aufgetane Lücke und spielt mir auf seinem Fernseher die acht aufgezeichneten Minuten von seinem ersten Capote-Treffen vor; leider hat er die Passage, in der Capote für ihn aus seinem eigenen Lieblingsbuch *Die Musen sprechen* liest, irgendwann versehentlich gelöscht.

»Was mir damals auffiel, war, dass seine angebliche Fistelstimme beim Lesen rund und voll tönte. Je mehr er trank, desto nasaler wurde sie.«

»Interessante Feststellung, weil immer so ungeheuer viel Gedöns gemacht wird um seine dünne, hohe Stimme. Ihre Beschreibung deckt sich mit der Einschätzung von Martin Amis, der 1978 den bereits von Krankheit geschwächten Capote traf. Als ich mal mit Amis über ihn sprach, imitierte er für mich spontan Capotes Summen: Amis sagte, dessen

Stimme sei ganz anders gewesen als erwartet, und er sei völlig unvorbereitet gewesen auf Capotes zitternden asthmatischen Singsang. Das habe zu seinem Eindruck beigetragen, dass Capote nicht die *amour propre*, die Selbstliebe anderer großer amerikanischer Romanciers, innewohnte, dagegen eine kindliche Fragilität – und beinahe hätte diese Unschuldsanmutung Amis dazu bewogen, ihm seine eigenen Hoffnungen und Ängste zu beichten.«

»Schauen Sie, Capote hatte zwar einen riesigen Schädel, oder es sah für mich damals so aus, weil ich im Sitzen seine zarten Proportionen nicht abschätzen konnte. Oder sein Kopf wirkte so massiv, weil ihm seine Haare ausgingen. Trotzdem blitzte der hübsche Junge immer wieder durch. Und ich fand, dass Brando und Capote sich irgendwie ähnlich sahen. Brando sah dereinst natürlich umwerfend aus, aber als ich ihn traf, war er auch schon nahe der sechzig, alt und dick, und dennoch konnte ich bei beiden, Capote wie ihm, hinter der Fassade des Mannes in mittleren Jahren nach wie vor den schönen Jüngling erahnen.«

Mit dieser Ansicht scheint er nicht allein zu sein. In der Irving-Penn-Retrospektive im New Yorker Metropolitan Museum stand ich länger vor zwei Capote-Originalen: vor dem Foto von 1948, wo er in einer Komposition, die der Fotograf mochte, im Winkel eines Zimmers kauert, in den feingliedrigen Fingern eine Zigarette. Sein Blick ist der eines Verletzten, der seiner Verletzung zu trotzen versucht, indem er einen schamlos direkt anblickt. Die zweite Aufnahme von Penn stammte aus dem Jahr 1965. Capotes Hände, mächtiger geworden, halten eine Brille, die Augen sind geschlossen; vielleicht sah er in diesem Moment nach innen.

Zwei ältere Ausstellungsbesucherinnen gesellten sich zu mir – kriegten sich vor dem jungen Truman gar nicht mehr ein: »How handsome, gorgeous, awesome! Er sieht aus wie der junge Marlon Brando!« Und ob man es mir glaubt oder nicht, später äußerten zwei andere Frauen fast wörtlich die gleiche Beobachtung.

Merkwürdig auch, wie äußerliche Attraktivität von unserer Gesellschaft als erstrebenswertes Gut gehandelt wird – und es sich doch rasch vom Bonus zum Malus wenden kann, wenn den Leuten eine Oberflächenpolitur zu aufdringlich zu glänzen scheint. So wie es einem gut aussehenden heterosexuellen Mann passieren kann, dass er als geistloser Schönling abgewertet wird, so pferchte man Trumans erste öffentliche Abbilder in den Zwischenraum zweier Schubladen, weil seine Erscheinung eine für einen Mann penetrante weibliche Weichheit und Zartheit spiegelte: bei den Folien von »the artist as a young man« und »the fairy fag« abgeheftet. Wäre er als junger Künstler nicht so ein *pretty boy* gewesen, behaupte ich, hätte sich sein Werk seinen eigenen, von der scheinbaren Persönlichkeit seines Verfassers unangetasteten Weg in die Köpfe des Publikums gebahnt.

»Larry, können Sie mir erzählen, in welchem Zustand er sich in seinen letzten zwei Lebensjahren befand?«

»Ich sprach ihn gleich auf die Epilepsie an, die ihn kurz vor unserem Gespräch erwischt hatte. Sagte zur Eröffnung: ›Sie hatten es nicht leicht in letzter Zeit.‹ Und er lachte und sagte: ›Ich habe es seit 1924, als ich geboren wurde, nicht leicht gehabt.‹«

»Klingt nach einer guten Portion Galgenhumor.«

»Er war ungemein lustig, auch damals noch, und es ärgert mich, dass das in den Bildern, die heute über ihn verbreitet werden, ausgespart wird. Da wird sein Untergang ausgeschlachtet, und sein enormer Witz fällt unter den Tisch. Er konnte es bei mir nicht lassen, immer wieder über meinen Umzug von Long Island nach L. A. zu frotzeln; ich verlöre mit jedem Tag unter kalifornischen Idioten ein paar IQ-Punkte. Er liebte es, ab und an Öl ins Feuer zu gießen.«

»Hätten Sie seinen Niedergang je bemerkt, wenn er nicht bald darauf gestorben wäre?«

»Er sagte mir, die Vorabpublikation im *Esquire* sei ein großer Fehler gewesen, weil diese Kapitel sehr irreführend gewesen wären, hinsichtlich dessen, worum es in *Erhörte Gebete* wirklich gehen würde. Trotzdem glaube ich nicht, dass er es ernsthaft bereute. Denn er schob gleich nach, er denke nie darüber nach, was irgendjemand über irgendetwas von ihm denken würde – sonst würde er erstarren.«

»Teilten Sie den Blick auf die High Society? Sie hatten ja beide reichlich Innenansichten dieser Schicht erhalten.«

»Capote sagte mir, er verachte die meisten reichen Leute. Viele von ihnen, die er kenne, wären völlig verloren, wenn sie kein Geld hätten. Deshalb bedeute ihnen Geld so viel, deshalb seien sie so verzweifelt auf das Thema Geld fixiert. Das sei der Grund, warum sie so eng zusammenhalten wie ein Bienenschwarm in einem Bienenstock, weil sie in Wirklichkeit nur ihr Geld haben. Wenn sie es nicht hätten, wären sie praktisch ein Nichts. Und das ist nah an meinen Anschauungen.«

»Um das Vorwort zu Ihrem Buch baten Sie Capotes Schriftstellerkollegen James Michener. Er schrieb, er halte *Erhörte Gebete* für ein Meisterwerk an reiner Boshaftigkeit, geschrieben aus der Sicht eines Proktologen auf die amerikanische Gesellschaft. Womit er aber nicht sagen wollte, dass man es im Klo runterspülen sollte; er glaubte, würde es je fertig werden, wäre der Verfasser dieses Schlüsselromans einem Toulouse-Lautrec ebenbürtig – in der Form, wie er seine Epoche repräsentiere.«

»Wissen Sie, im Mai 1976 publizierte *Esquire* das Kapitel *Unverdorbene Ungeheuer*, den dritten Auszug aus *Erhörte Gebete*. Auf dem Cover war Capote zu sehen, ganz in Schwarz und mit Hut, wie ein Zuhälter, eine zwielichtige Gestalt aus der Halbwelt. Darauf schärft er sich mit einem Stiletto die Nägel, für seinen nächsten Angriff nach *La Côte Basque* ...«

»Heißt das, Sie konnten *Erhörte Gebete* etwas abgewinnen?«

»Capote fragte mich, ob ich es in meiner journalistischen Praxis je erlebt hätte, dass die Porträtierten mit ihrem Porträt vollends einverstanden seien. Es sei nie so, dass Selbstbild und Fremdbild deckungsgleich seien. Ja, ich fühlte mich durch ihn ermutigt, sein Stiletto auf meine Weise scharf zu halten. Als Schriftsteller definierte er für mich, was ein Meisterwerk ist. Und zwar, indem er mir das Gegenstück dazu beschrieb, nämlich dass Gore Vidal noch nie ein Meisterwerk geschrieben hätte: ›Das eine, das Wesentliche hat er nicht geschafft. Er hat kein unvergessliches Buch geschrieben oder ein Buch, das eine Wende in seinem Leben gebracht hätte oder in sonst jemandes Leben.‹ Nicht schlecht als indirekte Umschreibung für ein Meisterwerk, oder?«

»Was sagte er Ihnen über seine Schreibroutinen?«

»Er erzählte mir, manchmal müsse er fünfhundert Bleistifte auf ein Nichts zusammenspitzen, bevor er überhaupt zu schreiben beginnen könne. Was er übrigens meistens im Bett tat.«

»Hatten Sie den Eindruck, er kam auch wegen Depressionen nicht mehr aus dem Bett?«

»Ich empfand ihn nicht als depressiv, wenngleich er voll mit Medikamenten zu sein schien. Er nahm jede Menge Tabletten. Er sagte, ›oh, ich mag die lila Pille. Oder schauen Sie, was für eine nette rote Pille.‹«

»Aber Sie bemerkten seinen Leidensdruck nicht?«

»Ich kann nicht beurteilen, was die Drogen bei ihm anrichteten, zusammen mit all den Tabletten. Aber: Schriftsteller leiden, das tun sie wirklich, und das sehr schwer. In dieser Hinsicht bin ich vielleicht ein echtes Glückskind, weil ich kein Genie bin.«

»Glauben Sie?«

»Ich litt viele Jahre darunter, mittelmäßige Romane zu schreiben, bis ich einzusehen begann, dass nie das Werk eines Joyce darunter sein würde, kein *Ulysses*.«

»Sie haben dreißig Bücher veröffentlicht. Sie haben dennoch einfach weitergeschrieben?«

»Eines Tages, nach vielen Jahren, hatte ich eine Art Epiphanie – jedenfalls eine durchaus glückliche Erkenntnis: Ich bin kein Genie, Capote dagegen war eins. Das ist der Unterschied zwischen uns, stellte ich fest, du kannst nicht, was er konnte. Aber du kannst trotzdem aus dem, was du kannst, das Beste herausholen. Und dich damit zufriedengeben, denn sonst wirst du nur zu einem unglücklichen Menschen. Und seitdem bin ich zufrieden und glücklich.«

»Hielt sich Capote tatsächlich für ein Genie?«

»Schwierig zu beantworten. Slim Keith, eine seiner Schwäne, hielt Capote für ein Genie, was Capote in seinem späten Stück *Nächtliche Unruhe* aufnahm, wo er über sich sagt: ›Ich bin Alkoholiker. Ich bin drogenabhängig. Ich bin ein Homosexueller. Ich bin ein Genie.‹ Ich vermute, er dachte schon, er käme mit allem durch, solange er sich als genial erweise. Hundertprozentig war er ein Marketing-Genie – aber das wars ja keineswegs allein: Zugleich bewies er den Leuten immer, dass er kein Hanswurst war, kein simpler Possenreißer.«

»Genie zu definieren ist sowieso nicht leicht.«

»Deswegen bat ich ihn, für mich Genie zu definieren, und er sagte: ›In der Lage sein, etwas Außergewöhnliches zu tun, was niemand sonst vermag.‹«

»Hatten Sie das Gefühl, dass er zu dem Zeitpunkt überhaupt noch an *Erhörte Gebete* arbeitete?«

»Ja, hatte ich, denn er sagte mir, er sitze dran. Ich glaubte ihm das aufs Wort, ich wäre nie auf die Idee gekommen, dass er mich anlügen könnte, obwohl ich vor unseren Gesprächen ständig und von jedem gehört hatte, er sei ein notorischer Lügner.«

»Haben Sie ihn zum Inhalt befragt?«

»Nein, ich wollte das nicht, man zerstört den Zauber, wenn man jemanden über sein Buch während des Entstehungsprozesses ausquetscht. Das sollte man nicht tun. Es kann wie ein Fluch wirken.«

»Aber Sie denken: Da war mehr, als wir heute wissen?«

»Ja, ich habs ihm abgenommen, ich bin sicher, es gab mehr Kapitel als die drei, die posthum im Buch erschienen. Es gibt drei Theorien, die ich gehört habe, warum sie abhandenkamen: Die erste, Jack Dunphy, sein Partner, habe sie zerstört, weil ihm Capote gesagt hätte, sie sollten im Falle seines Todes nicht veröffentlicht werden. Die zweite Theorie ist, einer seiner jungen Lover hätte sich das Manuskript geschnappt und es in der Grand Central Station in einem Schließfach deponiert …«

»Moment, in New York? Ich dachte, hier in Los Angeles im Busbahnhof?«

War ich blödes, falsch informiertes Huhn doch just einen Nachmittag lang durch die zentrale Greyhound-Station von L. A. gestreunert und hatte dort einige verdächtige Blicke geerntet, als wäre ich ein Straßengauner – nur leider ohne die erforderliche Straßenschläue, ich war nicht mal in die Nähe der Schließfächer gelangt; ein Sicherheitsmann riegelte den Trakt vor mir ab.

»Ja, in New York. Aber da ist noch die letzte Theorie. Die dritte besagt, er habe es nie geschrieben. Auch wenn er seinem Lektor Joe Fox ein Kapitel am Telefon vorlas, gesehen hatte er es nicht, nur gehört. Andere behaupteten Ähnliches. Ich muss dabei an Stephen Kings verfilmten Roman *Shining* denken, wo Jack Nicholson auf der Schreibmaschine immer dieselbe Zeile tippt, dasselbe wieder und wieder, und danach folgen nur noch blanke Seiten.«

»Joe Fox tendierte später zu der Annahme, dass er es wohl geschrieben habe, aber Anfang der Achtziger vernichtet hätte. Aber *Sommerdiebe* ist auch erst nach vielen Jahrzehnten aufgetaucht, also wer weiß. Ich meine mich zu erinnern, dass er dieses Manuskript bei Ihnen erwähnte. Und fälschlicherweise behauptete, *Sommerdiebe* weggeschmissen zu haben.«

»Ich glaubs ihm. Es kann ja eine andere Abschrift gewesen sein. Aber wer kanns schon definitiv wissen, was er schrieb oder nicht schrieb.«

»Ich bin ja ganz auf Ihrer Seite; ich kann mir schlicht nicht vorstellen, dass das bloße Hirngespinste von ihm waren.«

»Capote schrieb, ganz anders als ich und die meisten Autoren, immer den Schluss am Anfang. Damit er den Fluchtpunkt kannte, sobald es losging. Und er erzählte ja den Inhalt des Schlusskapitels. Auch deshalb wäre es unfair, ihm zu unterstellen, dass er gar nicht mehr daran schrieb.«

»Als Sie nach Ihrem letzten mehrstündigen, ich glaube, vierten Gespräch auseinandergingen, was blieb Ihnen?«

»Er ordnete fast an, dass ich ihn danach zu seinem Haus in Sagaponack fuhr, sagte aber, er würde mich nicht hineinlassen, es sei zu unaufgeräumt bei ihm. Auf dem Weg bat er mich um einen Zwischenstopp vor einem verriegelten Schnapsladen, wo er nur ans Fenster klopfen musste, damit ihm der Besitzer, der ihn erkannte, eine Flasche Wodka verkaufte. Vor seinem Haus angelangt, sagte er zu mir, ich solle mit laufendem Motor und eingeschalteten Scheinwerfern warten, bis er im Haus sei. Und ich beobachtete ihn: Dieser füllige, kleine Mann, seine Wodkaflasche unter den Arm geklemmt, betrat sein Haus, und dort sah ich ihn die Flasche abstellen und den Kühlschrank öffnen – dieser großartige Mann in dem einsamen Holzhaus, weit draußen am Rand von Long Island.«

»Niederschmetternd.«

»Weil wir heute wissen, was danach geschah. Damals rannte ich total aufgedreht in die Redaktion und jubelte, ich hätte überwältigend gutes Material – dass Capote unschlagbar sei, ein moderner Oscar Wilde. Eine solche Persönlichkeit, dass ihm garantiert jeder Leser an den Lippen hängen werde. Es würde das Interview des Jahres werden, über das man am allermeisten reden wird. Und der *Playboy*-Chefredakteur Barry Golson liebte es. Aber dann lehnten sie es ab!«

»Warum das? Hatten sie Angst, sie würden wegen brisanter Aussagen verklagt?«

»Das glaube ich weniger. Ich vermute vielmehr, Capote klang für den *Playboy* zu schwul. Der Kommentar eines anderen Redakteurs zu meinem Gespräch lautete: Ich hasse das Interview.«

»Wie reagierten Sie?«

»Normalerweise hätte ich wohl den Schwanz eingezogen, zumal sie mich trotzdem anständig bezahlen wollten, aber von diesem Gesprächsstoff war ich derartig überzeugt, dass ich wie aus der Pistole geschossen fragte, ob ich die Rechte an dem Interview zurückkaufen darf. Ich wusste instinktiv, dass es pures Gold war. Zwei Monate danach starb Capote.«

»Zynisch gesagt war sein Tod Ihr Glücksfall.«

»Na ja, die Kritiken waren sensationell, jeder liebte mein Buch. Denn jeder hatte Capote im Blatt haben wollen, und ich hatte dieses superlange Interview mit ihm gekriegt.«

»Nach der radikalen Ablehnung seiner Mutter hielt sich Capote zeit seines Lebens für ein zweiköpfiges Kalb. Slim Keith, die Sie vorhin erwähnten, wurde von Capote Big Mama genannt. Einmal vor dem Zubettgehen soll er zu ihr gesagt haben: ›Ich bin ein Freak. Du weißt nicht, wie es ist, ich zu sein. Glaubst du, ich sehe das nicht? Sobald ich einen Raum betrete, machen die Leute jedes Mal schockierte Gesichter. Weil ich so unmöglich und so lächerlich bin und diese Quäkstimme habe. Darum mache ich etwas Unerhörtes, um sie von ihrer Befangenheit zu erlösen. Damit sie lachen müssen, und dann ist es okay.‹

Sie soll seinem harschen Urteile entgegengesetzt haben, selbstverständlich sei er liebenswert. Doch er beharrte: ›Nein, die Leute lieben mich nicht, sie sind vielleicht fasziniert von mir, aber sie lieben mich nicht. Ich glaube nicht, dass mich jemals jemand geliebt hat. Ich bin der Brennpunkt ihrer Aufmerksamkeit, aber kein Liebesobjekt, und das ist es, was ich vermisse.‹«

»Ich fragte Truman damals, wovor er am meisten Angst habe. Und er antwortete: ›Ich mag es nicht, zu lange allein zu sein.‹ Seine Mutter sperrte ihn als Kleinkind häufiger in einem Hotelzimmer ein.«

»Als er Ihnen sagte, er habe *Sommerdiebe* verworfen, was war da seine Begründung?«

»Er sagte mir, als er ihn zum Redigieren gelesen hätte, sei ihm sein Roman nicht tief genug empfunden vorgekommen.«

Und wie ein Kippschalter, der plötzlich umfällt, verstehe ich auf einmal den Kern meiner Leidenschaft für ihn, Mitgefühl. *Nicht tief genug empfunden* – durch Capotes spärlichen Kommentar zu seinem wahren Erstling geht mir auf, dass Schreiben und Lesen und Träumen sich auf den immer gleichen Vorgang besinnen: den des Übersetzens von Emotionen. Kapiere, dass Gefühle vom Unterbewusstsein in ein Geschehen übersetzt werden, in Handlung, und aus einer *gefühlten* Wahrheit Sprache wird. Beim Schreibenden, Lesenden, Träumenden eine Erinnerung wach wird, ein Abdruck der Vergangenheit – und der wiederum in etwas sehr Persönliches rückübersetzt wird. Wie verrückt, dass diese »synaptische Synchronisation« von Menschen unbewusst abläuft, die Imaginationen simultan und mühelos ineinandergreifen wie Zahnräder ein und desselben Organismus.

Capote schrieb in seinem Vorwort zu *Die Hunde bellen*: »Mir scheint, ich habe immer viel Zeit und Mühe daran gewandt, Mensch wie Hund entweder zu zähmen oder ihnen aus dem Weg zu gehen, und die Reportagen in diesem Buch legen Zeugnis davon ab. Es sind Souvenirs von Orten und Menschen, die zusammen so etwas ergeben wie eine geschriebene Landkarte meines Lebens während der letzten drei Jahrzehnte, also etwa zwischen 1941 und 1972.«

Und weil er uns mit seinen Kartografien so viel Lust bescherte, hatten Grobel und ich beschlossen, Capotes inneren Landschaften nachzureisen – nicht an seiner scheinbar letzten Destination stehen zu bleiben, sondern journalistisch fortzufahren: hinein in sein Schattenreich. Herauskriegen, wo die Grenzen zwischen Fiktion und

Wirklichkeit verlaufen. Auf zu den letzten Fragen, *Truth or Dare?* Auch wenn weiße Flecken bleiben würden.

Capote klärte an dieser Stelle auf: »Alles in diesem Buch beruht auf Tatsachen, was nicht bedeutet, dass es sich immer um die reine Wahrheit handelt, aber zumindest um meine größtmögliche, persönliche Annäherung an die Wahrheit. Kein Journalismus ist je ganz rein, selbst der Kamera gelingt kein *ganz* getreues Abbild der Realität. Die Kunst ist eben kein destilliertes Wasser. Persönliche Eindrücke, Vorurteile, die Auswahl, die man unwillkürlich trifft und auch treffen muss, das alles verändert die sogenannte reine Wahrheit.«

Die sogenannte reine Wahrheit. Seinem Freund Donald Windham soll Capote dazu gesagt haben: »Ich erinnere die Dinge so, wie sie hätten sein sollen.«

Als Bleistiftnotiz in einer seiner Kladden finde ich die Zeilen: *It isn't that truth is stranger than fiction; it's just more interesting.* Und neben den dunklen Rändern eines verschütteten Getränks auf einer anderen Heftseite: *But trees are not only to sit under: you can hang from them too.*

Eine dritte Notiz zu *Erhörte Gebete*, in die gleiche Richtung: »Er konnte sich kaum an die früheren Tage erinnern. Das Glück hinterlässt so flüchtige Spuren; es sind die dunklen Tage, (die) so reichen Niederschlag finden.«

Hatte Capote, nachdem er in der Mitte des Planeten gewesen ist, gedanklich *rübergemacht*? War für ihn alles Grün abgegrast – und hat er sich, zuletzt nur noch Kreatur unter Kreaturen, einer Erlösungsfantasie überantwortet?

In *Musik für Chamäleons* erzählt Capote Flauberts *Legende von Saint Julien dem Gastfreundlichen* nach. Während Julien in einem Sanatorium ist, erinnert er sich daran: Als kleines Kind liebte er jede Kreatur. Bald aber heißt ihn sein Vater, all die Tiere zu töten, die er so liebt. Und Julien merkt, wie sehr ihm das Töten gefällt, dass er nach einem Tag voller Blutvergießen glücklich ist. Am Ende ermordet er auch seine Eltern und geht danach als Paria durch die Welt, in den Lumpen eines Büßers, im Herzen die Sehnsucht nach Vergebung. Alt und todkrank wartet Julien schließlich am Ufer zur Unterwelt, und ein Leprakranker mit verfaultem Mund – Gott – kommt auf ihn zu und bittet, von ihm geküsst zu werden. Der Kuss verwandelt ihn, gemeinsam fahren Gott und der nun heilige Julien gen Himmel auf. Und Capote beginnt an dieser Stelle für sein Glück zu beten: dass es ihm eines Tages ebenso vergönnt sein werde, einen Leprakranken zu küssen.

»Und ich begriff, dass Cousine Sook recht gehabt hatte: dass nämlich alles Seinem Schöpfergeist entsprang, der alte und der neue Mond, der schwere Regen, und dass, wenn ich nur darum bat, Er mir helfen würde.«

Der alte und der neue Mond. Bäume wie Galgen. Aufgeknüpfte Wahrheiten. Schwerer Regen.

Bei allen Niederschlägen müssen Grobel und ich immer klar sehen: Unsere Passage führt durch ein Drittland, durch *Capote Country*, wir sind nur Transitreisende.

TRUST THE TRUST!
LOUISE & ALAN U. SCHWARTZ

Bis ich Truman Capotes gesammelte Werke auf Deutsch herausgab, hatte ich weder eine Ahnung, was eine Übersetzerin leistet, noch ein Nachlassverwalter. Im Zuge dessen allerdings habe ich verstanden, dass es für eine erstklassige Übersetzung weit wesentlicher ist, in der Muttersprache als in der Fremdsprache zu brillieren. Heidi Zerning etwa führte mir während ihrer Neuübersetzung von *Frühstück bei Tiffany* oder bei ihrer Erstübersetzung von *Sommerdiebe* vor, dass es natürlich auch darauf ankommt, Englisch tadellos zu beherrschen, aber noch viel mehr darauf, nach dem lupenreinen Äquivalent im Deutschen zu suchen. Wie beeindruckt war ich von ihrer Akribie, tagelang nach der deutschen Entsprechung eines amerikanischen Modeausdrucks für eine famose Sache in den Dreißigerjahren zu forschen. Jedes einzelne Wort musste für sie sitzen.

Das Werk eines Nachlassverwalters erschien mir noch abstrakter. Gut und schön, da wurden die Urheberrechte an Texten verkauft – aber gehts dabei nicht nur ums Geschäft, um reine Finanztransaktionen? Nach und nach aber habe ich verstanden, dass es mehr ist als das. Das liegt maßgeblich an Alan U. Schwartz, den Capote um 1970 – über Vermittlung von Swifty Lazar, einen prominenten Hollywood-Agenten – als Anwalt anheuerte. Schwartz war *die* juristische Koryphäe im Showbiz; er verhandelte hart und holte die Kohlen aus dem Feuer, bevor sich eine Schauspielgröße bei einem Deal die Finger verbrennen konnte. Capote war zwar ein Literatur-, kein Filmstar, aber es gab für Alan Schwartz auch so ordentlich zu tun: zum Beispiel dafür zu sorgen, dass ein Capote-Stoff nach bestem Wissen und Gewissen für die Leinwand oder Bühne adaptiert wurde.[32]

Schwartz lernte Capote am Kipppunkt kennen, obwohl er das noch nicht wissen konnte, als er ihm begegnete. *Kaltblütig* war vier Jahre zuvor erschienen, und die Strahlkraft seines Giganten wärmte Capote noch. Dann der Temperatursturz. In den darauffolgenden anderthalb Dekaden verschwanden die Hochs hinter etlichen Tiefausläufern, und Schwartz wurde mehr und mehr vom Anwalt zu Capotes privater Schlichtungsstelle. In diesem Zeitraum bügelte er alles Mögliche für Truman aus – ob er John O'Shea, Kates Vater, pro forma in einer eigens gegründeten Scheinfirma anstellte oder ihn, als Trumans Furor der Leidenschaft von einem der Wut verdrängt wurde, wieder rechtlich sauber verklappte, stets versuchte er die Wogen in Trumans Sinne zu glätten. (Auch wenn der das zuweilen erst im Nachhinein einsah.) Wahrscheinlich ist es keine Seltenheit, dass Anwälte abseits der Paragrafen in die emotionalen Belange ihrer Mandanten involviert werden, aber der späte Capote, mit dem Schwartz zu tun hatte, war von Malaisen und Widrigkeiten derart zerknautscht, dass er

32 Bemerkenswerterweise war Capote nie bei einer Literaturagentur unter Vertrag, wahrscheinlich weil er sich bei *Content* am allerbesten auszukennen meinte und den prima allein an den Mann oder die Frau bringen konnte.

ernsthaft ins Schlingern geriet. Zumal seine Gefühlsver-
stärker, Wodka, Pillen, Koks, ihr Übriges dazutaten, Si-
tuationen eskalieren zu lassen. So musste Schwartz in die
gewalttätige Beziehung mit John O'Shea wiederholt mäßi-
gend eingreifen, und sei es, indem er die eine Hälfte des
38-Kaliber-Revolvers – den Truman von Dewey, dem Ermittler im Clutter-Mordfall, geschenkt bekommen hatte –
im Hudson River entsorgte, die andere Hälfte im East River,
um das Schlimmste zu verhüten.

Vielleicht wurde Truman von Alan Schwartz, seiner
Vernunftinstanz, ab und an beinahe zu seinem Glück
gezwungen (auf alle Fälle vom Unglück abgelenkt); aus-
schlaggebend ist, er blieb durchweg Trumans Beistand.
Verurteilte ihn menschlich nie, egal, wie weggetreten Truman mitunter schien, sondern bemühte sich immer wieder, frei von falscher Moral, um Schadensbegrenzung – im
monetären Sinne wie im emotionalen. Und doch konnte
auch Alan Schwartz nicht verhindern, dass das Kind zuletzt
in den Brunnen fiel.

Als er Anfang der Achtzigerjahre begriff, dass es ein böses Ende nehmen würde, weil Truman seinen klaren Verstand zu verlieren drohte, nötigte er ihn nahezu, ein Tes-
tament aufzusetzen. Im Vorwege hatte Schwartz Random
House dazu gedrängt, noch nicht fällige Vorschüsse früher
auszuzahlen, damit Truman überhaupt noch etwas von seinem Geld haben würde. Mit dem Formulieren seines letzten Willens wollte er Trumans Erbmasse unter Dach und
Fach bringen.

Wie schlecht es um dessen Gesundheit stand, ließ sich
für einen rationalen Beobachter wie Schwartz nicht leugnen. Er hatte selbst schon Trumans Aufenthalt in Silver
Hill, einer Suchtklinik, arrangiert, aber die gesundheit-

lichen Einschläge mehrten sich – Phlebitis, Epilepsie, Krebs, Lungenentzündungen, Sturzverletzungen –, und Capote musste dutzendfach ins Spital eingeliefert werden.

Spätestens als Schwartz von Trumans Arzt 1983 angerufen wurde, weil Truman Alan als Kontaktperson im Notfall angegeben hatte, gestand sich Schwartz ein, »dass sich Truman tatsächlich umbrachte«. Der Arzt hatte Schwartz von den Ergebnissen seiner Computertomografie berichtet: Trumans Gehirn sei geschrumpft, eine Begleiterscheinung seiner Suchterkrankungen, und würde er nicht auf der Stelle mit allen Drogen aufhören, werde er in sechs Monaten tot sein.

Erschrocken griff Schwartz darauf zum Telefon und verabredete sich mit Truman zu einer ernsten Unterredung im Petite Marmite. Als er im Restaurant ankam, saß Capote wie gewohnt vor einem großen Glas seines »Spezial-Orangensafts« – ausgepresste Orange mit einem gehörigen Schuss Stolichnaya-Vodka. Bei den ersten Worten kamen Schwartz die Tränen. Er sagte zu ihm: »Truman, du musst damit aufhören, und zwar jetzt gleich.« Überbrachte ihm die finstere Prognose des Arztes. Und zum ersten Mal seit Langem, nach all seinen Ausflüchten und Schwindeleien und der Schönrederei über *Erhörte Gebete*, sah ihn Truman unverwandt an und erwiderte: »Alan, lass mich gehen. Du musst mich gehen lassen. Ich will es so.« Danach schwiegen sie; alle Wörter schienen aufgebraucht.

Diese Szene steht mir vor Augen, als ich auf dem Weg zu meinem Mittagessen mit Louise und Alan U. Schwartz bin. Obwohl Schwartz sich vor mehr als zwanzig Jahren in den Ruhestand hätte zurückziehen können, hat er ein Restaurant in der Nähe seiner Kanzlei am Sunset Boulevard vorgeschlagen, wo er weiterhin gelegentlich praktiziert. Eine solch behutsame Erinnerungsverwaltung macht sich nicht von allein; der weltweite Rechtehandel von Capotes Trust ist nicht ohne – fast flächendeckend sind seine Erzählungen und Romane als ausländische Lizenzausgaben erschienen. Offenbar erstreckt sich Schwartzs Realitätsbewusstsein aber ebenso aufs eigene Altern, denn seit einiger Zeit hat er begonnen, seine rund zwanzig Jahre jüngere Frau Louise ins Nachlassgeschäft einzubinden. Sie kümmert sich bereits um die noch von Capote mit Alans Hilfe eingetütete Stiftung,[33] die College-Stipendien an den literarischen Nachwuchs vergibt sowie üppig dotierte Preise an einen herausragenden Kulturkritiker oder eine besondere Kritikerstilistin. Diese Preise für Kulturkritik sind nach Trumans erster großer Liebe in Yaddo benannt, Newton Arvin, den es den akademischen Kopf gekostet hatte – nach Bekanntwerden ihrer homosexuellen Beziehung verlor er seine Professur: *Truman Capote Award for Literary Criticism in Memory of Newton Arvin*. Was insofern verwunderlich ist, weil Capote vom Literaturestablishment bestenfalls beargwöhnt und bei Auszeichnungen fast immer vernachlässigt wurde. Er hielt mindestens genauso wenig von Kritikern wie sie von ihm, aber dachte sich damals wohl, *ach komm, lass die Hunde bellen*. Lieber nutzte er diesen Preis zu Ehren Arvins dafür, ähnlich wie die Widmungen in seinen Büchern, seine Freund-

---

33 Die Stiftung, der *Truman Capote Charitable Trust*, wurde 1994 gegründet, zwei Jahre nach Jack Dunphys Tod, wie es Capote zu Lebzeiten verfügt hatte. Bis dahin hatte Jack sämtliche Autorenhonorare von Truman erhalten.
Gerald Clarke gab im Sommer 2001 in seinem Briefband eine Schätzung ab, wonach sich die Gesamttantiemen des Capote Trusts auf rund sieben Millionen Dollar beliefen.

schaft und Hochachtung für jene Menschen zu bekräftigen, die ihn treu begleiteten.

Als ich im El Moro eintreffe, sitzt Alan beschirmt vor der Augusthitze schon am Tisch. Er ist der erste meiner Gesprächspartner, dem die Wechselfälle des Lebens die Schultern gebeugt haben, sodass man ihn in Gedanken automatisch rüstig nennt. Ein Hörgerät klemmt am linken Ohr, und seine Stimme klingt brüchig – ist das im Alter oft so, weil man mehr und mehr hinter den Worten zurückbleibt?

Louise Schwartz trudelt nach mir ein, sie ist mit ihrem eigenen Wagen hergefahren. Sie sieht auf eine europäische Weise gut aus, trägt einen silbergrauen Bob – eine Rarität in Kaliforniens allgegenwärtigem Jugendkult – und arbeitete ebenfalls als Anwältin. (Sie und Alan haben einen gemeinsamen erwachsenen Sohn; Alan hat zwei weitere Söhne aus erster Ehe, lustigerweise – jede Freundschaft ist eben ein Geben und ein Nehmen – formulierte Truman für Alan einen 48 Seiten langen Brief an seine erste Ehefrau, mit dem der sie zurückerobern wollte.)

Und während unserer Unterhaltung wird mir klar werden, wie die Choreografie dieses eingespielten Paars die Zukunft Capotes sichert. Das ist es ja, was ein Nachlass bewerkstelligen soll – eine künstlerische Vergangenheit in Gegenwart und Zukunft transformieren, möglichst ohne irgendwelche Reibungsverluste am Original. Glaubte ich an ein Leben nach dem Tod – jenseits des Nachlebens von Kunst –, würde ich mich Don Bachardys Einschätzung zu Trumans Post-mortem-Befinden anschließen: sähe Capote selig von oben auf uns herunterlächeln, angesichts seiner instinktsicheren Wahl, gerade Alan Schwartz sein Vermächtnis vertrauensvoll in die Hand gelegt zu haben.

»Vorweg muss ich gestehen, dass ich erst als Herausge-
berin von Capotes deutscher Werkausgabe begriff, worüber Sie beide seit vierzig Jahren immer erneut entscheiden müssen. Ich sags mal salopp: dass Sie nicht einfach
seine Tantiemen beziehen, sondern im Wesentlichen darauf achtgeben, dass das Werk keinen Schaden erleidet.
Gänzlich habe ich die Tragweite verstanden, als Sie, Alan,
uns die Veröffentlichung von *Saturday Night*, eine der Geschichten aus Capotes Schulzeit, verboten. So sehr mich
das damals schmerzte, ich sah, welche Verantwortung Sie
als Trustee für den Autor übernommen haben.«

AS: »Ja, die reißt nicht einfach ab: Neulich haben wir gegen einen europäischen Verlag vor Gericht gewonnen, weil
der gekürzte Kindergeschichten von Truman in einer Anthologie auf den Markt gebracht hatte. Kürzungen lasse ich
generell nicht zu. Dafür gebe ich sehr gerne meine Genehmigung, dass man amerikanischen Kindern Trumans *Weihnachtserinnerungen* jedes Jahr in den Schulen vorliest.«

»Dass Sie uns den Abdruck von *Saturday Night* verweiger-
ten, erstaunte mich zunächst. Ich halte diese Erzählung für
eine seiner frühreifsten sprachlichen Leistungen. Kaum
vorstellbar, dass er sie als kleiner weißer Junge schrieb. Es
gelang ihm ungeheuer plastisch, die Stimmung und Un-
terhaltungen in dem Nachtclub einzufangen, in dem nur
Schwarze verkehren. Das aber konnte er zur Zeit der Ras-
sentrennung ja nie mit eigenen Augen gesehen haben. Er
hat sich deren authentischen Slang höchstens vom Haus-
haltspersonal ablauschen können oder von anderen afroamerikanischen Bewohnern der Südstaatenstadt, in der er
aufwuchs.«

AS: »Es entsprang seiner Vorstellungskraft.«

»Bei der Qualität dieser Geschichte dachte ich anfangs, man könnte sich über dies gar nicht uneinig sein, aber ich vermute, sein Mutterverlag Random House hatte Angst vor Shitstorms, weil der Slang des beschriebenen schwarzen Milieus auch das N-Wort einschloss; die jungen Männer im Club begrüßten einander damit.«

AS: »Ja, die Geschichte ist handwerklich von hoher Qualität, aber ich mochte nicht groß mit Random House streiten.«

»Das legt den Finger in die Wunde, denn mit heutigen Maßstäben gemessen dürfte beim Sprachgebrauch in dieser Ära kein Stein auf dem anderen bleiben – auch Capote verwendete vor allem in direkter Rede Bezeichnungen für schwarze Menschen, die zu Recht nicht mehr akzeptabel sind. Die Übersetzerinnen und Übersetzer, mit denen ich für die deutschen Fassungen zusammenarbeitete, plädierten jedoch dafür, das Idiom dieser Zeit nicht zu verfälschen, indem man es aus dem zeitlichen Kontext herauslöst und nach unseren neuen Standards korrigiert.«

LS: »Wir vergeben unsere Stipendien so divers wie möglich, das ist uns wichtig. Trotzdem bedaure ich, von den Universitäten auf meine Nachfrage, was sie von Capotes Werk lehren, häufig nur *Miriam* oder *Kaltblütig* zu hören.«

»*Kaltblütig* liegt auf der Hand, aber eine so frühe Kurzgeschichte wie *Miriam*?«

LS: »Die nimmt man vielleicht eher an den High Schools durch, aber ich erkundigte mich auch mal bei einem Professor in Washington oder Oregon, und er antwortete: ›Nun, ich denke, wir könnten ihn in einem Kurs über die Rechte von Homosexuellen unterrichten.‹ Ist diese Reduzierung seines Werks nicht schauderhaft?«

AS: »Oh Gott.«

»In Hinblick auf die Diskriminierung homosexueller und schwarzer Menschen ist mein Eindruck, dass sein Werk Verbindungslinien zwischen diesen sozial benachteiligten Gruppen webt: Capote scheint sich als Opfer von Homophobie schon in der Kindheit mit schwarzen Menschen identifiziert zu haben; er hat echte Empathie für sie empfunden.[34] Als Teenager etwa schrieb er eine Kurzgeschichte über Lucy, die Köchin seiner Mutter, die in New York vor lauter Heimweh nach Alabama beinahe wie eine Primel einging. Und als Neun- oder Zehnjähriger legte er sich in Monroeville sogar mit dem mächtigen Ku-Klux-Klan an. Der Verdacht, ein Rassist zu sein, ist daher grotesk. Aber klar, allein seine Wortschöpfung *Father Flanagan's All-Night N*****-Queen Kosher Café* wäre für diejenigen

34 Im *McCall's*-Magazin-Interview fragt Gloria Steinem ihn 1967, wie persönlich ihn die Diskriminierung Schwarzer in den USA berühre. Capote erwidert: »I was and I am (concerned about injustice to the N*****). Personally, as a child, almost *literally* all my friends were N*****. Somehow, I always had more empathy with them than anybody else ... Most of the time, the relationships between white people and colored people in the South were kind. But then there would be that moment when you saw them stepping off the sidewalk for us to pass – I just couldn't accept that at all. Couldn't *believe* it, almost. A little circus used to come to town. All the white children would ride on the merry-go-round, while the colored children just watched. I couldn't stand it. I never wanted to ride.«

Wasser auf den Mühlen, die darin pauschal Verachtung wittern wollen. Aber Sie muss ich nicht überzeugen, Sie kennen ja seine buchstäbliche Nähe zum schwarzen Porgy-and-Bess-Ensemble in *Die Musen sprechen* bis zu seinen Aussagen über das Studio 54 als hochdemokratisches Gesellschaftsvorbild, wo sich Schwarz und Weiß, alle fröhlich gemixt, vergnügen, als stünde nichts elend Trennendes mehr zwischen uns.«

LS: »Ein Stück weit bleiben ihm bis heute die höchsten literarischen Weihen versagt, obwohl er zu den berühmtesten Autoren des 20. Jahrhunderts zählt. Man sieht ihn vornehmlich als schillernde Persönlichkeit, durch all den Gossip, wobei die Jungen davon nichts mehr wissen. Umso wichtiger, dass wir uns weiterhin bemühen, seine Bücher in die nächste Generation hineinzutragen. Ihn lebendig zu halten über die Lektüre in den Schulen. Einmal vergaben wir ein Stipendium an die University of Alabama, wo er ja herkommt, und sie feierten eine Party im Creative Writing Department: Ein Student kreuzte im Kostüm auf, verkleidet als Capote – er ahmte den kleinen Jungen Dill nach, den er aus der Verfilmung *Wer die Nachtigall stört* im Kopf hatte.«

»Den Film kenne ich nicht, nur Harper Lees Roman mit der an Truman angelehnten Figur Dill.«

LS: »Einige sind überzeugt, dass Capote *Wer die Nachtigall stört* geschrieben hat. Ich persönlich denke, er wird es stark lektoriert haben.«

»Kann ich mir auch vorstellen, seitdem ich den Nachklapp zu ihrem einzigen Roman *Gehe hin, stelle einen Wächter* gelesen habe. Den fand ich deutlich schwächer, deshalb könnte das vielleicht Lees unlektorierte Urfassung gewesen sein.«

»Alan, wenn Sie heute an Truman denken, was kommt Ihnen zuerst in den Sinn?«

AS: »Als Erstes: *this very classy, bitchy guy*.«

»Ist das Ihr Ernst? Das klingt ja fürchterlich.«

AS: »Nein, er war ein wunderbarer Freund. Wir haben uns auf Anhieb sehr gut verstanden, gleich nachdem uns Swifty verkuppelt hatte. Ich besuchte Truman in seinem Haus in Palm Springs, oder er kam zu mir zum Dinner. Wir haben uns hervorragend verstanden und wurden sehr enge Freunde. Wenn er dein Freund war, war er wirklich dein Freund – doch aufgepasst, wenn er dein Feind war. Trumans Feindschaft wünschte man niemandem, bissiger als er kann man kaum sein.«

»Wenigstens war er imstande zu differenzieren. Kate Harrington riet er, so sagte sie mir, *never ever trust a lawyer*. Sie aber schloss er ins Herz.«

AS: »Wir gingen mal zusammen zu einer Dinnerparty in New York, mit einer Menge reicher, berühmter Leute, und da schnappte ich auf, wie Truman zu der Frau neben Henry Kissinger sagte: Oh, wenn Sie Alan Schwartz an Ihrer Seite haben, dann brauchen Sie keinen Anwalt.«

»Das hätte ich mir an Ihrer Stelle anschließend auf die Visitenkarte drucken lassen.«

Er wurde von ihm »Avvocato« gerufen, und Alan machte seinem Spitznamen fortan alle Ehre. Sorgte unter anderem dafür, dass die jahrzehntelange Fehde zwischen Gore Vidal und Capote ein Ende fand. Vidal konnte Capote nicht ausstehen, wenngleich er ihm in Teenagertagen freundschaftlich gesinnt gewesen war, und nannte ihn öffentlich einen Lügner. Nachdem Vidal ihn auf eine Million Dollar Schadensersatz wegen Verleumdung verklagt hatte, bat Alan diesen, den inzwischen gesundheitlich schwer gebeutelten Truman nicht länger juristisch zu belangen: Und tatsächlich zeigte Vidal Erbarmen.

Lee Radziwill bekam dagegen bei Alan Schwartz kein Bein mehr auf den Boden – zu illoyal für einen loyalen Menschen wie ihn.

Er kloppte Truman auch aus anderen rechtlichen Schwierigkeiten heraus; einmal kam er einer Vorladung eines kalifornischen Gerichtes nicht nach, wo er als Zeuge aussagen sollte. Als ihn die Polizei aufsuchte, büxte er aus. Capote schrieb in *Musik für Chamäelons* ein vergnügtes Stück über seine Flucht, dabei zog ihn die Angelegenheit in Wirklichkeit enorm in Mitleidenschaft. Er landete für 18 Stunden im Knast, weil der Richter an ihm ein Exempel statuieren wollte. Vor den Reportern witzelte Capote nach der Verhandlung, er habe wegen seiner Interviews mit Mördern schon mehrere Dutzend Gefängnisse von innen gesehen, bis jetzt aber nie als Insasse. In Clarkes Biografie wird Schwartz, der ihn nach seiner Nacht in der Zelle in Empfang nahm, so zitiert: Truman sah aus, »als wäre er vergewaltigt, ausgeraubt und zusammengeschlagen worden«.

»Welches ist Ihr Lieblingswerk von Capote?«

LS: »Ich liebe sein letztes Buch *Musik für Chamäleons*.«

AS: »Ich glaube, seine Erzählsammlung *Baum der Nacht*. Seine Fähigkeiten als Kurzgeschichtenschreiber waren nahezu unübertroffen.«

»Das finde ich auch. Mit *Erhörte Gebete* hat er dann aber die Gunst seiner Freunde krachend verspielt.«

AS: »Ja, und danach erlebte ich ihn öfter ziemlich depressiv, es ging bergab.«

»Trieben ihn Rachegelüste dazu?«

AS: »Nein, es war nicht Rache, weil er sie ja noch für sehr gute Freunde hielt, als er es schrieb. Ich glaube, er schrieb es hauptsächlich, um Aufmerksamkeit zu erhalten. Diese Leute genossen alle Aufmerksamkeit der Welt, und ich denke, er wollte ihnen beweisen, dass er noch mehr Aufmerksamkeit bekommen könnte. Aber ich weiß nicht, ob das stimmt, das ist nur meine Ansicht.«

»Er blickte schon sehr böse auf diese Kreise.«

AS: »*La Côte Basque, 1965* war zwar sehr kritisch ihnen gegenüber, aber er attackierte sie ja nicht direkt. Natürlich stellte er sie als unsympathisch hartherzig dar – und das waren sie. Und prompt erkannten sie sich darin.«

LS: »Er erzählt in dem Kapitel Hochprivates von ihnen. Ich glaube, das war der springende Punkt. Vielleicht dachte er bis dahin, den Frauen wäre es egal, wenn er ihre fremdgängerischen Ehemänner bloßstellt. Obwohl ich auf einer Party bei Tiffany mal mithörte – Alan und ich waren zu dem Zeitpunkt frisch verheiratet, dann muss es in den späten Achtzigern gewesen sein –, wie C. Z. Guest, die zu Trumans ›Schwänen‹ gehörte und ihn übrigens als eine der wenigen nicht verstieß, zu einem Gast sagte: ›Was haben die denn gedacht, als sie ihm ihr Herz ausschütteten, Truman war schließlich Schriftsteller.‹«

»Ich habe mich in den letzten Monaten viel in der New York Public Library rumgetrieben, und es ist irre, was er alles über Jahrzehnte gehortet hat, uralte Schecks etwa, aber auch allen möglichen Kram. Einiges ist noch aus seiner Grundschulzeit. Horten hat manchmal auch mit einer Angst vor Verlust zu tun. War das Sentimentalität bei ihm?«

LS: »Es geht darüber hinaus: Ich kann mir vorstellen, dass er dachte, er sei für Großes bestimmt.«

AS: »Aber nicht auf unangenehme Art und Weise. Meiner Meinung nach hob er alles als historische Markierung auf, dafür, wer er war und was er tat.«

Demnach sind Charlotte, meine Vermieterin, und ich also auf dem falschen Dampfer unterwegs gewesen. Auch weil ich bisher davon ausging, dass er keine Rückversicherung, wer er war, nötig hatte, ausgenommen die Notizen, in denen er sich seiner selbst vergewisserte. Aber wenn er alles Mögliche aufbewahrte, warum gibts dann nicht *einen* Vermerk zu dem Schließfach, von dem er Joanne Carson vor seinem Tod erzählt haben soll?

»Sie werden im Buch von Plimpton zitiert, Sie könnten sich an einen ominösen Schlüssel erinnern, hätten aber nicht gewusst, wozu er gehört?«

AS: »Ehrlich, daran kann ich mich nicht erinnern. Plimpton war eh nie mein Fall.«

LS: »Hast du sein Buch je gelesen, Sweetie?«

AS: »Nicht dass ich wüsste.«

»Könnte man jetzt mit den Möglichkeiten von Social Media nicht eine große Bankrecherche starten: Wenn ein Schließfach über Jahrzehnte nicht mehr geöffnet worden ist, das muss doch irgendwann auffallen?«

AS: »Keine Bank der Welt wird Ihnen verkünden, dass sie ein herrenloses Schließfach verwaltet. Das Geld darin würde offiziell sowieso dem Staat gehören. Und höchstens bei einem Überfall je wieder angefasst. Wäre es in der Zwischenzeit geöffnet worden, dann hätten wir es erfahren – da bin ich sicher.«[35]

»Nicht mal eine Minichance?«

---

35 Später finde ich in Clarkes Briefband einen Brief von Capote an Jack Dunphy, August 1970, in dem er vom Stand seines Kontos (Guthaben: 18000 Dollar) bei der Credit Suisse in Lausanne schreibt …

AS: »Nein.«

LS: »Joe Fox sagte uns, wann immer Truman etwas geschrieben hatte, gab er es ihm direkt danach zu lesen. Ich glaube, er erzählte auf Trumans Gedenkfeier, dass Truman ihm mal ein Stück schickte und Joe ihn anrief, und noch bevor er seine Meinung als Lektor äußern konnte, Truman gesagt habe: ›Ich weiß. In diesem Satz sollte ein *the* stehen anstelle ein *a*.‹«

AS: »Truman war sehr sorgfältig bei seinem Schreiben, aber er ging nicht mit der gleichen Umsicht an sein Leben.«

»Sehen Sie in der Figur P. B. Jones Truman gespiegelt?«

LS: »In der Schokoriegelnutte.«

AS: »P. B. Jones war, nach dem, was wir lasen, kein von Truman ausgereifter Charakter, sodass man zu dem Eindruck gelangen konnte, er sei schlicht gemein und gehässig. Die schwärzere Ausgabe von Truman. Aber das wars ja auch schon, mehr kam nicht. Das Manuskript ist auf Nimmerwiedersehen entschwunden, und ich weiß nicht, was es wirklich ausmachte.«

»Er hat Ihnen nie aus *Erhörte Gebete* vorgelesen?«

AS: »Nein, nur darüber gesprochen. Mir zeigte er es nie. Wie Louise sagte, das Manuskript hätte nur Joe Fox von ihm bekommen.«

»Louise, haben Sie Truman eigentlich noch persönlich kennengelernt?«

LS: »Bedauerlicherweise nicht. Alan und ich hatten unser erstes Date am Tag, als Truman starb.«

AS: »Ich sah ihn kurz zuvor noch in New York und plante ihn wiederzusehen, sobald er in Los Angeles gelandet war. Ich wollte unbedingt Louise und ihn einander vorstellen, aber da war er schon tot.«

LS: »Als Joanne Alan anrief und ihm sagte, Truman sei gestorben, fuhren wir auf der Stelle zu ihr.«

AS: »Joanne kaufte nach seinem Tod die Möbel in seinem Apartment auf und gab sie einen Monat darauf in die Versteigerung ...«

LS: »... sie sagte uns, es sei für einen guten Zweck, sie wolle den Erlös Hunden mit Diabetes zukommen lassen.«

»Sie ließ auch Capotes Asche für knapp 44 000 Dollar versteigern oder jedenfalls einen Teil der Überreste; Clarke bezweifelte mir gegenüber, dass es seine waren.«

AS: »*Who knows.* Ich wusste die Summe nicht, aber die vom Auktionshaus kamen vorher zu mir, damit ich die Asche authentifizierte. Gott bewahre, ich wollte nie auch nur in die Nähe davon kommen.«

LS: »Total gruselig! Jemand hätte ja einfach seinen Kamin dafür plündern können.«

»Ich wäre scharf auf eine seiner Schlangenboxen gewesen, von denen auch welche versteigert wurden.«

AS: »Wir haben eine.«

LS: »Man könnte … also wenn man sich als Fantastin gebärden wollte, dann könnte man auf die Idee kommen, dass ein Teil von *Erhörte Gebete* vielleicht in einer dieser Boxen versteckt ist.«

Wie aufs Stichwort erscheint der Kellner und fragt Schwartz, ob er für die Reste seiner Pasta eine Box haben wolle, zum Mitnehmen. Erst zu Hause – zu spät, um nachzuhaken, ob sie je in ihre Box hineingeschaut haben – lese ich, dass Capote im Gespräch mit Lawrence Grobel über seine Collagenboxen sagte: »Ich fülle sie an mit irgendwelchen geheimen Überraschungen. Man kann sie aufmachen, und dann findet man ganz erstaunliche Sachen.«

Nur ein Gedanke: Vielleicht will gar nicht jeder das Manuskript finden. Vielleicht befürchtete Alan Schwartz, mit der Herausgabe von *Erhörte Gebete* Capotes Andenken zu beschmutzen, weil es seinem hohen Anspruch nicht gerecht wurde. Und das vollständige Manuskript liegt die ganze Zeit in einem Safe des Trustees.

Lieber den Fisch noch nicht vom Haken lassen.

»Joanne Carson schwor, die verschollenen Kapitel mit eigenen Augen gesehen zu haben. Und machte nach seinem Tod recht genaue Inhaltsangaben, die sie von keinem sonst hätte haben können. Als Trumans Freundin wirkt sie auf mich zwar geradezu obsessiv, aber deswegen kann sie ja durchaus die Wahrheit gesprochen haben.«

AS: »Joanne hatte ihm ein sehr behagliches Nest in ihrem Haus eingerichtet, sie war rührend besorgt um ihn. Er ging gern in ihrem Pool schwimmen, der war auf 35 Grad aufgeheizt.«

Es juckt mich so sehr, dass ich ihn zu fragen wage: »Alan, am Ende des Tages, denken Sie, es wäre großartig, wenn die verschollenen Parts, sofern sie existieren, ans Licht kommen? Oder meinen Sie, für seine Reputation wäre es besser, sie blieben verschollen?«

AS: »Nein, ich denke, es wäre besser, wenn sie auftauchten.«

»Ehrlich?«

AS: »Ja, ich meine, ein Schriftsteller ist alles, was er geschrieben hat. Besteht nicht nur aus einzelnen Texten. Daher habe ich auch meine Erlaubnis zur Veröffentlichung von *Sommerdiebe* gegeben, obwohl er es anscheinend nicht publizieren wollte: Es ist ein Werk von ihm, ein Teil seiner Historie.«

»Trotzdem haben Sie eine meisterhafte Geschichte wie *Saturday Night*, die er vermutlich schon zwischen zwölf und vierzehn Jahren schrieb, unter Verschluss gehalten.«

AS: »Da war ich wie gesagt aus anderen Gründen vorsichtig. Ich bin auch bei den Theaterrechten sehr zurückhaltend, nachdem ich öfter davon enttäuscht gewesen bin, wie man seine Sachen auf den Bühnen umsetzt. Einmal habe ich mich nur deshalb hinreißen lassen, *Frühstück bei Tiffany* an den Broadway zu geben, weil ich hoffte, man würde endlich die eigentliche Geschichte mit der darin insinuierten homosexuellen Beziehung herausarbeiten. Anders als der Hollywood-Film, der diese unterschlägt und das Homoerotische weißgewaschen hat, ist das dem Broadway-Regisseur dann tatsächlich gelungen.«

»Man konnte mal lesen, dass sich Scarlett Johansson die Filmrechte an *Sommerdiebe* gesichert habe – es ihr Regiedebüt werden sollte. Was wurde daraus?«

AS: »Wir dachten, wir hätten einen Deal mit ihr, aber es kam nicht dazu, sie hatte als Schauspielerin einfach zu viel zu tun mit großen Drehs. Sie benahm sich sehr wie ein Star, und ihre Vertreter traten arrogant auf, aber ich las ein Drehbuch, an dem sie mitgeschrieben hatte, und das war recht gut. Na, wir sehen uns weiter nach möglichen Produzenten um.«

»Wäre es nicht das Größte, nach seinem wahren Erstling *Sommerdiebe* würde nach so vielen Jahrzehnten sein allerletztes Werk *Erhörte Gebete* an der Oberfläche erscheinen?«

AS: »*Oh yeah.* Truman erwähnte mir gegenüber übrigens mal, *Erhörte Gebete* sei wie ein Drachen angelegt.«

»Wie ein Flugdrachen?« (Bis jetzt dachte ich bei der Dramaturgie an einen Revolver.)

AS: »Ja, ein Drachen mit einem Schwanz. Er sagte zu mir, das ist mein Drachen, und jedes einzelne Kapitel wird wie ein Schwanz des Drachens sein.«

Jedes Kapitel: ein Wimpel, den man an den Drachen bindet.

AS: »In seinem Kopf hatte Truman bis zu einem gewissen Grad geplant, wohin es führen sollte. Aber dann ergab sich für ihn zu keiner Zeit die Gelegenheit, es zu realisieren. Also vermochte er es nie, es ganz aus der Hand zu legen.«

Was für ein Schlusswort. Nunmehr flattert in meiner Vorstellung ein Papierdrachen am Himmel, bunte Schleifchen an seinem Schwanz, den der Wind in die Lüfte emporsteigen lässt. Wodurch mich der Gedanke anweht, wer es beim Drachensteigen zu wahrer Meisterschaft schaffen möchte, muss abwechselnd den Blick auf dessen Flugbahn scharf stellen und dann wieder die Schnur locker lassen – dass sein hoher Flug von dem präzisen Wechselspiel aus Loslassenkönnen und zärtlicher Anstrengung abhängt. Von der exakten Peilung und Bündelung der Kräfte, wie davon, dem Fluggerät stets seinen selbstständigen Lauf zu lassen. Von der richtigen Balance: auf den Wind zu vertrauen, ohne sich von diesem gängeln zu lassen. Die Luftströmungen zur Gänze auszuschöpfen, zugleich gewiss zu bleiben, dass Luftzug und Eigenvermögen zusammengenommen das Ding zum Fliegen bringen werden.

»Es ist ein ganz schauriges Leben, dieses leere Blatt Papier anzusehen jeden Tag und hinauflangen zu müssen irgendwo in die Wolken und etwas aus ihnen herabzuholen«, sagte Capote übers Schreiben zu Lawrence Grobel.

Jeden Morgen müsse er sich erneut auf die »Startrampe« schieben. Erst wenn er – sein Flugdrachen? – einmal abgehoben habe, komme langsam alles in Ordnung.

Am Himmel hatte er nach dem tanzenden Drachen schon in seinem weitgehend autobiografisch eingefärbten Debüt *Andere Stimmen, andere Räume* gehangelt:

»Ein Laut, als habe plötzlich die Glocke geläutet, und die Gestalt der Einsamkeit, grünlich schillernd, weißlich wabernd, schien aus dem Garten aufzusteigen, und Joel, als wollte er den Flug eines Drachens verfolgen, legte den Kopf in den Nacken: Wolken kamen über die Sonne: er wartete darauf, dass sie vorbeizogen, und dachte, wenn sie fort waren, wenn er wieder hinsah, dann würde sich ein Wunder ereignet haben: vielleicht würde er sich in der St. Deval Street wiederfinden und auf der Bordsteinkante hocken oder vor dem Nemo die Vorankündigungen der nächsten Woche studieren: warum nicht?, es war möglich, denn der Himmel ist überall derselbe, und nur unten sind die Dinge verschieden.«

Ursprünglich scheint er den Drachen in aller Unschuld aufgegabelt zu haben, als kleiner Junge, noch bevor er sich ans Schreiben machte. Das Drachensteigenlassen gehörte zu seiner Schule des Lebens, zu Sooks erster Anleitung an ihn, wie das Leben zu nehmen sei. In seinen *Weihnachtserinnerungen* erzählt Capote von der herrlichen Selbstvergessenheit, die dieses Kindheitserlebnis für ihn geborgen hat; es illustriert die Natur der innigen Beziehung zwischen ihm und Sook. Die Geschichte endet damit, was er empfindet, als er von Sooks Tod zu Beginn des Jahres 1946 erfährt:

»Und als das passiert, weiß ich es. Eine Nachricht, die es mir mitteilt, bestätigt lediglich eine Information, die

eine geheime Ader bereits erhalten hat, einen unersetzba-
ren Teil von mir abtrennt, ihn davonfliegen lässt wie einen
Drachen, dessen Schnur gerissen ist. Darum suche ich,
als ich an diesem Dezembermorgen über einen Schulhof
gehe, ständig den Himmel ab. Als erwartete ich, zwei verlorene Drachen zu sehen, die fast wie Herzen hinauf in
den Himmel steigen.«

SUMMER CROSSING
»WISH ME LUCK!«

Gerade als ich drauf und dran bin, *meinen* Drachen loszu-
lassen, bekomme ich neuen Rückenwind. Was vielleicht
kein Zufall ist. Es schien mir beschlossene Sache, dass ich
das, was mir die sieben erzählt hatten, nun wie Mosaiksteinchen zu einem Panoramabild seines späten Selbst fügen sollte. Aber just als die Schirmchen der Pusteblume, in
die ich hineingeblasen hatte, in die Weite entschweben –
da stockt mir der Atem.

In der New York Public Library brüte ich noch einmal über einem seiner handgeschriebenen Manuskripte,
das in einem seiner letzten Notizbücher festgehalten ist.
Und plötzlich durchfährt mich ein freudiger Schreck: die
Gewissheit, dass dieser Text vor mir weder publiziert ist
noch sonst wie bekannt. Ja, doch, es kann gar nicht anders
sein! Dieses Fragment muss zu *Erhörte Gebete* gehören; es
schreibt zweifellos die Geschichte von P. B. Jones fort, aus
seiner subjektiven Perspektive.

Soll das echt wahr sein? Ich bin wie vom Donner gerührt, und als ich aus meiner Freudenstarre erwache, fange
ich an, mich in das Textfragment zu wühlen: Ich drehe die
Seiten – weil Capote die Angewohnheit hatte, ein Notiz-
heft von vorne und von hinten zu füllen, und dieser Text

hier kommt ausgerechnet in der Mitte eines Heftes zusammen. Dazu noch die Seiten unterteilt in einen oberen und unteren Abschnitt, mit unterschiedlicher Laufrichtung beschriftet. Für meine Bibliotheksmitstreiter sehe ich garantiert aus wie eine Idiotin, die nicht weiß, wie man ein Buch liest. Die glaubt, man müsste die Buchstaben herausschütteln, damit sie Sinn ergeben. Ist mir gleich, ich schüttle und drehe und presse meine Lupe ganz nah an Capotes winzige Fliegendreckschrift; koste es, was es wolle, ich muss das entziffern.

Es dauert. Am Ende der Geschichte aber werde ich mich reich belohnt fühlen. Zugegeben, der Text trägt keinen der Kapiteltitel, von denen ich mir bei Reiseanbruch erhofft hatte, sie eines Tages in *seiner* Handschrift zu sehen. Es sprechen jedoch zig Indizien dafür, dass er den Text im Rahmen von *Erhörte Gebete* angelegt hat. Das Hauptindiz:

Die erste Textzeile schließt an eine Passage in Kapitel 1, *Unverdorbene Ungeheuer*, an, in welchem Capotes dunkler Zwilling P. B. Jones seine Furcht eingesteht, Paris zu verlassen und nach New York zurückzukehren, mit »eingezogenem Schwanz und einem unverkauften Roman im Gepäck«. Nach mehreren Monaten in Frankreich unter diesen Voraussetzungen heimzukommen, schreibt sein Antiheld, erfordere »jemanden von entweder weniger oder mehr Charakter, als ich besaß«.

Augenblick, wer ist dieser Charakter – oder wer gibt er vor, zu sein?

P. B. Jones führt sich auf den ersten Seiten von *Erhörte Gebete* als Berichterstatter ein, der einen zynischen Roman seines Leben für uns abfasst: Er sei 35 oder 36, das wisse er nicht, weil er als Säugling im zweiten Rang eines Varietés in St. Louis ausgesetzt wurde. Er wuchs in einem katholischen Waisenhaus am Ufer des Mississippi auf. Er sei der Liebling der Nonnen gewesen, weil er hübsch und aufgeweckt war und sie nicht erkannten, wie »hinterhältig und doppelzüngig« er in Wahrheit ist.

Eine der Schwestern fördert ihn: Sie ist überzeugt, er hätte ein Talent zu schreiben, so sehr, dass er selber daran zu glauben beginnt. Aber auch für seine Mentorin empfindet er keinen Funken Gefühl; er reißt aus, ohne ein Wort des Abschieds. Trampt und verdingt sich an den Erstbesten, der ihn mitnimmt, als »Schokoladenriegelnutte«. Der Fahrer meint, als er sich über ihn hermacht, einem Minderjährigen die Unschuld zu rauben – doch P. B. Jones stellt für seine Leserschaft da schon klar, dass man seine Moral nicht untergraben könne: weil er gar keine besitze. Mit acht Jahren hätte er das gesamte sexuelle Register mit älteren Jungen, Priestern und dem farbigen Gärtner durchgespielt. Über seinen niederträchtigen Charakter macht nicht mal er selbst sich Illusionen; ungeschminkt offenbart er seine niedersten Gefühle. Nach außen verfährt Jones getreu der erbarmungslosen Logik, wer seine Seele einmal verkauft hat, dem bleibt nicht das kalte Herz, sondern keins. Wenigstens ist das Loch in der Brust nicht mehr zu spüren – in der Hohlheit des Raums hallt kein Pochen. Er gefällt sich darin, uns Lesenden immer wieder zu sagen, *wer* er ist, vielleicht weil er sich selbst der größte blinde Fleck ist.

»›Ich mag ein schwarzes Schaf sein, aber meine Hufe sind aus Gold‹, P. B. Jones im Zustand der Trunkenheit«, diese Selbstauskunft etwa setzt den Takt am Anfang des zweiten Kapitels *Kate McCloud*.

Als Waise unbelastet von jedweder Herkunftsgeschichte – ohne Vergangenheit und Zukunft, die den Namen verdiente –, fängt er an, von der Freiheit New Yorks zu kosten. Tagsüber verhökert er sich beim Escortservice von Miss Self als Freier; nachts in der Schwüle seiner YMCA-Zelle arbeitet er wie sein Erfinder, ohne Ende in Sicht, an einem Roman namens *Erhörte Gebete*.

Eine für Capote typische Narretei? Jedenfalls gleicht P. B. Jones seinem Erschaffer in vielem – scheinbar – aufs Haar: Er ist hübsch, klein, elternlos. Ganz und gar auf sich gestellt.

Seine Tonlage dagegen ist eine völlig andere als die seiner Capote-Vorgängerinnen und -Genossen. Jones alias Capote oder Capote alias Jones hat jede sprachliche Zartheit über den Deister geschickt; nun heißt es stattdessen, her mit den abgeschmacktesten Zoten. Her mit kaltschnäuziger Verachtung.

In *Erhörte Gebete* wird Capotes alte Zauberformel *Ich sehe was, was ihr nicht seht* von P. B. Jones bösartig auf die Spitze getrieben – Jones mag die Verlogenheit selbst sein, aber er hat ein Auge für die rabiaten inneren Wahrheiten. Und so wie man sagt, dass Kindermund Wahrheit spricht, so könnte doch auch einer wie Jones, der die kindliche Unschuld noch als Bub gegen Schuld und Schändlichkeit eingetauscht hat, auf seine vulgäre, verquere Art wieder beim Guten, Wahren angelangt sein. Was hat er zu verlieren, wo man ihm die Lügen schon lange nicht mehr abkauft?

Mir kommts vor, als handle es sich hierbei um eine Scharade von Capote – ich glaube, Capote ging bewusst mit seinem Antihelden eine Komplizenschaft des verwandten Blicks ein: indem er sich auf den Vorlauf rückbesinnt, den Black-and-White-Ball, auf dem er der feinen Gesellschaft gebot, zu seinem Vergnügen Masken aufzusetzen. Welche er ihr dann in *La Côte Basque, 1965*, abermals in voller Absicht, herunterriss. Aber nicht aus Rache, wie diese vermutete, sondern um die Tiefenschärfe seines Außenseiterblicks – der des Schriftstellers als Chronist – zu beweisen. Als Beobachter menschlicher Abgründe wäre er nach seinem Selbstverständnis hinter seinen Möglichkeiten zurückgefallen, hätte er die Bruchlinien nicht im Vollbesitz seines Handwerks nachgezeichnet, um sie damit freizulegen.

Diese geistige Bruderschaft zwischen Figur und Autor setzt die Camouflage als Mittel zum Zweck ein. Darunter aber schimmert ein Missverständnis des Autors – er hatte sich als Retter seiner »Schwäne« verstanden, als er über ihre Ehewunden schrieb, und begriff nicht, dass sein letztes Buch für sie eine Unverzeihlichkeit darstellte. Nicht seine »Schwäne« allein aber mussten mit der Publikation von *La Côte Basque, 1965* Federn lassen; auch er hatte mit dem Tod seiner Freundschaften bezahlen müssen – für *ihren* Verrat an ihm schwer geblutet. Das traf ihn im Übermaß, weil für ihn Schreiben und Freundschaft die beiden wichtigsten Mittel der Fortbewegung waren.

Daher muss er, fast wie in einem Akt der Selbstreinigung, P. B. Jones als seinen Stellvertreter auf die Bühne schicken, der den Gang der Ereignisse derartig giftig weiterschreibt, wie er gerade noch denkbar ist. Und während P. B. Jones folgerichtig weiter behauptet, an seinem schmierigen Werk zu schreiben, sehen wir ihm vor allem dabei zu, wie er sich mit allem Möglichen vom Verlust seiner letzten Erwartungen an Menschen ablenkt. Bis dahin hat Capote versucht, eine ihm feindselig gegenüberstehende, kalte Welt mit schönen Worten zu möblieren und sich über den Mangel in ihm mit Geschichten hinwegzutrösten – all seine Werke vor *Erhörte Gebete* lesen sich für mich un-

geheuer seelenvoll, und jetzt diese überraschende Seelen-
losigkeit von P. B. Jones?

Bald gesellt sich P. B. Jones zu der illusionslosesten Gestalt von Paris, dem einstigen Faun Denny Fouts, der nach
seiner inneren Emigration in die Sucht nur noch vor sich
hin dämmert. Dessen Ansprüche ans Leben sind der totalen
Ermüdung zum Opfer gefallen. Und an dieser Stelle geht
das Vexierspiel richtig los: Denn Denny Fouts gabs wirklich. Er war ein drogenabhängiger Amerikaner, der sich im
Paris der Vierzigerjahre von steinreichen, meist bisexuellen
Liebhabern aushalten ließ. Auch Capote begegnete Denny
Fouts: als er, der Liebling der Saison, um den sich alle Welt
reißt, nach dem Krieg mehrere Monate in Paris verbringt.
An jenem Punkt ist, an dem er nach dem fulminanten Erfolg von *Andere Stimmen* aus eigener Kraft sein Kinder-
schicksal für sich zum Guten gewendet zu haben scheint
und dafür die Lorbeeren einfährt: hie wie dort des Großen
Teichs von der literarischen Welt als Wunderkind umjubelt.

Das berückende Umschlagfoto auf seinem Erstling hat
Denny Fouts dazu verführt, Capote einzuladen. Angeblich
schickt er ihm einen Blankoscheck, auf den er nur ein
Wort gekritzelt hat: »come.« Worauf sich Truman tatsächlich mit nur zwei französischen Vokabeln im Rucksack –
»mille tendresses« – amüsierhungrig auf der Queen Eliza-
beth nach Paris begibt.

Denny Fouts erweist sich als der schönste Mann, den
Truman je gesehen hat. Dessen Opiumsucht aber jagt
ihm Angst vor dem Verderben ein; daher entzieht er sich
ihm schnell wieder.[36] Er steht damals am Anfang seines

36 Dennys Charme erliegen dafür andere Schriftsteller, die ihn in ihren
Romanen porträtieren, darunter Trumans lebenslanger Freund Christo-

Schriftstellertraums; Dennys Traum vom Leben dagegen ist ausgeträumt: Die einzigen Träume, die ihm geblieben sind, gebiert das Opium, und die sterben immer aufs Neue einen furiosen Tod.

Sex spielt zwischen Capote und Fouts keine Rolle; die Droge hat bei Denny jedes sexuelle Begehren ausgelöscht. Auch dem schwulen P. B. Jones dichtet Capote in *Erhörte Gebete* bloß ein platonisches Verhältnis zu Denny Fouts an – der delektiert sich vielmehr an der frischen Energie des zehn Jahre jüngeren Jones. Der eigentliche Schmarotzer in dieser Beziehung aber will Jones sein. Auch hier muss er uns weismachen, wie wenig er sich selber schont, was seine menschliche Beweislast angeht. Tut so, als würde er die Schonungslosigkeit, die er gegenüber seinen Mitmenschen an den Tag legt, auch auf sich anwenden.

Einmal etwa schildert er, auf welch unappetitlich brutale Weise er Denny für sich entsorgt: Er lässt Denny in dem Glauben, er würde ihn von der Entzugsklinik in Genf abholen, damit sie danach zusammen neu anfangen, vielleicht eine Tankstelle im Nirgendwo aufmachen. Doch P. B. Jones hat längst erkannt, dass bei Denny nichts mehr zu holen sein wird, denn Denny ist so gut wie tot. – Das wissen beide: Eines Nachts schwärmt ihm Denny im Opiumnebel von dem Paradies aller Verlorenen vor, wie Jones erzählt.

»Wir gingen oft nachmittags in die Champs-Elysées-Kinos, und irgendwann fing er immer an, leicht zu schwitzen, zog sich auf die Herrentoilette zurück und verpasste sich eine Dosis; abends rauchte er Opium oder trank Opium-

---

pher Isherwood oder sein liebster Feind Gore Vidal. Dadurch wird Fouts legendär.

tee, einen Sud, den er herstellte, indem er die Opium-
krusten, die sich in seiner Pfeife angesammelt hatten, in
Wasser aufbrühte. Er gehörte jedoch nie zu denen, die
einfach wegtreten; ich habe ihn kein einziges Mal völlig
zugedröhnt und hilflos erlebt.

Am Ende der Nacht, wenn das nahende Tageslicht die
zugezogenen Schlafzimmervorhänge säumte, konnte es
sein, dass Denny ein bisschen entgleise und in einem kur-
venreichen, dunklen Ausbruch abhob. ›Sag mal, Junge, hast
du je was von Pater Flanagans koscherer N*****-Schwu-
len-Pinte³⁷ gehört? Klingt das bekannt? Darauf verwette
ich meine Eier. Selbst wenn du noch nie was davon gehört hast und vielleicht denkst, das ist eine Kaschemme
in Harlem, die sich nicht an die Sperrstunden hält, dann
kennst du sie unter irgendeinem anderen Namen, und natürlich weißt du, was sie ist und wo sie ist. Einmal hab
ich ein ganzes Jahr lang in einem Kloster in Kalifornien
meditiert. Unter der Super-Supervision von seiner Heilig-
keit, Mr. Ehrwürden Gerald Heard. Auf der Suche nach
diesem … Sinn-Dings. Nach diesem … Gott-Dings. Ich
habs versucht, ganz im Ernst. Kein Mensch war je nack-
ter. Früh zu Bett und früh wieder auf, Gebete über Gebete, kein Schnaps, keine Zigaretten, nicht mal gewichst
habe ich. Und alles, was bei dieser elenden Tortur herauskam … das war Pater Flanagans koschere N*****-Schwu-
len-Pinte. Da ist sie: da schmeißen sie dich an der End-

---

37 Mit dieser abschätzigen Verwendung des N-Worts wollte Capote
in Zusammenhang mit seiner Erfindung dieses höllischen Paradieses
ebenjene Menschenverachtung von Schwarzen, Homosexuellen, Juden in
unseren scheinbar zivilisierten Gesellschaften zum Ausdruck bringen. Er
versuchte damit den Rassismus, die Homophobie, den Antisemitismus in
den USA vorzuführen.

station raus. Gleich hinter der Müllkippe. Pass auf: tritt nicht auf den abgehackten Kopf. Jetzt klopf an. Poch poch. Die Stimme von Pater Flanagan: ›Wer hat dich geschickt?‹ Na, Jesus, wer sonst, du blöder Hammel. Drinnen … ist es … sehr erholsam. Denn in dem ganzen Gedränge gibt es nicht *einen* Gewinner. Lauter verlorene Seelen, besonders die schmerbäuchigen Scheichs mit fetten Nummernkonten bei der Crédit Suisse. Also kannst du endlich die Schuhe ausziehen, Aschenputtel. Und dir eingestehen: das hier ist das letzte Loch. Diese Erleichterung! Einfach klein beigeben, eine Cola bestellen und auf dem Parkett eine Runde mit einem alten Freund drehen wie zum Beispiel diesem süßen Zwölfjährigen, der in Hollywood ein Pfadfindermesser gezogen und mich um meine sehr schöne ovale Cartier-Uhr erleichtert hat. Die koschere *N*****-Schwulen-Pinte!* Der kalte, grüne, grabesstille Meeresgrund! Deswegen das süße Gift: bloße trockene Meditation reicht nicht, um hinzugelangen und dazubleiben, verborgen und glücklich bei Pater Flanagan und seinen Verdammten dieser Erde, bei ihm und all den anderen Jidden, *N*******, Latinos, Tunten, Lesben, Koksern und Kommunisten. Glücklich, da unten zu sein, wo ich hingehöre: Jawoll, meine Herrn! Nur dass der Preis zu hoch ist, denn ich bringe mich um.«

P. B. Jones verlässt den untergangsgeweihten Denny, dennoch ahnt er bereits, dass seine Gebete ebenso wenig erhört werden. Umso mehr hat er sich an seiner letzten Chance festzuklammern, will er Denny nicht im Scheitern nachfolgen: »Die Aussicht, nach New York zurückzukehren, brachte jedoch meinen Magen mit Achterbahnheftigkeit ins Schlingern. Ich hatte das Gefühl, diese Stadt, in der ich jetzt keine Freunde mehr, aber dafür viele Feinde hatte, nie wieder betreten zu können, es sei denn, begleitet von den Marschkapellen und dem Konfetti des Erfolgs.«

Beinahe zwangsläufig muss Jones die Menschen um ihn abwerten, damit er sich im gleichen Atemzug aufwerten kann. Stänkert zum Beispiel gegen die Amerikanerinnen und Amerikaner, die sich in Paris als Luxus-Exilanten eingefunden haben. Er nennt sie die »kläglichsten Stammesgenossen dieses Planeten, trauriger als ein Häufchen unbehauster Eskimos, die sich durch sieben Monate Winternacht hungern ... ( ) ... die es vorziehen, sei es aus Eitelkeit oder aus sogenannten ästhetischen Gründen oder aufgrund von sexuellen oder finanziellen Problemen, aus dem Exil einen Beruf zu machen. Ein Jahr ums andere zu überstehen, dem Frühling von Taroudant im Januar über Taormina und Athen bis nach Paris im Juni hinterherzuziehen, ist ihnen Anlass genug, sich in Positur zu werfen und mit einer besonderen Leistung zu brüsten ...«

Nach und nach gerät er in »diese fußlahme Karawane« hinein, und obwohl er sich noch vormacht, seinen Roman über kurz oder lang bei einem Verlag unterbringen zu können, schlurft er ziellos durch Paris. Vertrödelt die Tage damit, sich (und seinen Hunger) im Deux Magots, in der Brasserie Lipp oder der Ritz Bar mit geschnorrten Martinis zuzulullen und den Rausch danach in seinem Zimmerchen im Hotel Quai Voltaire auszuschlafen. Dabei redet er sich ein, dass er sich in diesen Ausschweifungen nicht verheddern wird: dass es ihn als Schriftsteller nicht zersetzen kann. Im Gegenteil, er als Autor davon sogar wird zehren können:

»Doch trotz des katastrophalen Katers jeden Morgen und der ständigen Kaskaden von Übelkeit hatte ich seltsamerweise den Eindruck, mich verdammt gut zu amüsieren, die lehrreichen Erfahrungen zu sammeln, die ein Künstler braucht – und tatsächlich durchdrangen einige der Menschen, denen ich auf meinen Sauftouren begegnete, die Calvadosnebel, um ihren Namenszug unauslöschlich meinem Gedächtnis einzuschreiben.«

Und dann kommts! Hier setzt *mein* Text ein!

Mit einem ganz und gar schlichten Satz, der in meinen Ohren trotzdem wie ein Trommelfeuer töst:

»Some who did were --------

Reeves McCullers.«

Was, mir sagt der Name Reeves McCullers nichts?[38]

Der steht nirgends in der veröffentlichten Fassung von *Erhörte Gebete*. Die nämlich geht an dieser Stelle mit Jones' Vorstellung von Kate McCloud, der zentralen weiblichen Figur, weiter – »Kate! McCloud! Meine Liebe, meine Qual, meine Götterdämmerung, mein ganz eigener *Tod in Venedig*: unentrinnbar, gefährlich wie die Viper an Cleopatras Busen.«

Schleunigst schlage ich »Reeves McCullers« nach. Und stoße in Gerald Clarkes Sammlung von Truman-Capote-Briefen sowie in der Biografie auf ihn: In Paris hält Capote zwar Distanz zu seiner früheren Freundin Carson McCullers, die ihm gegenüber inzwischen Rivalität empfindet – ihn nur so lange unterstützte, wie er ihr künstlerisch nicht das Wasser reichen konnte –; mit ihrem Mann Reeves dagegen ist er in Kontakt geblieben. Mit ihm verabredet sich Capote am 18. November 1953 zum Abendessen in seinem Pariser Hotel. Der jedoch kreuzt nicht auf: In jener Nacht bringt sich Reeves McCullers um, vierzig Jahre alt.

38 Am selben Tag sehe ich, Ehrenwort!, einen Mann in Jane's Carousel an der Brooklyn Pier, der ein T-Shirt mit dem Schriftzug »Reeves« trägt.

Einige Tage später berichtet Capote einer Freundin von Reeves' Suizid in einem Brief. Wie von der Beerdigung – die eine besonders traurige Veranstaltung gewesen sei, weil er und Janet Flanner am Grab mit nicht einmal einer Handvoll Trauergästen gestanden hätten.

»Meine Jugend ist vorbei«, wimmert der 29-jährige Truman laut Clarke, als er mit Flanner vom Friedhof in Neuilly nach Paris zurückkehrt. Wochen darauf – und wenige Monate vor Trumans dreißigstem Geburtstag – wird sich seine Mutter mit Seconal das Leben nehmen: ihn zum zweiten Mal verlassen. Diesmal für immer.

Dieses Textfragment vor mir auf dem Tisch katapultiert mich schlagartig zurück in meine Jugend, denn Reeves' Ehefrau Carson McCullers ist mir durchaus ein Begriff – sie war meine erste Liebe in der Literatur. Mit zwölf haute mich ihr Debütroman *Das Herz ist ein einsamer Jäger* um. Es wurde mein absolutes Lieblingsbuch. Ihre Mick war die erste Romanheldin, mit der ich mich identifizierte. Ich wollte sein wie sie. Und später, nach Jahren, in denen ich meiner »Papiersucht« frönte (wie mein Vater meine Büchervernarrtheit nannte), da wollte ich schreiben können wie Carson McCullers.

Das Herz ist ein einsamer Jäger handelt von zwei Taubstummen mittleren Alters, die in einer kleinen Stadt in Georgia zusammenleben, und davon, was passiert, als der eine zwangsweise ins Krankenhaus eingeliefert wird. Der verlassene Mr. Singer wird zum Beichtvater mehrerer Stadtbewohner: dem Teenagermädchen Mick, einem schwarzen Arzt, einem Barkeeper, alle gefangen in ihrer ganz eigenen Einsamkeit. Der Stumme aber ist eine Figur allwissenden Mitgefühls. Es ist sein Schweigen, das ihn dazu macht, seine Unfähigkeit, sich in der üblichen Sprache zu verständigen – wenn die Menschen mit ihm sprechen, sprechen sie mit sich selbst, einem Gott in sich.

Gottlos, so könnte man die Vereinsamung von Reeves Mc Cullers auf ein Adjektiv zuspitzen. Von welcher Jones nun seine Betrachtung abgibt – just auf diesen liederlich beschriebenen Seiten auf meinem Bibliothekspult:

»*Reeves McCullers*. I'd noticed him often at the Deux Magots and Café Flore, and couldn't accept the type within the setting: a youthfully middleaged man with a good Scotch-Irish peasant face that had undergone some rural-American transition; he might have been, *should* have been, a Southern highway patrolman, small town garage mechanic, that cotton farmer. What was he doing here hour and hour sucking the line of snifters brimming with Martell? staring stupidly ahead like the last shipwrecked survivor drinking the last drop in the last bottle as he watches the sun set on a sunburnt island?«

P. B. Jones beschreibt Reeves McCullers als einen Schiffbrüchigen, der den letzten Tropfen aus einer letzten Flasche trinkt, während er den Sonnenuntergang auf einer sonnenverbrannten Insel verfolgt – und dass er ihn nur ein einziges Mal mit einem anderen Menschen in Paris gesehen hat: mit dem afroamerikanischen Bestsellerautor Richard Wright.

Weil sich P. B. Jones auf eine Art, die sich einem nicht erschließt, von Reeves, diesem Typen mit dem »guten schottisch-irischen Bauerngesicht«, angezogen fühlt, quetscht er Wright eines Nachmittags über Carson McCullers' Ehemann aus.

»That's a bad story«, beginnt Wright in dem Straßencafé in St. Germain zu erzählen. Zwar kenne er Reeves eher flüchtig, aber er und seine Frau Ellen hätten während des

Kriegs, als Reeves in Übersee war, zusammen mit Carson ein Haus in Brooklyn Heights, in der Middagh Street (!) bewohnt. In einer Gemeinschaft meschuggener Künstlernaturen, zu der auch ein eifersüchtiges Schimpansenweibchen gezählt habe. Damals sei die ungefähr 24-jährige Carson von Reeves geschieden gewesen und hätte ihren Wunderkind-Status[39] fortzuschreiben versucht – neben sich auf dem Schreibtisch eine halbe Gallone kalifornischer Sherry, der ihre Zunge lavendelblau gefärbt hätte wie die eines Chow-Chows. Als die Middagh-WG dann zerbrach, sei Reeves von der Armee nach Hause gekommen und die beiden hätten zum zweiten Mal geheiratet. Vor Jahren hätten sie, setzt Wright fort, ein altes Haus in dem Vorort Neuilly gekauft, wo sie seit Langem eine Ehe in trunkener Verzweiflung führten. In welcher Reeves traurig gestrandet[40] sei:

»It's been a mess. Just them out there, and a boxer dog, and a french couple they hired to look after the place. And everything came here to roost. Now she's gone home, all cracked up; and Reeves is stranded here … just he, wandering around. Carson, she may pull out of it; she will if she stops the brandy and starts working again – she has a very practical side. But he's finished. Too bad, because he's a good simple boy. Complicated, but simple. Carson never liked men anyway.«

Reeves' Entfremdung von seiner Ehefrau ist historisch verbürgt (wogegen Carsons Homosexualität nach wie vor weitgehend von der Rezeption ausgespart wird): Und so folgt Jones dem von der tatsächlichen Geschichte vorgege-

39 *Wunderkind* übrigens ist der Titel der ersten autobiografischen Short Story, die McCullers veröffentlichte.
40 Auch Reeves McCullers hegte den Wunsch, ein Romancier zu werden, aber der wird sich nie erfüllen.

benen Lauf der Dinge, als er erzählt, wie er sich nach seiner Unterhaltung mit Wright sein eigenes Bild von Reeves macht. Schlussendlich gelangt er zu dem Eindruck, Reeves wäre der amputierte Beweis dafür, was passiert, wenn sich »normale« Lebewesen an zweiköpfige Kälber hängen. Beziehungsweise im Original-Fund: »Rather, he was the amputated proof of what results when ›normal‹ creatures attach themselves to two-headed calves.«

Ha, das zweiköpfige Kalb! Ich glaubs nicht. Diese Formulierung habe ich bisher zwar ein paarmal in seinen Notizen entdeckt, nie aber im veröffentlichten Werk. Und dazu kommt noch ein heimatloses Kind!

Es wird komplizierter; ist für mich nicht nur aufgrund von Capotes fipsiger Handschrift ziemlich schwer zu entschlüsseln.

»For his *wunderkind* wife, this wise and ill waif-woman at whose altar he was compelled to kneal, was, like D. H. Lawrence, like Nurejew and Balanchine and the Soviet pianist Richter, Marilyn Monroe, Van Gogh, Teilhard de Chardin, Buckminster Fuller, Chanel, De Sade, Garbo, Kate McCloud, Rousseau, and a satanic celestial host of others, hundreds more known and not, creatures whose cultural contribution is an artifact to their principal creation which is their self-consumed selves: Unspoiled monsters, as the juvenile philosopher Florie Rotondo might describe them: persons whose originality descended from apparently blank skies, rose from the bleakest plains, astral freaks who, since there seems no other explanation, sired themselves.«

Gut, so weit verstehe ichs: Reeves McCullers müsse am Altar seiner *Wunderkind*-Frau, der weisen, kranken Waisin, niederknien. Aber das danach, diese Aufzählung realer Figuren und mittendrin Capotes fiktive Frauen-schöpfung Kate McCloud – worum handelt es sich da? Vielleicht um etwas wie die (Selbst)-Beschreibung eines Künstlers? Demnach wäre jeder Künstler ein satanisches, himmlisches Artefakt, das sich selbst erzeugt hat und am Fuße seiner wichtigsten Schöpfung niederknien muss: am Altar seines »selbstverzehrten Selbst«.

Mal sehen. Es schließen sich Jones' Ausführungen an, woher er Carson McCullers kennt, nämlich lediglich als Leser ihrer Bücher. Er sagt, wie sehr zwei ihrer Romane es ihm angetan haben und wie die darin erzeugte Stimmung ihr Echo in McCullers' Porträt auf dem Buchumschlag fand: Auf dem hätte McCullers vor Leben lichternde, wis-sende Augen und die feinen, eleganten Finger einer Kla-vierspielerin. Worauf er beichtet, früher, noch zu seiner Zeit als Masseur in Miami, im Schweiße einer Nacht in ei-ner stickigen Bruchbude, Carson McCullers einen Vereh-rerbrief geschrieben zu haben: den ersten Brief überhaupt.

Zum ersten Mal hätte ihn das Bedürfnis beseelt, einen Brief zu schreiben, als er *Das Herz ist ein einsamer Jäger* ausgelesen hatte. Um der Autorin sagen zu können, wie stark er sich in Mick, diesem Wildfang von Mädchen, wie-dererkannt habe:

»Because it seems to me that I am someone in the book, that part of me is there, that, like young Mick with her doo-med ambition to be a great pianist, I too would have found solace in Mr. Singer. I've known, and know now, the lone-liness and frustration you make and understand so well. If you are Mick, as I take it you are, it gives me heart to think that in later life you escaped. Maybe I will, too. Wish me luck. And thank you.«

Hier plötzlich gibt sich Jones zu erkennen, jenen Part

seiner Persönlichkeit, der – wie bei der jungen Mick mit ihrem zum Scheitern verurteilten Ehrgeiz, eine große Pianistin zu werden – ebenfalls bei dem stummen Mr. Singer Trost gefunden hätte. Jones riskiert es zudem, seine Hoffnung auf Rettung zu formulieren: McCullers' Buch vielleicht zu seinem Fluchthelfer aus seiner miesen Existenz machen zu können. Sie solle ihm Glück dafür wünschen, dass auch er irgendwann der Einsamkeit und Frustration entkommen würde, den beiden Gemütszuständen, die Mick wie ihre Erschafferin offenbar schon hinter sich gelassen haben.

P. B. Jones schickt den Brief an Carson McCullers nie ab. Nicht, weil dieser nicht aufrichtig formuliert ist – sondern *deswegen*. Als er ihn erneut durchliest, wird er rot vor Scham: Aufrichtigkeit ist für ihn die Gefühlsregung, die er am meisten verbergen muss.

»I never mailed the letter; not that it wasn't sincere – but for that reason, on rereading it, it made me redden with shame. Unfortunately, sincerity is for me the emotion most necessary to conceal.«

Puh, was auf diesen Seiten alles zusammenkommt! Das zweiköpfige Kalb, das Wunderkind, all die fremden wie eigenen in der Luft hängenden oder zerplatzenden Träume. Die gemeine Abstoßungskraft der Gesellschaft gegenüber Freaks, wie die Anziehungskräfte zwischen all jenen Sonderlingen, die einsam und verloren und mit der unaufhörlich zerschellenden Sehnsucht nach einem Freund über den Planeten voller verdorbener und unverdorbener Ungeheuer taumeln. (Ohne je herauszukriegen, worin der wirkliche Unterschied zwischen den beiden Monsterabteilungen bestehen mag.)

Nanu, hat mir nicht Kate Harrington von Capotes

großer Schwäche für irisch-katholische, heterosexuelle Männer von sehr maskuliner Statur erzählt, am liebsten mit rotstichigem Haar? Daran hielt er sich bei der Wahl seiner Lover, hatte sie gesagt und mir sogleich jene Liebhaber aufgelistet, die in sein Beuteschema – sie nannte es seinen »complex« – perfekt passten: Jack Dunphy – ein wahrer Kerl mit rötlichen Haaren, mit einer Ballerina verheiratet. Kates Vater – »extremely masculine«. Bob McBride, Trumans erotisches Intermezzo nach Kates Vater – enorm viril. Sogar Alvin Dewey, der Ermittler aus *Kaltblütig*, hätte optisch Trumans Faible entsprochen. Und was er augenscheinlich besonders an ihnen begehrte (warum immer): Sie alle waren katholisch, irischer Abstammung und verheiratet.[41]

Und siehe da, Reeves McCullers besaß alle diese Eigenschaften – obendrein einen rötlichen Bart!

Zu Hause in Zürich. Der Sommer ist einem farbflirrenden Herbst gewichen, jener Jahreszeit, in der traditionell die Ernte eingefahren wird, falls das in die Weite gesetzte Samenkorn aufgegangen ist. Mir ist zumute, als hätte ich in den vergangenen brutheißen Monaten eine Art Rollrasen gepflanzt, den ich jetzt abseits des Gewächshauses end-

41 Als ich Kate Harrington von meiner Entdeckung berichte, sagt sie, diese sei ihr insofern eingängig, weil sie sich daran erinnern könne, dass Truman ihr gegenüber mehrmals von Reeves gesprochen habe. Leider habe sie nicht mehr im Kopf, in welcher Weise. Und schiebt hinterher: Vielleicht hätte ihn dessen Einsamkeit angerührt.

lich ausrollen muss, damit die Botanik nunmehr wild ins Kraut schießen kann. In die verschiedensten Richtungen wuchern. Doch noch traue ich der Sache nicht recht; mein Fund verlangt nach einer ausgeklügelten Expertise. Die erbitte ich mir von einer Zürcher Psychoanalytikerin und Literaturliebhaberin, die sich regelmäßig zum Lesezirkel mit Berufskolleginnen trifft: Was kann sie mir von ihrer fachlichen Warte aus zu Capotes spätester Verfasstheit sagen? Angenommen, P. B. Jones, der Erzähler in *Erhörte Gebete*, spiegelt Capotes stockdusteres Selbst – würde sie mir sagen, was sie herausliest?

Und, oh backe, bei ihr in der Praxis geht ein ganzer Kronleuchter in mir auf, so erhellend ist das, was ihr zu seinem unvollendeten Werk und dem von mir entdeckten Textfragment einfällt – wobei sie als sachliche Natur gleich betont, dass sich ihre berufliche Tätigkeit nie von ihrer Sicht auf die Verhältnisse im Allgemeinen und Besonderen trennen lasse. Beides vermenge sich, wohl wie bei jedem Menschen, und erst heute Morgen habe sie ein Zitat des Fotografen Robert Frank gelesen, sinngemäß: Man kann etwas – auch die sogenannte Wahrheit – immer nur aus einer subjektiven Perspektive erkennen. Großartig, dann bewegen wir uns womöglich schon im Solipsismus des Ganzen; die Subjektivität schließlich ist es, die Geschichte schreibt. Also Vorhang auf: Subjekt »Eine Psychoanalytikerin« übers Subjekt »Ein Schriftsteller namens Truman Capote«. Ihre erste psychoanalytisch eingefärbte Beobachtung von P. B. Jones als Capotes möglichem Alter Ego bewirkt bei mir ein leises inneres Zittern. Ihr sei das Bild eines Haltlosen in den Sinn gekommen, eines Mannes, der Halt an einer Felswand suche, während er in den Schlund hinabgleite. In einer von Panik getriebenen

Suchbewegung hangle sein Fuß dabei immer aufs Neue nach einem festen Tritt, um seinen sich beschleunigenden Absturz wenigstens hinauszuzögern. Zugleich behandle dieser P. B. Jones seinen freien Fall beinahe wie das Verdienst eines Amoralischen – aber an dieser Selbstdarstellung stimme für sie einiges nicht. Ihr Eindruck ist: Aus P. B. Jones spreche ein Mensch ohne konsistentes, stabiles Selbst, dem der innere Ausgangspunkt fehle, die Dinge zu beurteilen.

Vorgeblich kreise er ja ständig um die Frage nach der Wahrheit, je abgefeimter er auftritt. Dieser Bursche betrachte sich scheinbar unverhohlen als ekelhaft durchtriebenes Exemplar Mensch: manipulativ, durch und durch verderbt.

Aber das scheint ihr als Psychoanalytikerin bloß Bluff zu sein: In Capotes letztem Text wimmle es ihrer Deutung nach vor falschen Fährten. Es ist nie das, was man denkt, was es ist. Gleichzeitig kommt man diesem Jones nicht auf die Schliche, weil er sich hinter seiner Durchtriebenheit verschanzt. Es ähnelt der multiplizierten Maskerade eines Hochstaplers, der abermals alle täuscht, indem er sich vermeintlich offen zu seiner Abgefucktheit bekennt. In Wirklichkeit tarne der Zynismus seine immense Bedürftigkeit – P. B. Jones' nimmersattes, ihn aufzehrendes Verlangen nach Anerkennung. Seinen immerwährenden Hunger, der nie gestillt werden könne. Der sei ein Merkmal für Narzissmus, fügt sie hinzu, und öfter bei Menschen zu beobachten, deren erstes hungriges Schreien von keiner Mutterbrust befriedigt wurde. Ein – nach Freud »primär narzisstischer« – Säugling müsse direkt nach der Geburt die Mutter als »verfügbar« erleben: Freud umschrieb die früheste Form von Selbstbezüglichkeit mit den Worten

»Seine Majestät, das Baby«. Ist die Mutter jedoch in dieser Phase unverfügbar, dann kann sich die mütterliche Absenz beim Erwachsenen mit der Ausbildung eines »sekundären Narzissmus« rächen.

Das, vermutet die Psychoanalytikerin, kostet P. B. Jones als Figur die Lebendigkeit; deswegen bleibe man bei seinem Treiben unbeteiligte Zuschauerin, werde nie Anteilnehmende. Dessen Ich habe keine Konturen. Es ist unfühlbar, weder für uns als Lesende noch für ihn. Als Leserin empfinde sie daher Mitgefühl mit Capote, nicht aber mit seiner Figur. Anders als frühere Kreaturen Capotes sei dieser sich unaufhörlich verbergende Kretin nirgends im Text wirklich herauszuspüren. P. B. Jones sei die Hohlheit desjenigen zu eigen, der sich selbst nicht richtig spüre. Solche Züge von Jones erinnern sie an Patricia Highsmiths Ripley, womit sie nicht sagen wolle, dass Capote ein Hochstapler war. Aber schon jemand, der nicht richtig wusste, wer er ist.

Gegenüber Grobel hatte er erklärt, *Sommerdiebe* sei »zu gering empfunden« gewesen, deshalb habe er den Roman vernichtet. Und obwohl ich seinen eigentlichen Erstling liebe – auch weil er Sätze über das Verhältnis von Grady und ihrer Mutter enthält, die für mich von großer Gefühlsambivalenz zeugen[42] –; trotzdem ist für mich nachvoll-

---

42 In *Sommerdiebe* lässt Truman die 17-jährige Grady, durch einen Sommer in Manhattan gleiten. Schon auf der ersten Seite bündelt er das Mutter-Tochter-Verhältnis in scheinbarer Abgeklärtheit: »›Ich bin eben pervers, ihr habt recht.‹ Lächelnd gestand sie sich ein, dass es vielleicht ein Fehler gewesen war, das gesagt zu haben: ihre Familie war eh nicht weit weg davon, sie für pervers zu halten; schon mit vierzehn war sie zu der erschreckenden und völlig klaren Einsicht gelangt: ihre Mutter, begriff sie, liebte sie, ohne sie wirklich zu mögen…(…) Doch beide machten davon nicht viel Aufhebens; das Haus ihrer Abneigung war bescheiden mit Zärtlichkeit möbliert …«

ziehbar, dass er den für ihn wesentlichen Seelenstriptease in *Andere Stimmen* wagte. Oder vielleicht nicht *wagte*, wahrscheinlich lenkte ihm seine seelische Qual intuitiv den Stift. Sonst hätte er sich damals nach Erscheinen seines Debüts nicht so sehr gegen dessen autobiografische Lesart als sein Coming-out gewehrt – und erst am Ende seines Lebens zugegeben, wie deckungsgleich Joel und Truman waren.

Zu dieser Zeit hatte er ja längst einen heftigen Widerspruch am eigenen Leib erfahren: dass wir mit dem Verstand zwar wissen, die Natur kennt keine Kategorie »Moral«, und dennoch dazu neigen, einer Körperlichkeit – in Capotes Fall, seinem verweichlichten Wesen – etwas Unmoralisches einzuschreiben. Mit diesem Vorlauf an Erfahrungen und Erkenntnissen ausgestattet, kann ich mir gut vorstellen, dass er P. B. Jones für sich als Gedankenspiel ersann: als eine zutiefst amoralische Figur, die menschliche Werte für sich negieren muss, weil diese ihm als Waise nie in echten Beziehungen vorgelebt wurden.

Der Psychoanalytikerin leuchtet P. B. Jones' stetes Bemühen, die eigene Niederträchtigkeit auszustellen, noch anders ein: Ist man der Böse, gibt sie mir zu bedenken, dann ist man immerhin wer. Damit schockiere man weniger, als wenn man seine Bedürftigkeit nach absoluter Anerkennung – die sich hinter dem Bösen versteckt – bloßlege. Würde man seine intimste Furcht offenbaren: die, auf ein nacktes Nichts zurückzuschrumpfen.

Während ich ihr zuhöre, überlege ich, ob es in das reinpasst, was mir Kate Harrington sagte, dass Capote zeitlebens *an orphan at heart* gewesen sei. Vielleicht stach Capote in die Mitte des Universums vor, nur um in dessen finsterem Zentrum ausfindig zu machen: Die zwei Waisenjungen P. B. und Truman sind Menschen ohne emotionale Heimat und werden daher bis zum bösen Schluss fremd unter Fremden bleiben. Sie kamen aus dem Nichts, sie gehen ins Nichts.

Und es wieder kein Zufall ist, dass sich sein letztes Werk von Inhalt und Ton so unterscheidet von seinen Texten zuvor. Fünfzig Jahre lang hat Capote versucht, um sich schreibend eine Kontur zu ziehen, doch als sein Inneres zu zerfallen droht, zerschmettert jede Form. Solange Capote seine früh erlebte Bindungslosigkeit vor sich verbergen konnte, weil er tief empfundene Ebenbilder seiner selbst zu schaffen vermochte – allesamt für andere Mangelwesen wie er –, so lange hatte er keine besondere Perfidie als Schriftsteller nötig. Die braucht er erst, als er es in *Erhörte Gebete,* seinem zweiten »Tatsachenroman«, anstrebt, die Wahrhaftigkeit des Amoralischen auszustellen: indem er vortäuscht, dass P. B. Jones er ist. Betont, seine Begegnungen im *wahren* Leben hätten eins zu eins die Erzählung von Jones vorgegeben.

Ein halbes Jahrhundert hat Capote für *Erhörte Gebete* Anlauf genommen, dabei auf sein handwerkliches Können vertraut – für seinen finalen Satz über die überlebensgroße Hürde. Daraus ist nichts geworden. Als kein Ablenkungsmanöver mehr hilft, muss er einsehen: Er hätte sich die Finger wund schreiben können, die Schlange bleibt immer an seiner Seite, bei jeder erstbesten Gelegenheit aufzischend.

Durch Capotes Werk aber ziehen sich zwei Tiermotive, die Schlange – und der Schmetterling (den man in der Schweiz so wundervoll »Sommervogel« nennt). Und mir gerät Zhuang Zhous *Schmetterlingstraum* in den Kopf:

»Einst träumte Zhuang Zhou, ein Schmetterling zu sein, der glücklich und beschwingt umherflatterte. Dabei wusste er nicht, dass er Zhuang Zhou war. Plötzlich wurde er wach – und war ganz eindeutig Zhuang Zhou. Nun wusste er nicht, ob er Zhuang Zhou war, der geträumt hatte, er sei ein Schmetterling, oder ob er ein Schmetterling war, der träumte, er sei Zhuang Zhou.«

Was die Frage aufwirft: Träumen wir, um unser Leben zu verarbeiten, oder ist es umgekehrt, leben wir, um mit unseren Träumen klarzukommen?

Der Antwort werde ich, wie so oft schon, bei Capote näherkommen, in seiner 1949 geschriebenen Kurzgeschichte *Der Schwarze Mann*.

Mr. Revercomb, der Schwarze Mann, kauft Träume von armen Schluckern, und je nachdem, wie interessant ihm ein Traum erscheint, drückt er den Verkäufern für das Protokoll einer ihrer innerlich erblühten Seelenlandschaften bis zu zehn Dollar in die Hand, bevor er ihn säuberlich von seiner Gehilfin Miss Mozart getippt in seinem Aktenschrank abheftet.

Auch Sylvia und ihr bester Freund Oreilly, ein arbeitsloser, heruntergekommener Zirkusclown, sind mit dem Schwarzen Mann ins Geschäft gekommen. Zu spät bemerken sie, dass sie Gefahr laufen, ihm ihre Seele zu verkaufen. Danach nichts mehr von ihnen übrig bleiben würde. Aber als Sylvia dessen gewahr wird, fühlt sie eine unbekannte Stärke: »›Ich werde nie wieder Angst haben‹, sagte sie. ›Ich weiß schon fast nicht mehr, wovor ich überhaupt Angst hatte.‹« Und der desillusionierte Clown – sein Tun erschöpft sich mittlerweile darin, mit einer Pulle Whiskey »durch das Blau des Himmels« zu wandern – entgegnet ihr: »Vor denselben Dingen, vor denen du das nächste

Mal Angst haben wirst. Das ist eine der Eigenschaften des Schwarzen Mannes. Kein Mensch kann je wissen, was er ist – nicht einmal Kinder, und die wissen fast alles.«

Am Ende des Tages will Sylvia ihre Träume zurückhaben; von Oreilly gestützt wagt sie es, sie zurückzufordern. Doch der Schwarze Mann weigert sich, erklärt ihr, er habe sie alle »aufgebraucht«. Daraufhin gehen Sylvia und Oreilly in tiefer Freundschaft auseinander, jeder allein seines Weges, und trotzdem ist nichts wie zuvor: Sylvia wird sich zwar noch immer bei jedem Stern, den sie vom Himmel herabregnen sieht, einen weiteren Stern wünschen. Aber sie hat keine Angst mehr. Das Bewusstsein um die Vergeblichkeit des Wünschens setzt schwindelerregende Kräfte frei – »und außerdem gab es nichts mehr zu stehlen«.

Drei Bleistiftnotizen sind mir in seinem Nachlass ins Auge gesprungen, alle zeugen von Capotes spätem Bewusstsein um die Zwecklosigkeit. *Fiori del cimitero*, Friedhofsblumen, schrieb er in einem Heft, dann *but that would be too unkind: like cutting the legs off a midget* – die Beine eines Kleinwüchsigen absägen – und auf dem Einband eines letzten Notizbuchs: *Alive = Death*. Sonst nix, kein weiterer Kommentar dazu, als sei das selbsterklärend.

Und mir fällt Grobels Interviewbemerkung ein – »Ihre Mutter hat schließlich Selbstmord begangen« –, auf die Capote unüblich einsilbig antwortete: »Ja.« Grobel bohrte nach, ob er ihren Suizid vorausgeahnt habe, und wieder erwiderte Capote nur »Nein«. Als er noch ein drittes Mal nachsetzte und Capote fragte, wie sehr der Tod der Mutter ihn getroffen habe, sagte er knapp, er sei »sehr unglücklich« gewesen.

Ich vermute, dass Suizid so etwas ist wie die Kapitulationserklärung der Seele und vielleicht Capote auch deshalb so ein erbitterter Gegner der Todesstrafe war: weil mit deren Vollstreckung ein Mensch *aufgegeben* wird. Am Rand eines Notizbuchs hielt er den Gedanken fest, Suizid sei eine extreme Form der Selbstkritik: derjenige, der sich umbringt, sich so infrage stellt, dass er sich selbst nicht mehr für wert befindet, weiterzuleben. Hatte Capote begonnen, sich aufzugeben, als er *Erhörte Gebete* schrieb?

In der Legende um Saint Julien hatte er noch auf einen Kuss des Leprakranken gehofft, hinter dem die Liebe Gottes zutage treten würde. In *Selbstporträt,* einer seiner spätesten Veröffentlichungen, betet Capote das Nachtgebet, das er als kleiner Junge im Bett, unter der Decke, mit Sook und Queenie, seinem geliebten Hund, betete. »Müde bin ich, geh zur Ruh, schließe beide Augen zu … Hab ich Unrecht heut getan, sieh es, lieber Gott, nicht an, deine Gnad und Jesu Blut machen allen Schaden gut.« Und schließt mit einem Gute Nacht, das sich die beiden Capote-Ichs zurufen, wie mit einem »Ich liebe dich«. Darauf die Antwort: »Ich liebe dich auch. – ›Das will ich auch schwer hoffen. Denn wenn man genau darüber nachdenkt, haben wir nur uns auf der Welt. Ansonsten sind wir allein bis ins Grab. Eigentlich traurig, oder?‹ – ›Man gewöhnt sich dran. Außerdem haben wir noch Gott.‹ – ›Ja, wir haben Gott.‹ – …TC und TC: Zzzzzzzzzzz.«

Das letzte Kapitel um Pater Flanagans Pinte, den Ort, wo die sozial Geächteten anbranden – laut Capotes Zettel zur Dramaturgie von *Erhörte Gebete*, den mir Gerald Clarke gezeigt hatte – sollte das die Patrone werden. Nach einem schlingernden Flug sollte sie auf tiefstem Grund auftreffen, dort, wo kein Licht mehr hinreicht, wo umfassende Schwärze herrscht.

Zurück zu den Beobachtungen der Psychoanalytikerin, die einen Absatz in *Erhörte Gebete* bezeichnend findet: in dem P. B. Jones sich über Albert Camus auslässt und überraschend in einer viel wärmeren Melodie spricht.

Dazu muss man wissen, dass Capote 1947, noch vor seinem Debüt, im wahren Leben auf den Nobelpreisträger trifft – einmal trinken sie in einem Pariser Straßencafé ein Mineralwasser, und der ältere Kollege, vom Jungen voll und ganz für sein Werk respektiert, rät dem Frischling in ihrer beider Gewerbe, nicht so empfindlich auf Kritik zu reagieren. In *Erhörte Gebete* treffen sie, beziehungsweise P. B. Jones und Camus, sich ebenfalls in Paris, in der Kellerbar des Hotel Pont Royal, und da heißt es: »Und Camus – rank und schlank, sich seiner selbst nicht sicher, doch von Rasiermesserschärfe, ein Mann mit kräftigen braunen Haaren, lebendigen Augen und einem besorgten, ständig zuhörenden Gesichtsausdruck: jemand, den man ansprechen konnte. Ich wusste, dass er Lektor bei Gallimard war, und eines Nachmittags stellte ich mich ihm vor als ein amerikanischer Schriftsteller, der einen Band mit Kurzgeschichten veröffentlicht hatte – würde er sie lesen, mit der Überlegung, ob Gallimard sie in Frankreich herausbringen könnte? Später schickte mir Camus mein Buch zurück, mit dem Bemerken, dass sein Englisch nicht ausreichte, um ein endgültiges Urteil abzugeben, aber dass ich seiner Meinung nach die Fähigkeit besaß, Charaktere zu erschaffen und Spannung zu erzeugen. ›Ich finde diese Geschichten jedoch zu willkürlich und unwirklich. Aber falls Sie noch anderes Material haben, so lassen Sie es mich bitte sehen.‹ Danach, wann immer ich Camus im Pont Royal begegnete, auch einmal auf einem Gallimard-Gartenfest, das ich ohne Einladung besuchte, hatte er für mich stets ein Kopfnicken und ermutigendes Lächeln übrig.«

Die Fachfrau für Seelenleben ahnt hinter dem unterhaltsam klingenden Anekdotischen von *Erhörte Gebete* hier erstmals eine gewisse »Notwendigkeit« bei der Figur von P. B. Jones: dass etwas für ihn *Bedeutung* hat. Zugleich erkennt er die Ironie der Geschichte nicht: etwas zwar glänzend und hochpräzise beschreiben zu können, dabei zugleich innerlich immer schockierend eiskalt zu bleiben.

Mir bleibt bei ihrer Bemerkung förmlich die Spucke weg, weil mir einfällt, wie verdattert ich war, als ich unter der von Capote abgetippten Version seiner High-School-Geschichte *Der Mühlenladen* einen handschriftlichen Kommentar entdeckte, den ich zunächst für den eines Lehrers hielt:

»Some of the details of this story are fine, and it is technically good in most respects. But what does the story mean? Was the woman felted in love by a man with blue eyes, then gave her life for a child who had blue eyes like him? If so, it should be made clearer, much clearer, since even with that reason the story really needs further justification.«[43]

Danach sah ich, dass er diese Erzählung mit »Truman G. Capote« unterzeichnet hatte; ich verglich sie mit seinen anderen aus der Jugend: Nach seiner Adoption, mit zehn, durch seinen kubanischen Stiefvater Joseph Garcia

43 »Einige Einzelheiten der Erzählung sind schön, und technisch ist sie in vielerlei Hinsicht gut. Aber was soll sie bedeuten? Ist die Frau von einem Mann mit blauen Augen sitzen gelassen worden und setzt jetzt ihr Leben aufs Spiel, um ein Kind mit ebenso blauen Augen zu retten? Falls ja, müsste das viel klarer herausgearbeitet werden, und selbst dann braucht die Erzählung eine stärkere Begründung.«

Capote signierte er jeweils mit Mittelinitial – G für Garcia. Eine Weile danach reduzierte er seine Unterschrift auf »Truman Capote«, ab 1940 schien er den Mittelnamen nicht länger zu verwenden. Also studierte ich Trumans unterschiedliche Handschriften zu dieser Zeit, und diese sah sehr nach seiner Zehnjährigen-Klaue aus: große Schleifen statt der später folgenden wie ins Papier gestochenen Schriftspuren. Auch wurde durch den Fehler »felted by« statt »fallen in love with« bestätigt, dass er in puncto Grammatik auf wackeligen Füßen stand. Jedenfalls gelangte ich zu dem Schluss, dass er selbst die Kritik zu dieser Geschichte verfasst hatte. Offenbar hatte er in seinem eigenhändig möblierten Klassenzimmer als gelehrigster Schüler und penibelster Lehrer in einem gesessen.

Am Ende seines Schreibens aber droht ihn sein Handwerk, das er sich sorgsam angeeignet hat, im Stich zu lassen. Oder wie es die Psychoanalytikerin festhält: Gleich, mit welch brillanter verbalen Schlagkraft P. B. Jones beziehungsweise Capote seine Protagonisten in ihrer vorgegaukelten Noblesse – und zwar jeden einzelnen von ihnen – demontieren würde, er schlottere davor, der beklemmendsten Wahrheit ins Auge zu sehen. Die darin liegen würde, dass er genauso bindungslos ist wie all die von ihm Beschriebenen aus der High Society: Er ist zu keiner Liebesbeziehung, jenseits von Narzissmus, imstande.

Bedeutet das, Capote konnte nicht lieben? – möchte ich wissen.

Liebe bedeute auch emotionale Abhängigkeit, und genau davor habe Jones eine Heidenangst. Zwar gibt er vor, Kate McCloud zu lieben, dient ihr fast wie ein Hündchen – er gehe in seiner Verstellung als Bi- oder Homosexueller sogar so weit, die Erektion zu beschreiben, die er hat, während er sie massiert. Aber auch diese Bindung bleibt eine Chimäre. Ihre Einschätzung ist, dass Capote, ebenso P. B. Jones von schönen Frauen angezogen wurde – wie jeder Mann oder Mensch, egal welcher sexuellen Orientierung, der eine Mutter hat –, auch er eine Sehnsucht nach einer starken Frauenfigur hatte, die ihn unter ihren warmen, schützenden Flügel nimmt. Homosexuelle Männer vermöchten allerdings im Unterschied zu heterosexuellen das Weibliche leichter zu idealisieren – weil sie dem Weiblichen kein erotisches Begehren entgegenbringen würden und sie sich daran nicht mit realem Sex abarbeiten.

Aus P. B. Jones' Schilderungen lasse sich psychoanalytisch gesehen ein Notstand ablesen, der einerseits mit früher Enttäuschung zu tun hätte, andererseits mit der Frustration, dass die bestehende Bindungslosigkeit zu nichts führe, nur ins unkonturierte Nichts. Sie kann sich vorstellen, dass sich bei Capote dieses Vakuum mit einer andauernden Unruhe angereichert habe – zunehmend mit dem, was er seine »floating anxiety«, seine flottierende Angst, nannte. Die schob er aber vielleicht hauptsächlich auf die stetig prasselnden Außenreize, die ihn, den Hypersensiblen, immer wieder überschwemmten. Hier kämen für sie zwei Ebenen zusammen, ein Innen und ein Außen: Seiner Sprachgewalt sei sich Capote höchstwahrscheinlich durchaus gewiss gewesen, daher dekoriere er die emotionale Höhle in sich fast verzweifelt mit Worten. Das andere hingegen sei es, eine solche Leere auszuhalten – und das vermöge niemand. Die bleibe für jeden unerträglich, trotz sprachlicher Girlanden und Feuerwerksraketen, die der Schriftsteller zu zünden vermag.

Ich glaube, sie hat recht: Vorderhand, das leite ich von mancher seiner Aussagen über sich ab, hat Capote seine schriftstellerische Begabung als Wahrnehmungsbegabung interpretiert: als außergewöhnliche Fülle seiner sinnlichen Empfindungen im Körperlichen. Die ihm den Weg zu einer einzigartig schönen Sprache wies, ihn aber gleichzeitig als Totalüberforderung seiner Sinne geißelte. Nach ihrer psychoanalytischen Erklärung jedoch finde ich es nicht abwegig, dass er sich auf einer anderen Ebene *nicht* spürte. Er zunehmend einen Mangel an Empfindungen im Seelischen wahrgenommen haben könnte.

Aber wie ereignet sich so ein Drama?

Aus der Bindungsforschung wisse man sehr exakt, sagt sie, dass jedes Kind starke Angst vorm Verlassenwerden hat, das sei völlig normal. Aber wenn das Kind weint und weint und weint, und die Mutter kommt noch immer nicht – dann stelle sich bei dem Kind erst Wut und Verzweiflung ein und dann das traumatische Gefühl der Vernichtung: Seine Existenz zerbricht. Es zerfällt in Stücke. Ein fragmentiertes Selbst folgt der Überflutung mit der panischen Angst, allein zu sein. Denn ein kleines Kind kann sich selbst nicht das Gefühl geben, dass es existiert. Dafür braucht es nicht nur das Wahrgenommenwerden, auch das Angenommenwerden. Es muss von der Mutter mit Liebe »besetzt« werden, erst dadurch fängt es an, sich zu spüren.

Eine derartige Fragmentierung kann im Laufe eines Lebens psychotisch werden, erklärt die Psychoanalytikerin, das Nichts würde mit einem Wahn gefüllt. Aber das Groteske daran ist, dass alles, selbst der Wahnsinn, immer noch besser als das Nichts sei. Weil das Nichts niemals zu füllen sei, es kennt keine Form. Und Capotes

Reaktion darauf war vielleicht, sich selbst zu kreieren – um der formlosen Leere zu entrinnen. Obgleich er immer wusste, dass sie ihn irgendwann auffressen würde: *the artists and their self-consumed selves.* Und wenn das – ein Künstler sein – hieße, sich Schuld aufzuhalsen, geschenkt. Die einzig wahre Todsünde ist die vorsätzliche Grausamkeit.

Nicht einig bin ich mit ihrer Diagnose »Narzissmus«. Nachdem ich aus sieben Mündern gehört habe, er sei ein selbstloser Freund gewesen, erscheint mir zwar glaubhaft, dass er sich in seinen erotischen Beziehungen mitunter narzisstisch verhielt – das klingt plausibel, weil er sich von seinen Eltern nie geliebt fühlte. Dagegen bin ich nahezu überzeugt, dass er *lieben* konnte. Zumindest bis zu jenem Punkt, als seine Süchte ihn den Menschen, die er liebte, etwa Jack Dunphy, zu entfremden begannen.

Seit ich P. B. Jones und daneben Capote auf der Couch der Zürcher Psychoanalytikerin platziert habe, summt mir der Schädel von all den Begrifflichkeiten: Narzissmus, Ich-Fragmentierung, Objektbeziehungstheorien. Daher kehre ich zurück zu jenem Truman Capote, der sich in seinen ersten und seinen letzten Veröffentlichungen preisgibt. Und da, potz Blitz!, wird es mir klar: Capote hat sich über das innerste Püppchen in der Matroschka nie Illusionen gemacht. Hat schon mit Anfang zwanzig geahnt, wie es kommen würde für einen wie ihn, dessen Empfindungsfähigkeit von vornherein verkrüppelt worden ist.

»*Was wir auch tun, es geschieht aus Angst*«, jener Satz, den Capote als 22-jähriger in *Die Tür fällt zu* geschrieben hatte – er war zu seiner Wirklichkeit geworden. An dieser Stelle der Erzählung sinniert Walter, der Protagonist, über sein plötzliches Ausgeschlossenwerden aus seinem Freundeskreis – legt der junge Truman in diesem Absatz eine Beichte vor sich selbst ab? Die sich jetzt als frühes Psychogramm lesen lässt: über den von Anfang bis Schluss in sich wahrhaftigen Capote? Dort steht:

»Nun, Ablehnung war zumindest etwas Positives, und das Einzige, was er nicht ausstehen konnte, waren vage Beziehungen, möglicherweise deshalb, weil seine eigenen Gefühle so unbestimmt, so vieldeutig waren. Er war sich nie sicher, ob er X mochte oder nicht. Er brauchte die Liebe von X, war selbst aber unfähig zu lieben. Er konnte X gegenüber nie aufrichtig sein, ihm nie mehr als fünfzig Prozent der Wahrheit sagen. Andererseits war es ihm unmöglich, X die gleichen Schwächen zuzubilligen: Irgendwo und irgendwann, davon war Walter überzeugt, würde er betrogen werden. Er hatte Angst vor X, furchtbare Angst. In der Schule hatte er einmal ein Gedicht als sein eigenes ausgegeben und in der Schülerzeitung abgedruckt; er konnte nie die letzte Zeile vergessen: *Was wir auch tun, es geschieht aus Angst.* Und als sein Lehrer ihn des Plagiats überführte, war ihm da jemals etwas ungerechter erschienen?«

Überall er in seinen Texten. Der Junge, der abschätzen muss, was er riskiert, wenn er sich nackt zeigt. Der sich bereits in seinen jungen Jahren zu jenen Menschen hingezogen fühlt, die ebenfalls von der Gesellschaft an den Rand gedrängt wurden. Seine frühen Kurzgeschichten, auch sein autobiografisch grundierter Erstling, sind bevölkert mit Missgestalten – und immer von der Sorte, wie er selber eine ist: In *Andere Stimmen* zum Beispiel heißt es, vor Joels Blick verschmolzen die Silhouetten von Amy und Randolph – als seien sie »siamesische Zwillinge: sie wirkten wie ein missgebildetes Geschöpf, halb Mann, halb Frau«.

Und in *Der kopflose Falke* fragt sich der Held, »warum ihm Exzentrizität immer diese eigenartige Bewunderung einflößte. Das gleiche Gefühl hatte er als Kind bei Missgeburten auf dem Jahrmarkt gehabt. Und es traf zu, dass bei allen, die er geliebt hatte, immer irgendetwas nicht ganz stimmte, kaputt war. Seltsam jedoch, dass diese Eigenart, nachdem sie eine Anziehungskraft bewirkt hatte, diese, in seinem Fall, regelmäßig beendete, indem sie sie zerstörte.«

Capote hat früh kapiert, dass mit seiner Mutter immer irgendetwas nicht ganz stimmte, aber weil die Eltern die Steine für den Lebenslauf ihrer Kinder setzen, hatte er nach ihrer unerbittlichen Zurückweisung notgedrungen annehmen müssen, dass seinetwegen, wegen seiner Missgestalt, etwas in seiner Mutter kaputtgegangen war.

Als sich dann 1975 sein Muttersurrogat, die schöne Babe, auf Nimmerwiedersehen von ihm verabschiedete, wurde er wieder zu dem unzulänglichen Wesen, das sein Defizit nicht länger verschleiern konnte. Sein endloser Liebeskummer wegen seiner Mutter, dann wegen des Verlustes von Babe, hatte bei beiden, stelle ich mir vor, Hassliebe aufziehen lassen – zuletzt womöglich Selbsthass. Er reifte nie zu einem richtigen Erwachsenen heran, sein gefühlter Grundton blieb auf immer und ewig der des verlassenen kleinen Jungen, der die Mutter von sich wegfahren sieht.

In *Nächtliche Unruhe* (1972), einer Selbstbefragung, stellt sich Capote die Frage: »Wenn Sie einen Wunsch frei hätten, was wünschten Sie sich?« Und er antwortet sich: »Eines Morgens als erwachsener Mensch aufzuwachen, frei von Zorn oder Rachegedanken und anderen nutzlosen, kindischen Gefühlen. Mit anderen Worten, endlich in diesem Leben anzukommen.«

Mit anderen Worten: erwachsen zu sein, kein verängstigtes Kind, das sich weiter verteidigen, weiter behaupten muss. Das weiter um Liebe buhlen muss.

In der von *Erhörte Gebete* abgekoppelten Kurzgeschichte *Wüste* lässt er einen liebeskranken Protagonisten fauchen: »… Und das ist der Grund für die meisten Selbstmorde. Jemand tut dir unheimlich weh. Du möchtest ihn umbringen, aber du kannst es nicht. Das ganze Elend nur, weil man ihn liebt, und man kann ihn nicht umbringen, weil man ihn liebt. Also bringt man stattdessen sich selbst um.«

Vor dieser Folie erscheint geradezu logisch, dass er das billige Parfum seiner Mutter Evening in Paris, das sie bei einem ihrer Kurzbesuche in Monroeville vergaß und er aus kindlicher Sehnsucht nach ihr in einem Schluck hinunterstürzte, nun dem Nichtsnutz Freddy Feo in *Wüste* auftupfte: einem Tagedieb und Gelegenheitsgigolo aus Mexiko.

Aber! 25 Jahre vorher schon packte er einen Flakon dieses Duftes ins Bündel eines kubanischen Streuners mit fast gleichem Namen – Tico Feo – in seiner Kurzgeschichte *Die Diamantgitarre*. Und so wie P. B. Jones wurde auch Tico Feo von Nonnen erzogen. Seitdem trägt er ein goldenes Kruzifix um den Hals – und mit sich herum, in einen grünen Seidenschal eingewickelt, seine vier größten

Schätze: das Parfum Evening in Paris, einen Rosenkranz, einen Taschenspiegel und eine Weltkarte.

Liest man *Die Diamantgitarre*, ist einem unwillkürlich, als habe es Capote von Anfang an gewusst: dass sich zuletzt alles umsonst zeigen würde, als Traumtänzerei. Diese Kurzgeschichte, die er 1950 veröffentlichte, erzählt von der Freundschaft zwischen dem achtzehnjährigen Mörder Tico Feo und Mr. Schaeffer, einem fünfzigjährigen Gefangenen mit rötlichem Haar, der nach einem Mord in der Ewigkeit von siebzehn Jahren im Straflager beinahe erloschen ist, bis Tico Feo eines Tages zu seiner Baracke stößt. Tico Feo versucht Mr. Schaeffer zu überreden, mit ihm zu fliehen. Doch dem schnürt es das Herz zusammen, als Tico ihm seinen Fluchtplan kundtut.

»›Niemand hier kann rennen und fangen Tico. Er rennen am schnellsten.‹

›Gewehre sind schneller‹, sagte Mr. Schaeffer mit fast lebloser Stimme. ›Ich bin zu alt‹, sagte er, und das Wissen um sein Alter rumorte wie Übelkeit in ihm.

Tico Feo hörte nicht zu. ›Und dann die Welt. Die Welt, *el mundo*, mein Freund.‹ Als er aufstand, zitterte er wie ein junges Pferd; alles schien dichter an ihn heranzurücken – der Mond, die Rufe schreiender Eulen. Sein Atem kam schneller und wurde in der Luft zu Rauch. ›Sollen wir gehen nach Madrid? Vielleicht jemand mich lernen Stierkampf. Was du meinen, Mister?‹

Mr. Schaeffer hörte ebenfalls nicht zu. ›Ich bin zu alt‹, sagte er. ›Ich bin einfach zu alt.‹«

In den Wochen, in denen Tico Feo seinen Ausbruch plant, stirbt einer aus ihrer Kolonne, und als der Sarg getischlert wird, denkt Mr. Schaeffer bei jedem Nagel, der eingeschlagen wird: ›Der ist für mich, das ist meiner.‹«

Wer weiß, ob Capotes Gedankenreise bei den Nägeln für seinen eigenen Sarg aufhörte. Sein Zahltag, an dem er für seine erschöpfende Kinderangst bezahlte, ist bereits vierzig Jahre her, und trotzdem finde ich noch immer: bloß weil jemand am Schluss die Waffen streckt, sagt das noch lange nichts über den Lohn der Angst. Schon gar nicht, wenn einer mit auf Hochglanz polierten Münzen bezahlt hat wie er. Als Fan jedenfalls möchte ich nach meinem Sommer mit Truman Capote lieber weiter glauben, dass das Ende der Geschichte noch nicht gekommen ist. Und ja, dass seine vollständigen *Erhörten Gebete* eines Tages auftauchen und einen neuen Schluss schreiben werden. Wish me luck.

Bis es so weit ist, tröstet mich die Vorstellung, dass Capote seinen Frieden gefunden hat. Er sich zuletzt an einem Ort wähnte, wie ihn P. B. Jones mit Pater Flanagans »Resterampe der Verstoßenen« in Aussicht gestellt bekam: unter seinesgleichen, nur in der allerschlechtesten Gesellschaft. Angelangt unter all denen, die niemand je ganz und gar mochte, nicht mal sie selbst sich. In der Höllenbrut derjenigen, die das Laster nie im Konjunktiv behandelten. Da vielleicht ist er von dem himmlischen Gefühl umspült worden, alle Hoffnung fahren lassen zu dürfen.

Amen, wie herrlich, endlich keine Träume mehr. Was für ein Elysium, der Welt keinen Wunsch mehr abluchsen zu müssen. Denn jetzt gab es nix mehr, was man ihr noch stehlen könnte.

Hier war es endgültig vorbei: von allen guten Geistern verlassen nur noch die vom Gleißen schmerzenden Augen zukneifen und die ungeheuerliche, unauslöschliche Freiheit auskosten, niemals mehr Sehnsucht und Angst zu haben. Und als würde der Schlaf wie eine nachtschwarze

Welle über ihm zusammenschlagen, nichts länger wollen, können, müssen: und dann, *mein Freund*, noch einmal, die Welt.

Vogelschwingen gen Süden

Federn ziehen zierlich Kurven
Durch den Abendhimmel,
Und ich,
Ein Ding, so abseits wie die Nacht,
Seh das Schwingenmuster
Ihres Pilgerflugs.

TRUMAN CAPOTE (13 Jahre)

DANKSAGUNG

Ich danke meinen Gesprächspartnerinnen und -partnern für die Freigebigkeit ihrer Erzählungen. Besonders danke ich Gerald Clarke und den Trustees Helen Louise und Alan U. Schwartz für ihre ideelle Unterstützung während der jahrelangen Projektphase. Dem Team in der New York Public Library gilt mein Dank für ihre praktische Hilfe während meiner Arbeit im Rare Book Department.

AUSGEWÄHLTE LITERATUR

Amis, Martin. *Im Vulkan*. Übersetzt von Joachim Kalka. Zürich,
Kein & Aber, 2018.

Als, Hilton. »Foreword«. In: Capote, Truman. *The Early Stories*.
New York, Random House, 2015.

Beard, Mary. *Frauen & Macht*. Übersetzt von Ursula Blank-Sangmeister.
Frankfurt a. M., Fischer, 2018.

Bronfen, Elisabeth. »Die Vorführung der Hysterie«. In: *Identitäten.
Erinnerung, Geschichte, Identität*. Aleida Assmann und Heidrun Friese.
Frankfurt a. M., Suhrkamp, 1998.

Clarke, Gerald. *Truman Capote. Eine Biografie*. Übersetzt von Brigitte
Stein. Zürich, Kein & Aber, 2007.

Clarke, Gerald. *Too Brief A Treat: The Letters Of Truman Capote*.
New York, Knopf, 2005.

Fahy, Thomas. *Understanding Truman Capote*. Columbia, University of
South Carolina Press, 2014.

Fitzgerald, F. Scott. *The Crack-Up*. Hrsg. Edmund Wilson. New Directions/Kindle-Edition, 2009 (*Esquire*, 1936).

Fitzgerald, F. Scott. *Der Knacks*/Deleuze, Gilles. *Porzellan und Vulkan*. Übersetzt von Michaela Ott und Walter Schürenberg. Berlin, Merve, 1984.

Flaubert, Gustave. *Drei Erzählungen. Die Legende von Saint Julien dem Gastfreundlichen*. Übersetzt von Cornelia Hasting und Claus Sprick. Frankfurt a. M., Fischer, 2011.

Goffman, Erving. *Stigma: Notes on the Management of Spoiled Identity*. New York, Touchstone, 1986.

Grobel, Lawrence. *Truman Capote. Ich bin schwul. Ich bin süchtig. Ich bin ein Genie. Ein intimes Gespräch mit Lawrence Grobel*. Übersetzt von Thomas Lindquist. Zürich, Kein & Aber, 2017.

James, Henry. *Die mittleren Jahre*. Übersetzt von Walter Kappacher. Salzburg und Wien, Jung & Jung, 2015.

Inge, M. Thomas. *Truman Capote: Conversations*. Jackson und London, University Press of Mississippi, 1987.

Leamer, Laurence. *Capote's Women. A True Story Of Love, Betrayal, And A Swan Song For An Era*. G. P. Putnam's Sons, New York, 2021.

Lee, Harper. *Wer die Nachtigall stört …* Übersetzt von Claire Malignon. Reinbek bei Hamburg, Rowohlt, 1998.

Lish, Gordon. *Dear Mr. Capote*. New York, Henry Holt & Co, 1983.

McCullers, Carson. *Das Herz ist ein einsamer Jäger*. Übersetzt von Susanna Brenner-Rademacher. Zürich, Diogenes, 2012.

McCullers, Carson. *Wunderkind*. Übersetzt von Elisabeth Schnack. In: *Gesammelte Erzählungen*. Zürich, Diogenes, 2004.

McCullers, Carson. *Spiegelbild im goldnen Auge*. Übersetzt von Richard Moering. Zürich, Diogenes, 2012.

Plimpton, George. *Truman Capotes turbulentes Leben. Kolportiert von Freunden, Feinden, Bewunderern und Konkurrenten*. Übersetzt von Yamin v. Rauch. Berlin, Rogner & Bernhard, 2014.

Ruas, Charles. *Conversations with American Writers*. New York, Knopf, 1985.

Schultz, William Todd. *Tiny Terror. Why Truman Capote (almost) wrote Answered Prayers*. Oxford University Press, 2011.

Januar-Ausgabe 1979 *Interview*-Magazin: https://www.interviewmagazine.com/culture/truman-capote-andandy-warhol-hit-the-turtle-bay-health-club

https://www.interviewmagazine.com/culture/new-again-truman-capote-1

https://bpb-us-e1.wpmucdn.com/blogs.uoregon.edu/dist/d/16656/files/2018/11/Bettelheim-Joey-A-Mechanical-Boy-1ao74zg.pdf

TRUMAN CAPOTE IM KEIN&ABER POCKET

Wo die Welt anfängt
Erzählungen | Aus dem Amerikanischen von Ulrich Blumenbach
ISBN 978-3-0369-5962-7

Sommerdiebe
Roman | Aus dem Amerikanischen von Heidi Zerning
ISBN 978-3-0369-5938-2

Andere Stimmen, andere Räume
Roman | Aus dem Amerikanischen von Heidi Zerning
ISBN 978-3-0369-5943-6

Frühstück bei Tiffany
Roman | Aus dem Amerikanischen von Heidi Zerning
ISBN 978-3-0369-5934-4

Kaltblütig
Roman | Aus dem Amerikanischen von Thomas Mohr
ISBN 978-3-0369-5903-0

Erhörte Gebete
Roman | Aus dem Amerikanischen von Heidi Zerning
ISBN 978-3-0369-5927-6

Baum der Nacht
Erzählungen | Aus dem Amerikanischen von Ursula-Maria Mössner
ISBN 978-3-0369-5920-7

Die Musen sprechen
Literarische Reportage | Aus dem Amerikanischen von Marcus Ingendaay
ISBN 978-3-0369-6189-7

Die Hunde bellen
Reportagen und Porträts | Aus dem Amerikanischen von Marcus Ingendaay
ISBN 978-3-0369-6190-3

Musik für Chamäleons
Reportagen und Porträts | Aus dem Amerikanischen von Marcus Ingendaay
ISBN 978-3-0369-6188-0

Alle Pockets sind auch als eBook erhältlich.
www.keinundaber.ch